MEYERS
KINDERLEXIKON

Mein erstes Lexikon

Herausgegeben
vom Jugendbuchlektorat
des Bibliographischen Instituts

Mit etwa 3000 Stichwörtern
und 1324 farbigen Bildern von Joachim Schmidt

BIBLIOGRAPHISCHES INSTITUT · MANNHEIM

ALLGEMEINER VERLAG

VORWORT

Liebe Kinder,

wir begrüßen Euch herzlich als unsere jüngsten Leser! Wenn Ihr Euch das neue Buch näher anschaut, werdet Ihr merken, daß jedes Bild ein bestimmtes Wort darstellt — und zwar alphabetisch geordnet, denn unser Buch ist ja ein Lexikon. So findet Ihr zwischen „Aal" und „Zylinder" genau 1324 Bilder und die dazugehörigen Wörter. Das ist natürlich nur ein sehr kleiner Teil der vielen Wörter unserer Sprache. Wir haben darum Teile der dargestellten Dinge mit Ziffern versehen und ihre Bezeichnungen ebenfalls angeführt.

Zu jedem Bild geben wir Euch eine Erklärung oder erzählen eine kleine Geschichte.

Damit Ihr beim Nachschlagen und Lesen im Lexikon recht viel lernt, haben wir wie in einem Lexikon für Erwachsene angemerkt, wenn ein verwendetes Wort auch als Stichwort erscheint. Das Zeichen ▷ weist darauf hin.

Nun wollen wir Euch noch ein Spiel beschreiben, für das Ihr dieses Kinderlexikon verwenden könnt. Sucht einmal alle Vögel heraus, die wir abgebildet haben. Ob Ihr wirklich alle gefunden habt? Es müssen 40 sein. Wenn Ihr zu mehreren spielt, so hat der gewonnen, der in einer bestimmten Zeit die meisten Vögel oder als erster alle abgebildeten Vögel gefunden hat. Am Ende des Buches haben wir für dieses Spiel alle Sachgruppen und die Anzahl der dazugehörigen Bilder verzeichnet.

Sicherlich werdet Ihr wissen wollen, warum dieses Buch „Meyers Kinderlexikon" heißt. Es ist benannt nach Joseph Meyer, der 1826 unseren Verlag gegründet hat. Er hat viele Nachschlagewerke und andere Bücher unter seinem Namen herausgegeben, und ebenso haben dies sein Sohn und Enkel getan.

Und nun wünschen wir Euch viel Freude beim Lesen und Spielen!

Euer Dudenverlag

Aal

Die Aale kommen weit von hier auf dem Grund des Meeres zur Welt. Die kleinen Aale schwimmen durch die Meere und gelangen an die Küsten und in die Flußmündungen. Sie reisen flußaufwärts und leben viele Jahre in den Flüssen. Zum Laichen begeben sie sich wieder ins freie Meer. Dort sterben sie.

der Aal; 1 der Flossensaum, 2 die Brustflosse

Abc-Schütze

Rainer ist ein Abc-Schütze, denn heute ist sein erster Schultag. Mutter hat ihm einen schönen Ranzen geschenkt, Großvater die große, bunte Schultüte.

der Abc-Schütze; 1 der Ranzen, 2 die Schultüte

Abend

Die Zeit vor und nach dem Abendessen nennen wir Abend. Im ▷ Sommer ist es abends länger hell als im ▷ Winter. Wenn die ▷ Sonne eben am ▷ Horizont verschwunden ist, beginnt die Dämmerung. Manchmal ist der ▷ Himmel abends ganz rot, das nennen wir Abendrot.

der Abend; 1 die Sonne, 2 der Horizont, 3 der Himmel

Abenteuer

Helmut und Heinz haben schon viele Bücher gelesen, in denen Abenteuer erzählt werden: spannende Erlebnisse bei der Jagd oder auf See. Werden sie in dieser Höhle etwas Abenteuerliches erleben?

das Abenteuer; 1 die Höhle, 2 die Fackel

abfahren

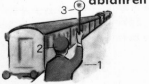

Vorsicht, der ▷ Zug fährt gleich ab! Der Aufsichtsbeamte mit der roten ▷ Mütze hebt die Signalscheibe. Die ▷ Lokomotive setzt sich in Bewegung. Bald ist der Zug in der Ferne verschwunden.

1 der Aufsichtsbeamte, 2 die rote Mütze, 3 die Signalscheibe

In der Klasse hängt ein Abreißkalender. Sabine darf jeden Morgen ein Blatt abreißen. – Jürgen hat gestern beim Spielen von seiner Jacke einen ▷ Knopf abgerissen.— Vom ▷ Schuh ist die Sohle abgerissen.

abreißen

1 der Abreißkalender, 2 das Blatt

Gerd ist auf der ▷ Treppe immer sehr waghalsig. Gestern sprang er wieder von oben herunter. Am letzten Absatz stolperte er. Wie gut, daß er sich am ▷ Geländer festhalten konnte!

Absatz

der Absatz; 1 die Treppe, 2 das Geländer

Erikas Schwester kommt weinend nach Hause gehumpelt. Sie ist mit dem Absatz in einer Straßenbahnschiene steckengeblieben. Da ist vom neuen ▷ Schuh der Absatz abgerissen.

Absatz

der Absatz; 1 der Schuh

Susi hat ▷ Ferien. Sie soll mit dem ▷ Schiff von Hamburg nach England fahren, um die ▷ Tante zu besuchen. Am ▷ Hafen nimmt sie Abschied von dem Vater. „Auf Wiedersehen!"

Abschied

der Abschied; 1 der Hafen, 2 das Schiff, 3 der Vater

„Das Geschirrtuch ist naß, die ▷ Teller werden nicht mehr blank!" sagt Inge beim Abtrocknen. Mutter gibt ihr ein trockenes Tuch. Als die Arbeit getan ist, trocknet Inge sich die Hände an einem Frottiertuch ab.

abtrocknen

1 das Geschirrtuch, 2 der Teller

Unsere Nachbarin arbeitet beim Roten Kreuz. Am Mantel trägt sie ein Abzeichen, es ist eine Anstecknadel. – Die ▷ Kuh hat Abzeichen am Kopf, das sind weiße Flecken.

Abzeichen

das Abzeichen; 1 das Rote Kreuz, 2 die Anstecknadel

Acker

Der Bauer sagt: „Wenn das ▷ Feld umgepflügt ist, nenne ich es Acker. In die Ackererde säe ich das ▷ Korn." Das Korn sagt: „Der Acker ist mein Bett. Darin wachse und reife ich."

der Acker; 1 der Bauer, 2 der Pflug

Ader

Schau dir die Hand an! Siehst du die blauen Linien? Das sind die Adern. Darin fließt das ▷ Blut. Überall unter deiner Haut sind Adern. Wenn du dich schneidest, fließt Blut heraus. Schnell einen Verband darauf!

die Ader

Adler

Der Adler ist ein großer, starker ▷ Vogel mit breiten Flügeln. Selbst aus großer Höhe erspäht er seine Beute. Da – ein Häschen! Er stürzt hinunter, greift den ▷ Hasen mit den scharfen Fängen und trägt ihn in seinen Horst. So nennt man sein Nest.

der Adler; 1 der Flügel, 2 der Fang

Adresse

Ursula hat einen ▷ Brief an ihre Freundin in Mannheim geschrieben. Auf dem Umschlag steht die Adresse, zuerst der ▷ Name, dann der Ort. Damit der ▷ Brief sicher ankommt, darf man die ▷ Straße und die Hausnummer nicht vergessen. Bei einem großen ▷ Haus fügt man noch das ▷ Stockwerk hinzu.

die Adresse; 1 der Umschlag, 2 die Hausnummer

Adventskranz

Wir freuen uns immer, wenn der Adventskranz bei uns im Zimmer hängt. An jedem der vier Sonntage vor ▷ Weihnachten, den Adventssonntagen, zünden wir eine neue ▷ Kerze an und singen ein ▷ Lied dazu.

der Adventskranz; 1 die Kerze

Du kennst Affen sicher nur aus dem
▷ Zoo. Sonst leben sie in heißen Ländern auf Bäumen. Geschickt schwin-
gen sie sich von Ast zu Ast und suchen
sich ihr Futter, ▷ Früchte und Blätter.
– Einige Affen, die Gorillas, sind so
groß wie Menschen.

der Affe

Affe

Christa hat einen Brief aus Afrika
geschrieben: „Bei uns ist immer
Sommer. Es schneit nie. Dafür regnet
es jedes Jahr fast drei Monate lang.
Mit dem Bus sind wir in die Steppe
gefahren. Dort habe ich ▷ Zebras,
▷ Löwen, ▷ Elefanten und ▷ Giraffen
gesehen. – Der ▷ Urwald ist so dicht,
daß man nicht hindurch kann."

1 die Steppe, 2 die Giraffe, 3 das Zebra

Afrika

Oben an den Getreidehalmen sitzen
Ähren. Wenn sie gelb sind, ist das
▷ Korn reif. Der Bauer mäht es und
drischt die Körner heraus. Was wird
aus den Körnern? Die mahlt der
Müller zu ▷ Mehl.

die Ähre; 1 der Halm

Ähre

Jochen hat ein Briefmarkenalbum.
Er hat Marken aus aller Welt in das
Album geklebt. – Ute sieht sich gerne
Mutters Fotoalbum an. Darin sind
Fotografien von Mutter als ▷ Baby
und Schulmädchen.

das Album; 1 die Fotografie

Album

Eine Allee ist rechts und links mit
Bäumen bepflanzt. Sie führt mitten
durch die Stadt oder durch einen
Park. Bei uns gibt es Kastanien-
alleen, Lindenalleen, Pappelalleen
und Ahornalleen.

die Allee; 1 der Baum

Allee

Altar

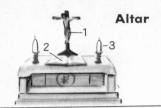

In unserer ▷Kirche steht ein Altar mit einem hohen Kruzifix. Vor dem Gottesdienst am Sonntag werden die ▷Kerzen angezündet. Dann liest der Pfarrer aus der Bibel vor.

der Altar; 1 das Kruzifix, 2 die Bibel, 3 die Kerze

Amboß

In allen ▷Werkstätten, in denen ▷Eisen geschmiedet wird, steht ein Amboß. Der ▷Schmied bringt in der Feuerstelle das Eisen zum Glühen. Auf dem Amboß gibt er dem glühenden Eisen mit dem ▷Hammer die richtige Form.

der Amboß; 1 der Amboßfuß, 2 das Horn

Ameise

Die Ameisen bauen ihre Wohnung aus Pflanzenteilen, Nadeln und Erde. Im Ameisenhaufen legt die Ameisenkönigin die ▷Eier. Sie sind so winzig, daß man sie kaum sehen kann. Die ▷Puppen, in denen schon fertige junge Ameisen liegen, sind leichter zu erkennen.

die Ameise; 1 der Fühler

Amerika

Amerika ist ein großer Erdteil. Es leben dort nicht nur Weiße, sondern auch Neger, Indianer und Eskimos. In New York, der größten Stadt Amerikas, gibt es hohe Wolkenkratzer. Das höchste ▷Haus hat mehr als hundert ▷Stockwerke.

1 der Wolkenkratzer

Amsel

Hör nur, wie schön die Amsel singt! Sie sitzt dort auf dem Hausdach. Ihre ▷Federn sind tiefschwarz, ihr ▷Schnabel ist leuchtend gelb. Das Amselweibchen hat ein braunes Gefieder. Und hier huscht eine Amsel durch das Gebüsch. Sie sucht ▷Würmer.

die Amsel

Die Ananas hat harte spitze Blätter. Wenn die ▷ Früchte reif sind, werden sie abgeschnitten, sorgfältig verpackt und mit dem ▷ Schiff zu uns gebracht. Diese Ananas hat einen weiten Weg zurückgelegt. Sie kommt aus Westindien.

die Ananas; 1 das Blatt

Ananas

Im März, wenn es wärmer wird, blühen im Wald die Anemonen. Die zarten, weißen Blüten wiegen sich im Wind. Sie heißen auch Buschwindröschen. Es gibt auch Gartenanemonen. Sie haben größere ▷ Blüten.

die Anemone; 1 das Blütenblatt

Anemone

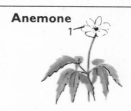

Stundenlang sitzt Onkel Franz schon am ▷ Fluß und angelt, und nicht ein ▷ Fisch hat angebissen. Da bewegt sich der Schwimmer! Gleich zieht Onkel Franz die Angelrute hoch: Ob er Glück hat? Ja, endlich hat er einen ▷ Fisch gefangen.

1 die Angelrute, 2 der Schwimmer

angeln

Schsch – zischt die ▷ Schlange. Heiner zuckt zusammen. Er hat entsetzliche Angst. Dabei braucht er sich vor einer harmlosen ▷ Ringelnatter bestimmt nicht zu fürchten. Was sollte sie ihm wohl tun?

die Angst; 1 die Ringelnatter

Angst

Wenn ein ▷ Schiff auf freier See festgelegt werden muß, lassen die ▷ Matrosen an einer langen ▷ Kette den Anker hinab auf den Meeresgrund. Mit seinen Spitzen hakt er sich dort ein und hält das ▷ Schiff fest. Jedes Schiff muß einen oder mehrere Anker mitführen.

der Anker

Anker

11

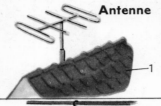

Antenne

Antennen werden für ▷ Radio- und ▷ Fernsehapparate gebraucht. Sie sind meistens in die Geräte eingebaut. Auf den Hausdächern sieht man die Außenantennen. Auch Autoradios haben Antennen.

die Antenne; 1 das Hausdach

Anzug

Wenn Vater einen neuen Anzug kaufen muß, ist er sehr wählerisch. ▷ Hose und Jackett sind meistens von gleicher Farbe, die Weste kann auch eine andere Farbe haben.

der Anzug; 1 das Jackett, 2 die Hose

Apfel

Sieht der Apfel nicht lecker aus? Möchtest du hineinbeißen? Wenn du einen Apfelkern in die Erde steckst, wächst ein kleiner Apfelbaum daraus.

der Apfel; 1 der Stiel

Apfelsine

Bei uns wachsen keine Apfelsinen. Sie können nur in warmen Ländern gedeihen. Von dort kommen auch die kleinen Apfelsinenarten: die Klementinen und Mandarinen.

die Apfelsine

Apotheke

In der Apotheke kaufen wir die ▷ Arznei, die der ▷ Arzt uns auf dem Rezept verschrieben hat. Auf den Regalen stehen viele Töpfe mit Salben und Schachteln mit ▷ Tabletten und ▷ Pillen. Der Apotheker gibt uns eine Flasche ▷ Medizin, die er selbst hergestellt hat.

die Apotheke; 1 der Apotheker, 2 die Arzneiflasche, 3 das Regal

Appetit

„Guten Appetit wünsche ich euch!" sagt der Vater, nachdem die Familie sich zu Tisch gesetzt hat.—„Ich mag nichts essen, ich habe gar keinen Appetit", jammert Peter, weil der ▷ Spinat ihm nicht schmeckt.

der Appetit

So weich wie Samt ist die ▷Schale der Aprikose. Sie hat herrlich saftiges Fleisch und ein ganz besonderes Aroma. Die Aprikosenbäume sind sehr empfindlich. Kälte können sie schlecht vertragen.

die Aprikose; 1 der Stiel

Aprikose

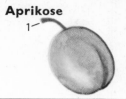

Herbert hat bis gestern gar nicht gewußt, daß es Aquarien gibt, die so groß wie Zimmer sind. Er hat sie im Seefischmuseum gesehen. In der Schule steht ein kleines Aquarium mit ▷Goldfischen und Wasserpflanzen.

das Aquarium; 1 der Goldfisch, 2 die Wasserpflanze

Aquarium

Wir haben zwei Arme. Was machen wir alles mit ihnen? Wir arbeiten, ▷turnen und ▷schreiben. (Wer zählt noch mehr auf?) Als Hans seinen Arm verletzt hatte, konnte er nichts tun. Der Arzt hatte einen Verband angelegt. Hans mußte den Arm in der Schlinge tragen.

der Arm; 1 der Verband

Arm

Die Ärmel an Manfreds Jacke waren durchgescheuert. Mutter hat rote Lederflicken auf die schadhaften Stellen genäht. – Fritz hat eine neue ▷Jacke bekommen. Vorder- und Rückenteil sind aus braunem ▷Leder, die Ärmel sind aus gelber ▷Wolle gestrickt.

der Ärmel; 1 der Lederflicken

Ärmel

Der ▷Arzt schreibt für den kranken Paul ein Rezept aus. Damit geht der Vater zur ▷Apotheke. Der Apotheker schaut das Rezept genau an. Er holt den Hustensaft vom Regal und die ▷Tabletten aus dem Schubfach. Paul soll die Arznei einnehmen, um wieder gesund zu werden.

die Arznei; 1 der Hustensaft, 2 die Tabletten

Arznei

Arzt

Kinderarzt Dr. Meyer ist der Schularzt. Im weißen Ärztekittel kommt er in die Schule. Er ist immer sehr freundlich. Er klopft jedem Kind den Oberkörper ab und horcht mit dem Stethoskop, ob ▷ Herz und Lunge gesund sind.

der Arzt; 1 das Stethoskop, 2 der Ärztekittel

Aschenbecher

Wir haben dem Vater einen neuen Aschenbecher zum Geburtstag gekauft. Jetzt hat er seine brennende ▷ Zigarette daraufgelegt. Vorsicht, Vater, daß die Zigarette nicht herunterfällt!

der Aschenbecher; 1 die Zigarette, 2 die Asche

Asien

Asien ist der größte Erdteil. Dort gibt es die höchsten ▷ Berge, die größten ▷ Wüsten und die mächtigsten ▷ Flüsse. Die meisten Menschen der Erde wohnen in Asien. Die Inder, ▷ Chinesen und Japaner ernähren sich hauptsächlich von ▷ Reis. Auf dem Bild seht ihr Reisbauern und eine Pagode, einen Tempel.

1 der Reisbauer, 2 die Pagode

Atlas

Du hast sicher schon in Vaters Atlas viele Landkarten gesehen. In der Schule benutzen die Kinder zuerst einen Heimatatlas, später bekommen sie einen Weltatlas und einen Geschichtsatlas.

der Atlas

atmen

Gisela ist gerade aufgestanden; sie atmet tief ein, das ist gesund. Alle Menschen und Tiere müssen atmen, damit frische Luft in die Lunge kommt. — Die Pflanzen atmen mit ihren Blättern. Auch sie brauchen Sauerstoff, um leben zu können.

Fast jeden Tag müssen die Schulkinder Rechenaufgaben lösen. Aber
auch Erwachsene haben Aufgaben
zu erfüllen: So muß der Polizist den
Verkehr regeln.

die Aufgabe; 1 der Schüler

Aufgabe

Jürgen will gerade zu seinem Freund
gehen, da sieht er etwas auf der
Straße liegen. Es ist ein Portemonnaie. Er hebt es auf und bringt es
schnell ins Fundbüro.

1 das Portemonnaie

aufheben

Eben ist der ▷Wecker abgelaufen.
Manfred muß aufstehen. Gerade
wacht er auf: Ach, er hat so schön
geträumt und ist noch so müde.
Warum muß das dumme Gerassel
ihn wecken?

1 der Wecker

aufwachen

Hast du dein Auge schon einmal genau betrachtet? Das Schwarze ist
die Pupille. Sie ist von der Regenbogenhaut umgeben. Die Lider,
Wimpern und Brauen schützen unsere Augen.

das Auge; 1 die Pupille, 2 die Regenbogenhaut,
3 die Wimper, 4 das Lid, 5 die Braue

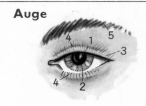

Auge

Es bringt viel Spaß, wenn ein Fami-
lien- oder Schulausflug gemacht
wird. Manchmal wird gewandert,
manchmal fährt man mit dem ▷
Schiff oder mit der Bahn. Ob das
viele Brausetrinken und Eisessen
wohl gesund ist?

der Ausflug; 1 der Wanderstab, 2 der Rucksack

Ausflug

Den ganzen Nachmittag hat Heinz
mit seinen Freunden ▷Fußball gespielt. Nun muß er sich auf der
Chaiselongue ausruhen. Er hat die
Schuhe ausgezogen, denn die Füße
tun ihm weh.

1 die Chaiselongue

ausruhen

Aussicht

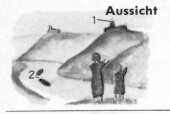

„Sieh die Burg da drüben und die ▷ Kähne auf dem Rhein! Alles sieht wie Spielzeug aus!" ruft Sabine. Sie ist mit Tante Lisa auf den ▷ Berg gestiegen. Die Aussicht ist wunderschön.

die Aussicht; 1 die Burg, 2 der Kahn

Ausstellung

Schmidts sind in die Bilderausstellung gegangen. Das Bild mit den Blumen gefällt Frau Schmidt besonders gut. — Es gibt auch Möbelausstellungen. Welche anderen Ausstellungen gibt es noch?

die Ausstellung; 1 das Bild

Australien

In Australien leben Tiere, die es in keinem andern Erdteil gibt. Das ▷ Känguruh kennst du. Das Schnabeltier hat einen ▷ Schnabel ähnlich wie eine Ente und legt Eier. Trotzdem ist es kein Vogel, denn es säugt seine Jungen. Die ▷ Kaninchen wurden von den Einwanderern ausgesetzt. Sie haben sich so vermehrt, daß sie zur Landplage wurden.

1 das Känguruh

Ausweis

Peter zeigt mir seinen Sportausweis. Da ist das Lichtbild mit dem ▷ Stempel seines ▷ Vereins und Peters Unterschrift. Auch sein ▷ Geburtstag, Geburtsort und sein Wohnort sind eingetragen.

der Ausweis; 1 das Lichtbild, 2 der Stempel

Auto

Das erste Auto wurde 1769 von einem Franzosen erfunden. Es wurde mit Dampf angetrieben. Der erste brauchbare Benzinkraftwagen wurde von Daimler und Benz 1885 erbaut. Damals hatten die Autos aber eine ganz andere Karosserie als heute.

das Auto; 1 die Karosserie

16

Die Autobahn ist eine Fahrstraße mit meistens vier Fahrbahnen. Je zwei sind für eine Fahrtrichtung. In der Mitte der Autobahn liegt der Grünstreifen. ▷ Fahrräder und Mopeds, Pferdewagen und ▷ Fußgänger dürfen nicht auf der Autobahn verkehren.

die Autobahn; 1 der Grünstreifen, 2 die Fahrbahn

Autobahn

Es gibt Automaten für ▷ Zigaretten, Drogerieartikel, Blumen, Bonbons, Kaugummi und vieles andere. Auf ▷ Bahnhöfen stehen Automaten für Bahnsteigkarten und ▷ Fahrkarten.

der Automat; 1 der Geldeinwurf, 2 das Schubfach

Automat

Ein Baby ist ein ganz kleines ▷ Kind. Die ▷ Mutter muß es sorgfältig pflegen, denn es kann noch gar nichts selbst tun.

das Baby

Baby

Ein Bach ist ein kleiner ▷ Fluß. Dort, wo er entspringt, ist seine ▷ Quelle. Im Bach leben ▷ Frösche, ▷ Fische und ▷ Krebse.

der Bach

Bach

Sieh nur Peters dicke Backe an! Der Ärmste hat Zahnschmerzen. Die ganze Nacht konnte er nicht schlafen, Mutter hat ihm einen warmen Wickel gemacht.

die Backe; 1 der Wickel

Backe

Aus weißem ▷ Mehl bäckt der Bäcker ▷ Brot, Brötchen, ▷ Kuchen und andere Backwaren. Früher mußten die Bäcker den ▷ Teig mit den Händen ▷ kneten, heute stehen in den Brotfabriken und Bäckereien Knetmaschinen.

der Bäcker; 1 das Brot, 2 der Brotschieber, 3 der Geselle

Bäcker

Badewanne

Inge macht heute keine Katzenwäsche. Sie steigt in die Badewanne. Gleich dreht sie den Wasserhahn ab, und dann geht mit ▷ Schwamm und ▷ Seife die Wäsche los.

die Badewanne; 1 der Wasserhahn, 2 der Schwamm

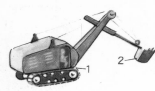

Bagger

Solch einen Bagger hast du sicher schon gesehen. Es ist ein Löffelbagger. Beim Häuserbau oder bei Straßenarbeiten schaufelt er Erde und Steine von einer Stelle zur anderen. Es gibt außerdem schwimmende Bagger, sie heißen Eimerbagger und vertiefen die Wasserstraßen.

der Bagger; 1 das Maschinenhaus, 2 der Baggerlöffel

Bahnhof

Unsere Stadt hat einen großen Bahnhof. In der Bahnsteighalle liegen die fünf Bahnsteige, wo die ▷ Züge ankommen und abfahren.

der Bahnhof; 1 der Bahnsteig, 2 die Bahnsteighalle

Balken

Beim Hausbau kann man vor dem Auflegen der Dachziegel die Dachbalken sehen. Die Zimmerleute bearbeiten sie mit ▷ Säge, ▷ Beil und ▷ Hammer.

der Balken

Balkon

In den ▷ Städten haben viele Häuser Balkons. In Süddeutschland sind sie auch an Bauernhäusern zu sehen. Besonders beliebt sind die Balkons an der Südseite eines Hauses, weil dort die Sonne am längsten scheint.

der Balkon; 1 der Blumenkasten, 2 die Balkontür

Ball

Einen so schönen Lederball möchte gewiß jeder von euch einmal haben. Peter hat ihn zum Geburtstag bekommen. Er hatte sich lange einen gewünscht.

der Ball

Bananenstauden sind höher als 5 m, die Blätter werden länger als 2 m. Die Früchte wachsen in Bündeln von etwa 100 Stück. Sie werden grün geschnitten und mit Schiffen zu uns gebracht. In warmen Lagerhäusern reifen sie.

die Banane

Banane

In ▷ Parks, Grünanlagen, auf Kinderspielplätzen oder an Waldwegen sind häufig Bänke aufgestellt. Spaziergänger ruhen sich dort aus.

die Bank; 1 die Sitzfläche, 2 die Lehne

Bank

Vater bewahrt sein Geld in der Bank auf. Er hat dort ein Konto. Immer wenn er Geld braucht, hebt er es von seinem Konto ab. Bei der Bank kann man auch sparen. Vielleicht hast du sogar selbst ein kleines Sparkonto.

die Bank

Bank

Schwerfällig wie ein Bär! Das sollte man nicht sagen, denn der Bär ist sehr flink. Er ist ein gefährliches ▷ Raubtier. Mit einem Schlag seiner gewaltigen Tatze kann er eine Kuh töten. Aber er frißt vor allem Pflanzen.

der Bär; 1 die Tatze

Bär

Eine Baracke ist ein Haus, das schnell aufgebaut und leicht wieder abgerissen werden kann. Die meisten Baracken sind aus Holz, manche sind aber auch aus Blechplatten.

die Baracke

Baracke

Manche Kinder denken, ein Barometer sei dasselbe wie ein ▷ Thermometer. Das ist falsch. Mit dem Barometer wird der Luftdruck gemessen. Die Dosenbarometer sind rund. Es gibt aber auch längliche Barometer.

das Barometer

Barometer

Barren

Peter kann großartig am Barren turnen. Er stützt sich mit den Händen auf die beiden Holme, schwingt sich einige Male hin und her und springt ab.

der Barren; 1 der Holm

Bart

Früher war es Mode, daß alle Männer Bärte trugen. Es gibt Backenbärte, Spitzbärte, Vollbärte und Schnurrbärte. Der Herr auf dem Bild trägt einen Vollbart.

der Bart

basteln

Viele Jungen, Mädchen und auch Erwachsene basteln gerne. Sie kleben, ▷schnitzen, falten und formen aus Ton, Lehm, Bast, ▷Holz oder ▷Stroh.

1 der Bastler, 2 das Schiff

Batterie

Heiner muß für seine Stabtaschenlampe eine neue Batterie kaufen. Der Vater erklärt ihm: „In einer Batterie ist elektrischer Strom aufgespeichert. Wenn der Strom verbraucht ist, brennt die Lampe nicht mehr."

die Batterie; 1 das Kohlestäbchen, 2 die Taschenlampe

Bau

Beim Bau eines Hauses wird ein Ziegelstein auf den anderen gesetzt, und jeden Tag wird die Mauer etwas höher. Die Maurer stehen auf einem ▷Gerüst. Aus dem Mörtelkasten nehmen sie den Mörtel, der die Ziegelsteine zusammenhält.

der Bau; 1 die Mauer, 2 der Maurer, 3 das Gerüst, 4 der Mörtelkasten

Bauch

Der dreijährige Harry hatte vorige Woche Bauchschmerzen. Jetzt erzählt er es allen Freunden und zeigt, wo es weh getan hat.

der Bauch; 1 der Bauchnabel

Zum Bauernhof gehören das Bauernhaus, in dem der Bauer mit seiner Familie wohnt, die ▷Ställe, in denen das ▷Vieh steht, und die Scheune. Dort ist viel Platz für das ▷Heu und das Getreide. Dort stehen auch die Ackerwagen.

Bauernhof

der Bauernhof; 1 das Bauernhaus, 2 der Stall

Im Baukasten liegen die Bausteine und Bauklötze, aus denen die Kinder sich kleine Häuser bauen können. In manchen Baukästen gibt es auch Bogen, mit denen Brücken gebaut werden können.

Baukasten

der Baukasten

Kennst du die verschiedenen Baumarten? Schon die Krone kann vielerlei Formen haben. Aber leichter ist es, den Baum nach den Blättern oder der ▷Rinde zu bestimmen. Laub- und Nadelbäume kannst du bestimmt auseinanderhalten!

Baum

der Baum; 1 die Krone, 2 der Stamm

Die Baumwolle wächst in den wärmeren Ländern auf niedrigen ▷Sträuchern. In dunklen Kapseln sitzen Samen, die von vielen feinen, weißenSamenhaaren umgeben sind. Wenn die Kapseln aufspringen, kommen die Baumwollbüschel zum Vorschein und können gepflückt werden.

Baumwolle

die Baumwolle; 1 die Kapsel

Ein Becher wird meistens als Trinkgefäß benutzt. Sicher hast du auch einen Zahnputzbecher. Becher sind aus ▷Porzellan, Bakelit, Plastik, ▷Metall oder anderen Stoffen. Es gibt sogar Becher, die man zusammenschieben kann. Sie sehen zusammengeschoben wie eine kleine Dose aus.

Becher

der Becher

Beere

Es gibt viele Beerenarten. Aber nicht alle darfst du essen. Hüte dich vor den Beeren, die du nicht kennst. – Bei allen Beeren sitzen die Samenkerne im Fruchtfleisch.

die Beere

Beet

Auf einem Beet wachsen ▷ Blumen oder Gemüsepflanzen. Das Beet muß immer gepflegt werden. Das ▷ Unkraut wird gejätet, und die Pflanzen werden begossen. Um unser Salatbeet legt Vater immer einen kleinen Drahtzaun, damit die Hühner die Blätter nicht abfressen.

das Beet; 1 die Blume

Beil

Wir wollen ein Kotelett kaufen; der Schlachter legt das Fleisch auf den Haublock und spaltet den ▷ Knochen mit dem Beil. Das Beil muß immer scharf sein.

das Beil

Bein

Heiner kann nur mit dem Stock gehen. Er hat sich beim Schlittschuhlaufen das Bein gebrochen, und der Arzt hat ihm einen Gipsverband gemacht; dann heilt das Bein wieder.

das Bein; 1 der Gipsverband

Belohnung

Meine Mutter gibt mir eine Mark. Weißt du auch warum? Unser ▷ Garten war voller ▷ Unkraut. Heute habe ich den ganzen Garten gesäubert. Zur Belohnung darf ich mir für das Geld etwas Schönes kaufen.

die Belohnung

Berg

Weißt du, daß es Berge gibt, die mehr als 8000 m hoch sind? Sie liegen alle in ▷ Asien. Aber auch in ▷ Europa sind einige Berge so hoch, daß ihre ▷ Gipfel mit ewigem ▷ Schnee bedeckt sind.

der Berg; 1 der Gipfel

Auf dem Bilde siehst du einen Bergmann mit ▷ Helm und Grubenlampe. Ein Bergmann muß schwer arbeiten. Tief in der Erde fördert er Kohle oder Erze. Im Bergwerk arbeiten die Bergleute meistens mit freiem Oberkörper, weil es dort sehr heiß ist.

der Bergmann; 1 der Helm, 2 die Grubenlampe

Bergmann

Du weißt sicher noch nicht, welchen Beruf du später ergreifen willst. Wenn du 15 Jahre alt bist, mußt du dich wohl entscheiden, ob du Maurer, ▷ Bäcker, ▷ Maler, Buchdrukker, Kaufmann, Ingenieur oder noch etwas anderes werden willst. Und welche Berufe gibt es für Mädchen?

der Beruf; 1 der Maler

Beruf

Die Glucke beschützt ihre ▷ Küken. Sie fährt wütend auf den ▷ Hund los, wenn er ihren Schützlingen zu nahe kommt. Oft nimmt sie auch ihre Kleinen unter die ▷ Flügel. Dort sind sie sicher.

1 die Glucke, 2 das Küken

beschützen

Im Besenschrank hängen die Besen: ein Stubenbesen mit weichen Pferdehaaren und ein Straßenbesen mit harten ▷ Borsten. Monika nimmt den Stubenbesen, einen Handfeger und die Kehrschaufel aus dem Schrank. Sie will die ▷ Diele fegen.

der Besen

Besen

Mutter sieht die Bestecke durch: Die ▷ Gabeln und ▷ Löffel müssen geputzt werden, und die ▷ Messer sind stumpf. Mutter wird sie zum Schleifen bringen. Beim Putzen helfen ihr die Kinder.

das Besteck; 1 die Gabel, 2 das Messer, 3 der Löffel

Besteck

Besuch

,,Guten Tag, Frau Becker, guten Tag, Herr Becker, ich freue mich sehr über Ihren Besuch!" sagt Mutter. Frau Becker hat einen schönen Rosenstrauß mitgebracht. — Helga fährt in den Ferien zu Besuch zu ihren Großeltern.

der Besuch

Bett

Brigitte ist sieben Jahre alt und zu groß für das Kinderbett. Jetzt hat sie eine richtige Bettstelle und eine große Bettdecke bekommen. Für das neue Bett mußten auch eine Drahtmatratze, eine Schondecke und eine Auflegematratze gekauft werden.

das Bett; 1 die Bettstelle, 2 die Bettdecke

Bettler

Es gibt nicht viele Leute, die bettelnd von Haus zu Haus gehen oder auf Straßen und Plätzen sitzen und die Leute um ▷ Geld und andere Gaben anhalten. Manche Bettler sind in großer Not.

der Bettler

Beule

Jeder Junge und jedes Mädchen hat schon einmal eine Beule am Kopf gehabt. Wenn du sofort Eis oder einen kalten Gegenstand aus ▷ Glas oder ▷ Metall gegen die Stelle drückst, wird sie nicht so dick.

die Beule *bump*.

Beutel

In Beuteln kann man viele Dinge aufbewahren: Vater hat einen Tabaksbeutel, Ursel nimmt ihre Turnschuhe im Schuhbeutel zur Schule mit. Auf dem Bild seht ihr einen Beutel aus braunem Stoff: Frau Klein hat ihn für ihre Tochter genäht. Sie will ihr Nähzeug darin aufbewahren.

der Beutel

Mutter hat eine Flasche ▷ Essig im ▷ Laden gekauft. Sie muß 1.20 DM dafür bezahlen. Sie gibt dem Kaufmann einen Geldschein, er wird ihn wechseln.

bezahlen

1 der Kaufmann, 2 der Geldschein, 3 die Flasche

Der Biber lebt auf dem Land und im Wasser. Er ist ein geschickter Schwimmer, denn zwischen den ▷ Zehen hat er Schwimmhäute, und sein ▷ Schwanz ist breit wie ein Ruder. Seine Zähne sind wie ▷ Meißel. Er nagt armdicke Bäume durch, schleppt sie ans Wasser und baut sich aus ihnen Burgen.

Biber

der Biber

In der ▷ Schule gibt es eine Bibliothek. Jeden Donnerstag können die Schüler und Schülerinnen sich dort ▷ Bücher ausleihen. Auf den Regalen stehen viele schöne Bände.

Bibliothek

die Bibliothek; 1 das Buch, 2 das Regal

Die fleißigen Bienen! Emsig fliegen sie von ▷ Blüte zu Blüte und sammeln den Nektar, aus dem sie den ▷ Honig bereiten. Der Honig wird in den sechseckigen Waben aufbewahrt, die die Bienen aus ▷ Wachs gebaut haben.

Biene

die Biene; 1 das Körbchen

Das Bier wird gebraut. Dazu gehören ▷ Wasser, Malz und Hopfen. Das Malz wird aus ▷ Gerste oder ▷ Weizen hergestellt. – Vater will helles Bier trinken. Beim Eingießen bildet sich oben im Glas viel ▷ Schaum, das ist die Blume. – Das Glas steht auf dem Bierdeckel.

Bier

das Bier; 1 das Glas, 2 die Blume, 3 der Bierdeckel

Bilderbuch

Rolf, unser kleiner Bruder, hat zum ▷ Geburtstag ein Bilderbuch bekommen. Die Seiten sind aus ▷ Pappe, denn sonst würde Rolf sie zerreißen. Er ist ja noch so klein.

das Bilderbuch; 1 das Bild

Binse

Binsen sind eine Gräserart, die am Wasser oder auf sumpfigen Wiesen wächst. Die kleinen dunklen Knollen seitlich an den Binsen sind die ▷ Blüten. Aus Binsen kann man Körbe und Matten flechten.

die Binse; 1 die Blüte

Birke

Die Birke wächst auf sandigen Böden. Wie schön sieht sie im Frühling mit ihren hellgrünen Blättern aus! Du kannst die Birke leicht erkennen: ihr ▷ Stamm trägt eine weiße ▷ Rinde mit unregelmäßigen grauen Streifen.

die Birke; 1 die Rinde

Birne

Weißt du, daß die Krone des Birnbaums etwa dieselbe Form wie eine Birne hat? Achte einmal darauf! – Birnen sind herrliche Früchte, saftig und süß.

die Birne

bitten

„Wau, wau!" sagt Strolch, unser ▷ Dackel, und macht Männchen. Er möchte ein Stück Zucker haben. Wer so höflich bittet, bekommt natürlich auch etwas.

1 der Dackel

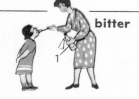

bitter

„Doris, du mußt jetzt deine ▷ Medizin einnehmen!" sagt die ▷ Mutter. Die Medizin schmeckt bitter. Doris schluckt sie schnell hinunter, dann bekommt sie einen Bonbon.

1 die Medizin

26

Seht nur, wie Peters ▷ Schuhe blitzen! So blank sind sie leider nicht jeden Tag, aber er hat sie heute lange gebürstet. Mutter wird sich freuen, wenn sie das sieht.

1 der Schuh

blank polished

Dieter hat die Blase aus seinem ▷ Fußball herausgeholt. Er bläst Luft hinein, um zu sehen, ob kein ▷ Loch drin ist. Er muß sich tüchtig anstrengen. Das könnt ihr ja sehen.

die Blase

Blase

Sonst sieht Heino immer frisch und gesund aus, aber heute ist er ganz blaß. Auch der ▷ Kakao schmeckt ihm nicht. Sicher ist Heino krank.

1 der Kakao

blaß

Heute ist das Wetter schön, der Himmel ist blau, und die ▷ Sonne scheint. Die Kinder freuen sich, sie können draußen im ▷ Garten spielen. Das macht viel mehr Spaß, als in der Stube zu hocken. – In deinem Tuschkasten ist blaue Farbe. Wenn du Blau mit Gelb mischst, erhältst du grüne Farbe. Aus Blau und Rot wird Violett.

1 der Himmel

blau

„So schön spitz sollte euer Bleistift immer sein!" sagt der ▷ Lehrer und zeigt auf die Mine. Er hat sie mit einem Bleistiftspitzer angespitzt. – Was du mit Bleistift geschrieben hast, kannst du mit einem weichen Gummi wieder ausradieren. Die Bleistiftfarbe dringt nicht ins Papier ein wie Tinte, sie haftet auf dem Papier.

der Bleistift; 1 die Mine

Bleistift

blind

Es gibt Menschen, die von Geburt an blind sind. Auch während des Krieges oder bei Unfällen sind viele Menschen blind geworden. Ihnen fehlt das Kostbarste, was wir Menschen sonst besitzen, das gesunde Augenlicht. Diesen Menschen muß man helfen, wo man nur kann. Du kannst sie an einer gelben Armbinde mit drei schwarzen Punkten und an ihrem weißen Stock erkennen.

1 der Blinde

Blindekuh

„Wir wollen Blindekuh spielen", sagen die Kinder, „und Dieter soll die Blindekuh sein." Er bekommt ein ▷ Tuch vor die Augen und muß die anderen fangen. Aber das ist gar nicht so leicht. Immer wieder greift Dieter ins Leere.

die Blindekuh; 1 das Tuch

Blindschleiche

„Hu, eine ▷ Schlange!" Nein, eine Blindschleiche ist keine Schlange, sie ist verwandt mit der Eidechse, hat aber keine Beine. Man hat sie Blindschleiche genannt, weil man früher glaubte, sie sei blind. Die Blindschleiche ist ein nützliches Tier. Sie vertilgt Schnecken und Würmer.

die Blindschleiche

Blitz

An sehr heißen und schwülen Tagen kommt manchmal ein ▷ Gewitter. Am Himmel ziehen dunkle Wolken auf. Dann blitzt und donnert es. Wenn der Blitz vom ▷ Himmel herniederfährt, wird es plötzlich ganz hell. Blitze können in ▷ Gebäude einschlagen und sie in Brand setzen. Die großen Gebäude haben Blitzableiter. Sie leiten den Blitz nicht in das Haus, sondern in die Erde.

der Blitz; 1 die Gewitterwolke

Block

Auf dem Bild siehst du fünf Häuser, die in einem Block zusammengebaut sind. Jedes Haus hat einen eigenen Eingang mit einer Hausnummer. Aber der Hof, der hinter den Häusern liegt, wird von den Bewohnern aller Häuser gemeinsam benutzt. Die Hausfrauen trocknen dort die Wäsche und klopfen an der Teppichstange Teppiche und Läufer.

der Block; 1 der Eingang, 2 der Bürgersteig

Block

Vater hat einen Block gekauft, der einen leuchtend roten Deckel hat. Der soll jetzt immer am ▷ Telefon liegen, damit man schnell etwas aufschreiben kann, wenn jemand bei uns anruft.

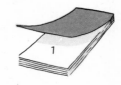

der Block; 1 das Blatt

Blockflöte

Die Blockflöte ist ein Blasinstrument. Sie wird meistens aus ▷ Holz hergestellt und besteht aus einem einfachen Rohr, in das Löcher gebohrt sind. An einem Ende ist ein Mundstück befestigt. Du kannst dir aus einem Weidenzweig selbst eine kleine Blockflöte basteln.

die Blockflöte; 1 das Mundstück, 2 das Tonloch

Blume

Blumen begleiten uns fast das ganze Jahr. Wenn noch Schnee liegt, zeigen sich die ersten Schneeglöckchen. Es folgen Märzbecher, Krokusse, ▷ Narzissen und Tulpen. Dann kommt der ▷ Sommer mit seiner Blütenpracht und der ▷ Herbst mit den leuchtenden Farben. Wenn es schon friert, blühen die Astern, und zu ▷ Weihnachten freuen wir uns über die zarten Christrosen. Nach kurzer Pause beginnt der Blumenreigen von neuem.

die Blume; 1 die Blüte, 2 der Stengel, 3 das Blatt

Blumenkohl

Vielleicht kennst du den Blumenkohl nur so, wie die Mutter ihn im Gemüsegeschäft kauft. Im Garten hat er lange breite Blätter, die den weißen Kohlkopf so lange verdecken, bis er ausgewachsen ist.

der Blumenkohl; 1 das Blatt

Bluse

Ingrid hat sich eine Bluse genäht. Die ▷Ärmel und der ▷ Kragen sind angeschnitten, es gibt auch Blusen, bei denen Kragen und Ärmel angesetzt werden.

die Bluse; 1 der Ärmel, 2 der Kragen, 3 das Knopfloch

Blut

Au, ich habe mich geschnitten. Rasch ein ▷ Pflaster auf die Wunde, dann hört sie auf zu bluten. – Etwa fünf Liter Blut fließen durch deinen Körper. Das Herz pumpt es durch die ▷ Adern. Das Blut versorgt jeden Körperteil mit Nährstoffen und Wärme. Wenn du ▷ Fieber hast, hat dein Blut eine höhere Temperatur.

das Blut

Blüte

Bevor die Tulpenblüte sich öffnet, sind die Blütenblätter von grünen Kelchblättern eingeschlossen. In der Blüte kann man Stempel und Staubgefäße gut erkennen. Aus dem Stempel wird später die Frucht, in der die Samen liegen. Nicht nur Blumen, sondern auch ▷ Bäume und Gräser haben Blüten.

die Blüte; 1 das Blütenblatt, 2 der Stempel, 3 das Staubgefäß

Bob

Auf dem Bild siehst du einen Zweierbob, es gibt außerdem den Viererbob. Ein Bob ist ein Rennschlitten, der durch eine kurvenreiche, abwärtslaufende Bahn rast. Das Bobrennen ist eine Sportart.

der Bob; 1 der Steuermann, 2 der Bremser

Alles, was wir hochwerfen, fällt wieder zu Boden. – Heute haben die Jungen Bodenturnen, sie machen Kopfstand und Brücke.

Boden

der Boden; 1 der Kopfstand, 2 die Brücke

Der Boden ist der Teil des Hauses, der unter dem ▷ Dach liegt. Wir haben viel Gerümpel auf unserem Boden liegen.

Boden

der Boden; 1 das Gerümpel

Morgen will der ▷ Lehrer mit den Kindern über ▷ Papier sprechen. Ernst muß einen Bogen Packpapier, Trude einen Bogen Schreibpapier, Ute einen Bogen Seidenpapier, Fritz einen Bogen Pergamentpapier und Peter ein Stück ▷ Pappe mitbringen.

Bogen

der Bogen; 1 das Schreibpapier

Früher wurden Pfeil und Bogen wie heute noch bei Indianer- und Negerstämmen als Jagdwaffen benutzt. Das Schießen mit Pfeil und Bogen ist auch eine Sportart. Man hält den gefiederten Pfeil mit dem Ende gegen die Sehne, spannt sie und läßt den Pfeil los.

Bogen

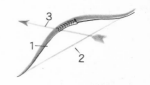

der Bogen; 1 der Bügel, 2 die Sehne, 3 der Pfeil

Die Bohne gehört zu den Hülsenfrüchten. Mehrere Bohnen, die Samen, liegen in einer langen, schmalen Hülse. Man kann die Bohnen ernten, wenn sie noch grün sind. Dann ißt man sie in der Hülse. Sind die Bohnen beim Abnehmen reif, so werden die trockenen Hülsen entfernt. – Wir unterscheiden Buschbohnen und Stangenbohnen.

Bohne

die Bohne; 1 die Hülse

Bohrer

Fast jeder ▷ Handwerker muß mit einem Bohrer umgehen können, um Löcher in ▷ Holz oder ▷ Metall zu bohren. Es gibt Bohrer, die mit der Hand gedreht werden, und Bohrmaschinen.

der Bohrer

Boje

Heike und der Vater sitzen auf dem ▷ Dampfer. „Was schwimmt da auf dem Wasser?" fragt Heike. „Das sind Bojen", erklärt der Vater, „sie sind die Verkehrsschilder für die ▷ Schiffe!"

die Boje

Boot

Als Boot bezeichnet man ein kleines Wasserfahrzeug, das entweder mit Riemen, Paddeln, Segeln oder einem ▷ Motor angetrieben wird. Der spitz zulaufende vordere Teil heißt Bug, den hinteren Teil nennt man Heck. Jedes Segelboot hat einen Mast, an dem das Segel befestigt ist.

das Boot; 1 der Riemen

Bord

In der Speisekammer stehen die Gläser auf den Borden. Monika hat ein Bücherbord in ihrem Zimmer. – Auch die Schiffswand nennt man Bord. Daher sagen die Seeleute: „Mann über Bord", wenn jemand vom Schiff ins Wasser gefallen ist. – Die beiden Seiten des Schiffes heißen Steuerbord und Backbord.

das Bord; 1 das Buch

Bordsteinkante

Der ▷ Bürgersteig wird von der Bordsteinkante begrenzt. Ganz gleichmäßig hat der Steinsetzer die Bordsteine aneinandergefügt. An der Straßenecke ist die Bordsteinkante gerundet.

die Bordsteinkante; 1 der Bürgersteig, 2 der Bordstein

Grobe ▷ Pinsel und ▷ Bürsten macht man aus den Borsten der ▷ Schweine. Seit einiger Zeit gibt es auch künstliche Borsten aus Perlon. Feine Pinsel wie Rasierpinsel und Tuschpinsel werden aus ▷ Haaren angefertigt, die weniger hart sind.

Borste

die Borste

Wenn Jungen sich streiten, fangen sie häufig an zu boxen. Boxen ist jedoch auch eine Sportart. Der Boxkampf wird in einem durch ▷ Seile abgeteilten „Ring" ausgefochten. Die Boxer tragen Boxhandschuhe, und der Ringrichter paßt auf, daß der Kampf genau nach den Sportregeln ausgetragen wird. Boxer müssen ständig hart trainieren.

boxen

1 der Boxer, 2 der Boxhandschuh

Ist der Braten in der Bratpfanne nicht lecker? Er ist für den ▷ Besuch, den Schneiders heute bekommen. Schade, daß wir nicht auch eingeladen sind!

Braten

der Braten; 1 die Bratpfanne

Im ▷ Herbst färben sich die Blätter von ▷ Bäumen und ▷ Sträuchern braun. Aber sie sehen doch nicht gleich aus: Einige sind hellbraun oder rostbraun, andere rotbraun oder sogar schwarzbraun. Auf der Erde liegen braune ▷ Kastanien. – Ein geschälter Apfel wird braun.

braun

Die Kinder haben fleißig im Garten geholfen und sind sehr durstig. Mutter holt die Brauseflasche und schenkt jedem ein ▷ Glas Brause ein. Die vielen aufsteigenden Bläschen sind keine Luft, sondern Kohlensäure.

Brause

die Brause

Braut

Unsere ▷ Kusine Rosemarie sieht als Braut hübsch aus. Sie trägt ein weißes Kleid, einen langen ▷ Schleier und im Haar einen Myrthenkranz. In ihrem Brautstrauß sind ▷ Rosen. An ihrer Seite geht der Bräutigam. Braut und Bräutigam sind ein Brautpaar.

die Braut; 1 der Schleier, 2 der Myrthenkranz, 3 der Brautstrauß, 4 der Bräutigam

Brei

Kleine Kinder essen Brei, weil sie noch keine Zähne zum Kauen haben. Heute hat Mutter Haferflockenbrei gekocht. Thomas mag ihn gern. Mit ▷ Saft schmeckt er gut.

der Brei

breit

In jeder Stadt gibt es breite Straßen und enge Gassen. Neue Straßen werden breit angelegt. Lisas ▷ Gürtel ist schmal, Helgas Gürtel ist breit. Karins Gürtel ist breiter, Ilses Gürtel ist am breitesten.

1 der Gürtel, 2 die Schnalle

Bremse

Jedes ▷ Auto muß mindestens zwei Bremsen haben, die Handbremse und die Fußbremse. Auch Ackerwagen und ▷ Fahrräder muß man bremsen können. In jedem Eisenbahnwagen ist eine Notbremse, die man aber nur bei Gefahr ziehen darf. – Jede Bremse wirkt auf die ▷ Räder, sie drehen sich immer langsamer und bleiben zuletzt stehen.

die Bremse; 1 das Rad, 2 der Bremsklotz

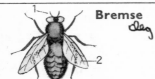

Bremse

Bremsen sind große braune ▷ Fliegen. Die weiblichen Bremsen haben einen Stechrüssel. Damit stechen sie Menschen und Tiere und saugen ihnen ▷ Blut aus. Ein Bremsenstich tut sehr weh.

die Bremse; 1 der Fühler, 2 der Flügel

34

Weißt du, warum es brennt, wenn man eine Brennessel berührt? An den Blättern sitzen viele kleine harte Härchen. Wenn sie an unsere ▷ Haut kommen, brechen sie ab, und eine giftige Flüssigkeit strömt aus. Sie verursacht die juckenden Bläschen auf der Haut.

Brennessel

die Brennessel; 1 der Stengel, 2 das Blatt

Im Sägewerk werden die Baumstämme in Bretter zersägt. Bretter braucht man beim Hausbau für ▷ Fußböden, Fensterbänke und ▷ Türen. – Die Kinder haben sich mit einem Brett eine ▷ Wippe gebaut.

Brett

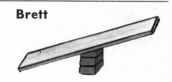

das Brett

Regine schreibt ihrer Tante einen Brief. Bevor sie ihn in den Umschlag steckt, liest die Mutter den Brief durch. Regine hat Ort und Datum vergessen. Beides gehört oben rechts auf den Briefbogen.

Brief

der Brief; 1 der Briefbogen, 2 der Umschlag, 3 die Briefmarke

---

Wenn wir einen ▷ Brief geschrieben haben, werfen wir ihn in den Briefkasten. Auf einem Schild stehen die Leerungszeiten. Die nächste Leerung ist um 12 Uhr. Dann kommt der Postbeamte, schließt den Briefkasten auf und läßt die Post in seine Sammeltasche fallen.

Briefkasten

der Briefkasten; 1 die Klappe, 2 das Schild mit den Leerungszeiten

---

Die Brieftaube findet ihren Weg über viele hundert Kilometer. An ihrem Bein kann man einen kleinen ▷ Brief befestigen. Wenn er nicht schwerer als ein Gramm ist, bringt sie ihn sicher ans Ziel.

Brieftaube

die Brieftaube

Briefträger

Jeden Tag geht der Briefträger durch die Straße. Manchmal kommt er auch in unser Haus. Wir freuen uns, wenn er aus seiner Posttasche für uns einen ▷Brief herausholt. Der Geldbriefträger bringt Geld, der Eilbote ▷Telegramme.

der Briefträger; 1 die Posttasche

Brikett

Briketts werden hauptsächlich aus Braunkohle hergestellt. Man preßt die ▷Kohle und formt viereckige und runde Briketts. Sie dienen als Heizmaterial. Hundert viereckige Briketts haben ungefähr das Gewicht von einem Zentner.

das Brikett

Brille

Der Augenarzt hat dem Großvater neue, stärkere Brillengläser verschrieben. Der Optiker hat sie in das Brillengestell eingesetzt. Mit der neuen Brille kann Großvater wieder gut lesen. – Nicht alle Menschen tragen eine Brille, aber fast jeder hat eine Sonnenbrille. Die dunklen Gläser schützen die Augen vor dem grellen Licht.

die Brille; 1 das Brillengestell, 2 das Brillenglas

Brombeere

Brombeeren wachsen an ▷Sträuchern, die oft als ▷Hecken gepflanzt werden. Brombeerhecken sind undurchdringlich. An den ▷Zweigen sitzen viele ▷Stacheln. Die Brombeeren sind reif, wenn sie schwarz sind.

die Brombeere; 1 die Frucht, 2 der Stachel

Brosche

Ingrid hat auf dem ▷Jahrmarkt eine Brosche mit einem blauen Stein gewonnen. „Die stecke ich mir gleich an die Jacke", sagt sie und befestigt die Nadel. Ingrid ist sehr stolz auf ihren Schmuck.

die Brosche; 1 der Stein

Wenn der ▷ Bäcker Brot backen will, braucht er ▷ Mehl und Wasser. Dazu kommt Hefe oder Sauerteig. Der große Laib ist mit Roggenmehl gebacken. Der ▷ Teig für Brötchen wird mit Weizenmehl angerührt.

Brot

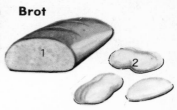

das Brot; 1 der Laib, 2 das Brötchen

Es gibt Brücken in allen Größen. Kleinere Brücken sind meistens aus ▷ Holz, größere aus Beton und Stahl gebaut. Es gibt Steinbrücken, die fast 2000 Jahre alt sind. Sie werden heute noch von Fahrzeugen benutzt. Die meisten Brücken überqueren Gewässer.

Brücke

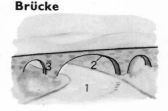

die Brücke; 1 der Fluß, 2 der Brückenbogen, 3 der Brückenpfeiler

---

Brunnen sind in die Erde gebohrte Löcher mit Stein- oder Metallwänden. Aus ihnen wird Wasser geschöpft oder gepumpt.

Brunnen

der Brunnen; 1 die Winde, 2 der Schöpfeimer, 3 der Brunnenrand, 4 das Brunnendach

---

Mutter ist mit Ute in die Buchhandlung gegangen. Sie wollen ein Märchenbuch kaufen. Der Buchhändler zeigt ihnen zwei Bücher in einem hübschen bunten Einband. Er schlägt eine Seite auf. Da steht das Märchen vom Aschenputtel.

Buch

das Buch; 1 die Zeile

Der ▷ Förster erklärt: Der große Baum mit dem glatten ▷ Stamm und der ausladenden Krone ist eine Rotbuche. Ihr Holz ist rötlich. Die Rotbuche hat grüne Blätter. Rote Blätter hat die Blutbuche. Die Früchte der Buchen sind die Bucheckern. Man kann sie essen.

Buche

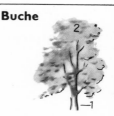

die Buche; 1 der Stamm, 2 die Krone

Buchstabe

Unser ABC hat 26 Buchstaben. Es gehören immer mehrere Buchstaben zu einem Wort; mehrere Wörter bilden Sätze. — Anstatt ABC sagt man auch Alphabet.

der Buchstabe

Bucht

An der deutschen Ostseeküste gibt es sehr viele Buchten. Das sind weit ins Land reichende Meereseinschnitte. Eine Bucht hat meist einen schönen Sandstrand, an ihrem Ende liegt oft ein ▷ Hafen. Die Kieler Bucht ist eine der größten Buchten.

die Bucht; 1 der Strand, 2 das Segelboot

Buckel

Die ▷ Katze hat auf dem Stuhl geschlafen. Sie reckt und streckt sich und macht einen Buckel. Dabei schnurrt sie behaglich. Gleich geht es wieder auf Mäusejagd. Ob es heute eine gute Beute gibt?

der Buckel

Büffel

In den einzelnen Erdteilen gibt es verschiedene Büffelarten. Wir haben den Wasserbüffel abgebildet, der in den sumpfigen Gebieten des Orients und Ostindiens lebt. Schon vor langer Zeit wurde er gezähmt. Er ist der Stammvater des Hausbüffels.

der Büffel; 1 das Horn

Bügeleisen

Das Bügeleisen wird elektrisch geheizt. Bevor Mutter zu bügeln anfängt, stellt sie mit dem Temperaturschalter die richtige Temperatur ein. Nun wird das Eisen heiß; der Griff bleibt kalt, sonst könnte Mutter ihn ja nicht anfassen. Wie schön glatt die Wäsche nach dem Bügeln ist!

das Bügeleisen; 1 der Griff, 2 der Temperaturschalter

38

Im ▷ Stall des Bauern stehen viele Rinder. Die weiblichen Rinder heißen ▷ Kühe, die männlichen nennt man Bullen. Die Bullen sind größer als die Kühe und haben stärkere ▷ Hörner. Man bezeichnet sie auch als Stiere.

Bulle

der Bulle; 1 das Horn

Wir haben einen schönen bunten ▷ Sonnenschirm für den Garten bekommen. Er hat rote, gelbe, blaue und weiße Streifen. Auf dem grünen ▷ Rasen sieht das lustig aus.

bunt

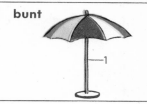

1 der Sonnenschirm

Du hast wohl auch einen ▷ Kasten mit Buntstiften. Er enthält verschiedene Farben, mit denen du deine Bilder bunt anmalen kannst. Jeder Buntstift sieht aus wie ein ▷ Bleistift. Spitzt du deine Stifte immer gut an?

Buntstift

der Buntstift

In der ▷ Stadt oder im ▷ Dorf regiert der Bürgermeister. In der Gemeindeversammlung muß er viele Dinge besprechen. Die Straßen, Gas- und Wasserleitungen müssen in Ordnung sein, und eine neue ▷ Schule muß gebaut werden.

Bürgermeister

der Bürgermeister

Der Bürgersteig ist ein Teil der Straße. Die meisten Bürgersteige in den Städten sind gepflastert. Sie liegen etwas höher als die Fahrbahn. Während die Fahrbahnen für die ▷ Autos da sind, dürfen die Bürgersteige nur von den ▷ Fußgängern benutzt werden.

Bürgersteig

der Bürgersteig; 1 der Fußgänger, 2 der Bordstein

Bürste

Wenn du eine Klassenreise mitmachst, darfst du nicht vergessen, einige Bürsten einzupacken: Kleiderbürste, Schuhbürste, Handbürste und Zahnbürste.

die Bürste; 1 die Borsten

Bussard

Hoch oben über Wiesen und Feldern zieht der Bussard seine Kreise. Er hat Ähnlichkeit mit einem ▷ Adler, ist aber viel kleiner. Der Bauer hat es gerne, wenn Mäusebussarde in der Nähe seines Gehöftes ihren Horst haben, denn sie leben hauptsächlich von ▷ Mäusen.

der Bussard; 1 der Flügel, 2 der Fang

Butter

Wenn man den Rahm der ▷ Milch lange schlägt, entsteht Butter. Mutter braucht sie zum Kochen, und wir streichen sie gern aufs Brot. – Butter wird in Molkereien hergestellt.

die Butter; 1 das Butterbrot

Chinese

Die Chinesen leben im ▷ Osten Asiens. Viele von ihnen sind Bauern und pflanzen auf den Feldern ▷ Reis an. Die Chinesen haben gelbe Haut und schwarze Haare. Sie essen nicht mit ▷ Messer und ▷ Gabel, sondern mit Eßstäbchen. Reis ist ihr Hauptnahrungsmittel.

der Chinese

Christbaum

Zu Weihnachten haben wir einen Christbaum in unserem Zimmer. Er ist mit Christbaumkugeln geschmückt. Im Christbaumfuß steht er sicher und fest. Abends zünden wir die ▷ Kerzen an. Dann singen wir ein Weihnachtslied.

der Christbaum; 1 die Kerze, 2 die Christbaumkugel, 3 der Christbaumfuß

Erika ist mit dem Vater im ▷ Zirkus. Zuerst tritt der Clown auf. Seine Kleider sind ihm viel zu weit. Das ▷ Gesicht ist ganz weiß gepudert. Nur der ▷ Mund und die ▷ Nase sind rot. Alle lachen über sein drolliges Gesicht und seine tollen Sprünge und Späße.

Clown

der Clown

Den Cowboy erkennt man an dem Cowboyhut mit der breiten Krempe. Der Cowboy bewacht zu Pferde die großen Rinderherden, die auf den ▷ Weiden in Amerika grasen. Wenn er ein Tier fangen will, gebraucht er sein Lasso. Das ist ein Lederseil mit einer Schlinge.

Cowboy

der Cowboy; 1 der Cowboyhut

Der Dachstuhl ist gerade fertig, jetzt legt der Dachdecker die Dachziegel. Es gibt auch Häuser, die mit ▷ Stroh oder ▷ geteerter Pappe gedeckt werden. Das Dach muß dicht sein, damit es nicht durchregnet. – Wir unterscheiden verschiedene Dachformen: das Flachdach, das Spitzdach, das Walmdach und das Mansardendach. Mansardenzimmer haben schräge Wände.

Dach

das Dach; 1 der Dachstuhl, 2 der Dachdecker, 3 der Dachziegel

---

Einen Dachs sieht man nur ganz selten, denn seinen Bau, den er sich tief in die Erde gegraben hat, verläßt er nur nachts. ▷ Schnecken, ▷ Würmer und Insekten sind sein Futter, aber er frißt auch Pflanzen und Früchte. Im Winter schläft er monatelang. Dabei braucht er kaum Nahrung, denn im Herbst hat er sich eine dicke Speckschicht angefressen.

Dachs

der Dachs

Dackel

Der Dackel ist ein munterer Hausgenosse, aber auch ein guter Helfer bei der Jagd. Der ▷ Jäger schätzt ihn sehr. Die krummen Beine und der niedrige Körperbau machen es dem Dackel möglich, in den Fuchsbau zu kriechen und den Fuchs hinauszujagen.

der Dackel

Dahlie

Die Dahlie gehört zu unseren schönsten Gartenblumen. Es gibt sie in vielen verschiedenen Farben. Ihre prächtigen Blütenköpfe bestehen aus vielen Einzelblättern. Jedes farbige Blättchen ist eine ▷ Blüte.

die Dahlie; 1 der Stengel, 2 das Blatt, 3 der Blütenkopf

Damm

Dämme werden aus ▷ Erde, Schotter oder ▷ Steinen errichtet. Manchmal sind Dämme mit Steinen bepackt oder bepflanzt. An den Meeresküsten gibt es Dämme, die das Land vor Sturmfluten schützen sollen. Sie werden ▷ Deiche genannt.

der Damm; 1 die Straße, 2 der Kilometerstein

Dampfer

Die richtige Bezeichnung ist Dampfschiff. Dampfschiffe sind Wasserfahrzeuge, die durch Dampfmaschinen angetrieben werden. Die größten deutschen Dampfschiffe waren: „Vaterland", „Bismarck", „Imperator", „Bremen" und „Europa".

der Dampfer; 1 der Schiffskörper, 2 der Schornstein

Dattel

Die süßen Datteln wachsen an hohen schlanken ▷ Palmen. Für uns sind die Datteln Leckerbissen, für viele Menschen in ▷ Afrika und Südasien sind sie frisch und getrocknet ein wichtiges Nahrungsmittel.

die Dattel

Könnt ihr euch vorstellen, daß ein Schneider einen Sohn hatte, der nicht größer als ein Daumen war? Er hieß der Däumeling, und wie das ▷ Märchen weitergeht, erzählt euch die Mutter.

Daumen

der Daumen

Der ▷ Maler ist bei uns und tüncht die Decken. Mutter hat die ▷ Möbel mit ▷ Tüchern zugedeckt, damit sie nicht mit ▷ Farbe bespritzt werden. Der Maler benutzt zum Streichen der Decke keinen Pinsel, sondern eine Streichbürste.

Decke

die Decke; 1 der Maler, 2 die Kalkfarbe

Bevor wir den ▷ Tisch decken, legt Mutter eine weiße Decke auf den Tisch. – Wenn Monika morgens nicht aufstehen will, zieht Peter ihr die Bettdecke weg.

Decke

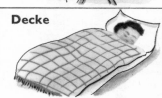

die Decke

Helga hatte Pech. Der silberne ▷ Krug fiel ihr aus der Hand, und der Deckel brach ab. Aber nun hat der Goldschmied den Krug repariert, der Deckel sitzt wieder fest.

Deckel

der Deckel; 1 der Krug

An Meeresküsten und Flußufern gibt es Deiche. Das sind Erdwälle, die das Land vor dem Wasser schützen sollen. Sie sind mit Gras bewachsen, und im Sommer sieht man dort die Schafherden grasen.

Deich

der Deich; 1 das Gras

Die Pferde sind abgespannt. Der Bauer wird den ▷ Wagen gleich in den ▷ Schuppen schieben. Mit der Deichsel kann er den Wagen steuern.

Deichsel

die Deichsel; 1 der Wagen

43

Denkmal

Vor 300 Jahren hat ein Dichter in unserer Stadt gewohnt. Er hat viele ▷ Lieder geschrieben und ist in der ganzen Welt bekannt geworden. Im Stadtpark ist er auf einem Denkmal dargestellt. Am Geburtstag des Dichters wird am Denkmal eine Feier abgehalten, und das Denkmal wird mit Blumen und Kränzen geschmückt.

das Denkmal; 1 der Sockel

Diamant

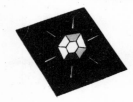

Der Diamant ist ein wertvoller ▷ Edelstein. Wenn er geschliffen ist, heißt er Brillant, und Mutter trägt ihn in ▷ Gold gefaßt am Fingerring. – Auch der Glaser hat einen Diamanten. Der Diamant ist so hart, daß der Glaser ▷ Glas damit schneiden kann.

der Diamant

Dieb

Wer schleicht da um die Ecke? Ist es ein Dieb? Will er stehlen? Warte nur, Dieb, dich kriegen wir! Wir holen die Polizei. Dann wirst du ins ▷ Gefängnis eingesperrt und mußt von Wasser und Brot leben.

der Dieb

Diele

Wenn in einem Zimmer der Fußboden erneuert werden muß, reißt man die alten Dielenbretter heraus und setzt andere ein. Die neuen Dielen werden dann geölt und gebohnert.

die Diele; 1 das Dielenbrett

Diele

Der Flur in einer Wohnung kann als Diele bezeichnet werden. Manchmal ist sie als Wohndiele freundlich eingerichtet. Auch einen großen freien Raum in der ▷ Scheune nennt man Diele.

die Diele; 1 der Läufer, 2 die Dieleneinrichtung

Heute gibt es nur noch selten Männer, die von ▷ Beruf Diener sind. Diener müssen sehr viel gelernt haben, wenn sie bei ihren Herrschaften alles richtig machen wollen. Sie müssen bei Tisch servieren, die Kleider und Anzüge pflegen und auf Reisen alles besorgen.

Diener

der Diener

Der Chef diktiert seiner Sekretärin einen Brief. Sie muß gut aufpassen, damit sie auf der Schreibmaschine kein Wort falsch schreibt.

diktieren

1 der Chef, 2 die Sekretärin

Die Distel ist ein ▷ Unkraut, das schwer auszurotten ist. Wenn man Disteln sticht, bleiben die langen ▷ Wurzeln in der Erde stecken und treiben immer neue Pflanzen. – Auf ▷ Dünen gibt es Stranddisteln, die hübsche silbergraue Blätter haben. Sie stehen unter Naturschutz.

Distel

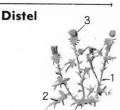

die Distel; 1 der Stengel, 2 das Blatt, 3 die Blüte

In Kirchtürmen und alten Burgruinen, manchmal auch in Felsnischen wohnen die Dohlen. Sie sind in unserer Gegend die kleinsten Rabenvögel. Dohlen sind sehr gelehrig, sie ahmen alle möglichen Laute nach und lernen sogar sprechen.

Dohle

die Dohle

In unserer Stadt steht ein Dom, das ist eine große ▷ Kirche. Der Dom hat einen hohen ▷ Turm, und wenn die ▷ Glocken läuten, kann man sie in der ganzen Stadt hören.

Dom

der Dom; 1 der Turm

Dorf

Meine Tante wohnt in einem kleinen Dorf. Es gibt dort einen ▷ Bäcker, einen Kaufmann und einige Bauernhäuser. Auf dem Dorfplatz steht eine kleine ▷ Kirche. Daneben steht das Pfarrhaus. Die nächste Bahnstation ist 10 km entfernt.

das Dorf; 1 die Kirche

Dorn

Kennst du den Unterschied zwischen Dornen und ▷ Stacheln? Der Dorn ist fest mit dem Gewebe des ▷ Zweiges, an dem er sitzt, verbunden. Ein Stachel ist leicht vom Zweig abzubrechen. Die ▷ Rose hat Stacheln, keine Dornen.

der Dorn; 1 der Zweig

Dose

In der Dose bewahren wir den ▷ Kaffee auf. Die Dose muß immer fest verschlossen sein, damit der Kaffee frisch bleibt. – In der Speisekammer stehen viele Konservendosen mit eingemachtem Obst und ▷ Gemüse. Konservendosen kann man nur mit einem Dosenöffner aufmachen.

die Dose; 1 der Deckel

Drache

In der Siegfriedsage hören wir von dem Drachen, einem Ungeheuer, das Feuer speit. Er hütet einen Schatz, und keiner darf ihm nahe kommen. Siegfried ist es endlich gelungen, den Drachen zu besiegen und den Schatz für sich zu erringen.

der Drache; 1 das Feuer, 2 der Flügel

Drachen

Hans hat mit dem Vater einen Drachen gebaut. Aus ▷ Leisten haben sie ein Gerüst gebastelt und mit Papier überzogen. Der lange Papierschwanz wedelt lustig hin und her, wenn man den Drachen an der Schnur steigen läßt. Hoffentlich hat Hans Glück mit dem Wind.

der Drachen; 1 der Schwanz, 2 die Schnur

Unser Nachbar hat einen ▷ Zaun aus Maschendraht und Stacheldraht um seinen Garten gezogen. Der Draht ist aus ▷ Eisen. – In der Schnur von Mutters ▷ Bügeleisen ist Kupferdraht.

Draht

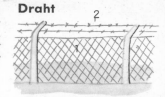

der Draht; 1 der Maschendraht, 2 der Stacheldraht

Helmut hat zum ▷ Geburtstag ein Dreirad geschenkt bekommen. Das ist ein kleines ▷ Fahrrad mit drei Rädern. Onkel Heinrichs Lieferwagen nennt man auch Dreirad, weil es ein ▷ Auto ist, das drei Räder hat.

Dreirad

das Dreirad; 1 das Rad

Wir kaufen in der Drogerie ein: für Vater einen ▷ Film für den Fotoapparat und für Mutter eine Dose weiße Farbe, damit sie die Gartenmöbel streichen kann. Unserer kleinen Schwester bringen wir eine Zahnbürste und einen Waschlappen mit. Der Drogist packt alles ein.

Drogerie

die Drogerie; 1 der Drogist

Das Dromedar ist ein einhöckeriges ▷ Kamel. Wie alle Kamele sind die Dromedare sehr ausdauernd und genügsam. Sie können tagelang ohne Wasser auskommen. Für die Wüstenbewohner ▷ Afrikas und Südwestasiens gehören die Dromedare zu den wichtigsten Haustieren. Sie werden zum Reiten und zum Lastentragen benutzen.

Dromedar

das Dromedar; 1 der Höcker

Die Singdrossel ist verwandt mit der Schwarzdrossel, die man auch ▷ Amsel nennt. Sie hat ein braungrau geflecktes Gefieder. Die Drossel wohnt in Gärten und Parks und erfreut uns mit ihrem Gesang.

Drossel

die Drossel; 1 das Gefieder

Dschungel

Der schilfreiche Buschwald und der ▷ Urwald in Indien haben einen besonderen Namen: Sie heißen Dschungel. Im Dschungel leben ▷ Tiger, ▷ Elefanten und viele Affenarten. Die Menschen können nur mit großen Schwierigkeiten in den Dschungel dringen, der daher ein Paradies der wilden Tiere ist.

der Dschungel; 1 der Elefant, 2 der Baum

Düne

In den Ferien ist Peter mit seinen Eltern an die Nordsee gefahren. Peter spielt in den Dünen, das sind Sandhügel, die der Wind zusammengeweht hat. Einige Dünen verändern ihre Lage. Man nennt sie Wanderdünen.

die Düne

Dunst

Über der Stadt liegt ein feiner Dunst. Man kann deshalb die Häuser und ▷ Fabriken nur sehr schlecht erkennen, sie sind nur verschwommen zu sehen. Hoffentlich klärt es sich bald wieder auf.

der Dunst; 1 die Fabrik

Durchfahrt

Die Durchfahrt ist so eng, daß nur ein ▷ Auto zur gleichen Zeit hindurchkommt. Hier müssen die Autofahrer langsam und sehr vorsichtig fahren, weil sie erst sehr spät sehen können, ob die Straße frei ist.

die Durchfahrt; 1 das Auto

Durst

„Du darfst nicht die ganze ▷ Brause allein austrinken", sagt Jürgen zu Thomas, „denn ich habe auch Durst!" – In der Wüste sind schon oft Menschen verdurstet, wenn der Wasservorrat nicht ausreichte.

der Durst; 1 die Brause

Dusche

Es ist herrlich, unter der Dusche zu stehen und sich das Wasser über den Körper rieseln zu lassen. Die Brause sieht wie ein ▷ Sieb aus. Sie zerstäubt das Wasser.

die Dusche; 1 die Brause

Dutzend

Zum Kindergeburtstag sind elf Kinder eingeladen. Mutter hat ein Dutzend ▷ Äpfel besorgt, damit jeder der kleinen Gäste und das Geburtstagskind selbst einen Apfel bekommt.

das Dutzend; 1 der Apfel

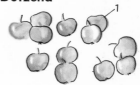

Ebene

In der Ebene kann man weit über das Land sehen, aber auch der ▷ Wind kann ungehindert blasen. Der Boden ist meistens sehr fruchtbar, und auf den ▷ Wiesen gibt es gutes Gras für das ▷ Vieh.

die Ebene; 1 die Wiese

Edelstein

Edelsteine werden in der Erde gefunden, manchmal sogar tief im Boden. Sie sind sehr wertvoll, weil sie selten vorkommen. Der kostbarste Edelstein ist der ▷ Diamant. Die Edelsteine erhalten durch Schleifen einen schönen Glanz und werden zu Schmuck verarbeitet.

der Edelstein; 1 der Schmuck

Edelweiß

An steilen Felswänden im Hochgebirge wächst das Edelweiß. Seine Blütensterne und Blätter tragen einen dichten Haarpelz, daher kann das Wasser in ihnen kaum verdunsten. Die Pflanze braucht also nur wenig Wasser und kann auf kärglichem Boden in Felsspalten wachsen.

das Edelweiß; 1 die Blüte, 2 das Blatt

Efeu

Hast du im Park schon einmal einen Baum gesehen, der ganz mit Efeu bewachsen ist? Der Efeu ist eine Kletterpflanze. Überall, wo seine Ranken an einem Stück Holz, an einer Rinde oder Mauer aufliegen, bilden sie kleine Wurzeln und halten sich damit fest. So klettert der Efeu in die Höhe. Die Blätter sind fest und blank. Efeu blüht im späten Herbst, und die Früchte reifen im darauffolgenden Frühjahr.

der Efeu; 1 die Ranke, 2 die Wurzel

Egge

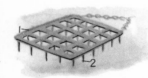

Wenn der Bauer den ▷ Acker umgepflügt hat, liegen dort große Schollen, und breite Furchen sind zu sehen. Der Boden muß geebnet werden. Das geschieht mit der Egge. Eigentlich ist die Egge eine vergrößerte ▷ Harke, die von Pferden oder einem Traktor über den Acker gezogen wird.

die Egge; 1 der Eggenrahmen, 2 der Zinken

Ei

Alle ▷ Vogelweibchen legen Eier. Wenn die Eier ausgebrütet sind, kommen junge Vögel zur Welt. Einige Vögel legen besonders hübsche Eier. Kiebitzeier sind braun gesprenkelt. Das Ei der Singdrossel ist blaugrün. – Die Eierschale ist eine Schutzschicht aus Kalk. Das Ei enthält das Eiweiß und das gelbe Eidotter. Hühnereier werden zum Kochen verwendet.

das Ei

Eiche

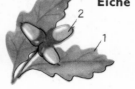

Eichen werden über 1000 Jahre alt. Knorrige Äste bilden die weit ausladende Krone. Der Stamm trägt eine dicke, rissige Borke. Die Frucht der Eiche kennt ihr sicher. Aus Eicheln lassen sich hübsche, kleine Figuren basteln.

die Eiche; 1 das Blatt, 2 die Eichel

Ihr habt es alle schon beobachtet, das hübsche rotbraune Eichhörnchen, das so flink von Baum zu Baum springt. Sein breiter, buschiger Schwanz wirkt dabei als Steuer. Das Eichhörnchen lebt von Beeren und Körnern. Nüsse und Eicheln sind seine Lieblingsspeise. Für den Winter legt es einen Vorrat an.

Eichhörnchen

das Eichhörnchen; 1 der Schwanz, 2 die Kralle

Unter ▷ Hecken und Steinen haben die Eidechsen ihre Erdlöcher, in denen sie ihre Winterruhe halten. Sie liegen dann starr, als wären sie tot. Erst wenn die Sonne die Erde wärmt, kommen sie wieder hervor. Sie lieben die Wärme und sonnen sich gerne an geschützten Stellen. Die Eidechsen leben von ▷ Würmern und Insekten.

Eidechse

die Eidechse; 1 der Zeh

Warum hat Herr Kuhn es nur so eilig? Ich weiß es, er ist zu spät aufgestanden und muß doch um 8 Uhr im Büro sein. Hoffentlich schafft er es noch! – Ich stehe lieber so zeitig auf, daß ich gemütlich gehen kann.

eilig

Jedes Kind kennt einen Eimer. Wenn zwei Eimer zugleich getragen werden müssen, benutzt man das Tragjoch, ein Holzbrett, das über die ▷ Schultern gelegt wird.

Eimer

der Eimer; 1 der Griff, 2 der Henkel

Zu jedem Gebäude gehört mindestens ein Eingang. Manche Häuser haben außer dem Vordereingang noch den Hintereingang. Bei alten Bauernhäusern sind die Balken über dem Eingang oft besonders hübsch bemalt und verziert.

Eingang

der Eingang; 1 die Treppe, 2 die Tür

4*

einmachen

Im ▷ Sommer und ▷ Herbst hat Mutter viel einzumachen. Aus Stachelbeeren und ▷ Erdbeeren kocht sie ▷ Marmelade, aus ▷ Johannisbeeren bereitet sie ▷ Saft oder Gelee. Im Wecktopf werden die Weckgläser mit Kirsch- und Pflaumenkompott zugekocht.

1 das Weckglas, 2 der Wecktopf

einpacken

Peter darf dem Vater im ▷ Laden helfen. Er packt dicke rote ▷ Kerzen in einen Karton. Den Zwischenraum muß er mit Papier ausstopfen. Vater wird den Karton in Papier einwickeln und mit Bindfaden verschnüren.

1 der Karton, 2 die Kerze

einsteigen

Die Straßenbahn hält. „Bitte Vorsicht beim Einsteigen!" sagt die Schaffnerin. Sie klingelt, wenn alle Fahrgäste eingestiegen sind, und dann geht die Fahrt weiter. Die Schaffnerin verkauft nun die Fahrscheine.

1 die Straßenbahn, 2 der Fahrgast

Eintrittskarte

Wir gehen heute ins ▷ Kino. Es gibt einen ▷ Film über Tiere in ▷ Afrika. An der Kasse kaufen wir eine Eintrittskarte. Darauf steht die Nummer unseres Platzes. Der Platzanweiser reißt einen Abschnitt von der Eintrittskarte ab und führt uns zu unserem Platz.

die Eintrittskarte

Eis

Wir haben von Mutter 20 Pfennig geschenkt bekommen. Sollen wir uns ein Eis kaufen? Da steht ein Eisverkäufer an der Straßenecke. „Ein Schokoladeneis, bitte!" Im Winter gibt es Eis auf unserem Teich. Darauf können wir Schlittschuh laufen.

das Eis; 1 der Eisverkäufer

Im hohen Norden, dort, wo das ganze Jahr große Eisschollen auf dem Meer schwimmen, lebt der Eisbär. Er nährt sich von Robben, ▷ Fischen und den wenigen Früchten der kargen ▷ Küste. Schwimmen und tauchen kann er vorzüglich. Sein dichtes ▷ Fell und eine dicke Speckschicht schützen ihn vor der Kälte.

Eisbär

der Eisbär; 1 die Tatze, 2 das Eis

Eisen ist ein schweres ▷ Metall. Es sieht hell- bis dunkelgrau aus. In Hüttenwerken wird es aus Eisenerz gewonnen. Wenn Eisen lange an der Luft liegt, rostet es.

Eisen

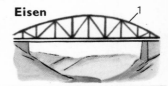

das Eisen; 1 die Eisenbrücke

Die Eisenbahn befördert Personen und Güter. Es gibt Güter- und Personenzüge. Die Züge werden von einer ▷ Lokomotive gezogen, die elektrisch, mit einem Dieselmotor oder mit Dampf angetrieben wird.

Eisenbahn

die Eisenbahn; 1 die Lokomotive, 2 der Kohlentender, 3 der Eisenbahnwagen

Die Elche sind die größten ▷ Hirsche der Welt. Die männlichen Tiere tragen ein prächtiges Geweih. Es besteht aus mächtigen Schaufeln. Elche leben in dichten Erlen- und Birkenwäldern des Nordens.

Elch

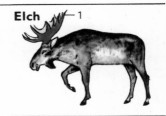

der Elch; 1 das Geweih

Elefanten gibt es in Indien und in ▷ Afrika. Die Afrikanischen Elefanten sind größer als die Indischen. Sie haben größere Ohren und längere Stoßzähne, aber kürzere Rüssel. Mit ihm greifen sie ihr Futter, saugen das Wasser auf und spritzen es sich ins ▷ Maul. Auch Lasten können sie mit dem Rüssel tragen.

Elefant

der Elefant; 1 der Rüssel, 2 der Stoßzahn

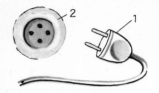

elektrisch

Im Haushalt gibt es eine Menge elektrischer Geräte: ▷ Bügeleisen, Staubsauger, ▷ Lampen mit ▷ Glühbirnen, Kochherde, Waschmaschinen, Mixgeräte und viele andere. Du brauchst nur den Stecker in die Steckdose zu stecken, dann kannst du mit den Geräten arbeiten.

1 der Stecker, 2 die Steckdose

Elfe

Im ▷ Theater hat Dörte ein Märchen gesehen. Am besten haben ihr die Elfen gefallen, die in der Dämmerung auf dem ▷ Rasen tanzten. Die würde sie sich zu gerne noch einmal ansehen.

die Elfe

Elster

Die Elster ist an ihrem langen, keilförmigen Schwanz leicht zu erkennen. Sie frißt ▷ Würmer, ▷ Schnecken und Insekten, aber auch kleinere Vögel. Gern raubt sie Vogelnester aus und labt sich an den Eiern. Wie alle anderen Rabenvögel stiehlt sie oft und gerne blanke Gegenstände.

die Elster; 1 der Schwanz

Eltern

Die Eltern machen mit der kleinen Anke den ersten Spaziergang. Sie steht noch etwas unsicher auf den Beinen. Aber die ▷ Mutter achtet schon darauf, daß die kleine Anke nicht hinfällt.

die Eltern; 1 die Mutter, 2 der Vater

eng

In der Stadt gibt es einige ▷ Straßen, die sehr eng sind. „Da könnte nicht einmal ein Auto hindurchfahren!" meinte Günter, als er mit Vater dort entlangging. „Doch, aber zwei kommen nicht aneinander vorbei."

1 die Straße, 2 das Haus

Für das Weihnachtsfest hat Ute kleine Engel aus Sperrholz ausgesägt und bunt bemalt. Sie sollen unter dem ▷ Christbaum stehen. Auch der Großmutter hat sie einen Engel geschenkt, den sie selbst gebastelt hat.

Engel

der Engel

Christoph Columbus ist ein berühmter Entdecker. Er entdeckte vor fast 500 Jahren den Erdteil, der später ▷ Amerika genannt wurde. – In Ägypten haben Wissenschaftler Reste einer im Sande versunkenen Stadt entdeckt. – Vor einigen Tagen entdeckte Elisabeth, daß Mutters Kaktus schon kleine ▷ Blüten trägt.

entdecken

1 der Entdecker

Die Enten sind Wasservögel. Mit den Läufen paddeln sie im Wasser vorwärts. Zwischen den Zehen haben sie Schwimmhäute. Die Erpel, so heißen die Entenmännchen, haben ein hübsches, buntes Federkleid. Die Weibchen sind viel unscheinbarer.

Ente

die Ente; 1 der Schnabel

Es gibt viele Arten Enzian. Wir denken bei dem Namen immer an den blauen Enzian, der mit seinen leuchtenden ▷ Blüten die Gebirgswiesen schmückt. Enzian darf nicht abgepflückt werden. Er steht unter Naturschutz.

Enzian

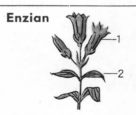

der Enzian; 1 die Blüte, 2 das Blatt

Die Erbse ist eine Hülsenfrucht. In jeder Hülse sitzen mehrere Erbsen. Junge Erbsen werden gern als Gemüse gegessen. Wenn die Erbsen reif sind, fallen sie aus der Hülse. Jede Erbse ist ein Same.

Erbse

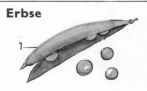

die Erbse; 1 die Hülse

Erdbeere

Die Erdbeeren sind reif. Sieh nur, wie herrlich rot die Früchte aus den grünen Blättern lugen! Hast du eine Erdbeere schon einmal genau angesehen? Die kleinen Kernchen oben darauf sind die eigentlichen Früchte, das aromatische Fruchtfleisch ist eine Scheinfrucht. Vermehrt werden die Erdbeeren durch Ausläufer.

die Erdbeere; 1 die Blüte, 2 die Frucht

Erde

Wenn du eine Erdhöhle bauen willst, mußt du mit einem ▷ Spaten tief in die Erde hineingraben. Je tiefer das Loch wird, desto größer wird der aufgeworfene Erdhaufen. Dabei mußt du aufpassen, daß die Erde nicht wieder in das Loch rutscht.

die Erde; 1 der Spaten, 2 das Erdloch

Erdnuß

Weißt du, woher die Erdnuß ihren Namen hat? Wenn die Erdnußpflanze verblüht ist, senken sich die Stiele, so daß die jungen Früchte in die Erde gelangen. Dort reifen sie. Erdnüsse wachsen in den heißen Ländern.

die Erdnuß; 1 die Schale, 2 der Kern

Erholung

Heinz sah blaß aus und mußte zur Erholung. Die Eltern fuhren mit ihm ins Gebirge. In der Höhenluft konnte er sich erholen. Ganz braungebrannt und gesund kam er wieder nach Haus. Nun geht er wieder gern in die Schule.

die Erholung

Ernte

Das ▷ Korn ist gut gewachsen in diesem Jahr, und die Garben sind groß und schwer. Der Bauer freut sich über die Ernte und wird bald das Korn einfahren. Er erwartet im Herbst auch eine gute Kartoffel- und Rübenernte.

die Ernte; 1 die Garbe

„Erzähl uns doch eine Geschichte, **erzählen**
Mutter", bitten die Kinder. Die Mutter beginnt zu erzählen: „Es war einmal eine kleine süße Dirn, die hatte jedermann lieb, der sie nur ansah..."

Die Esche bekommt erst Blätter, **Esche**
nachdem sie geblüht hat. Die Blätter sind gefiedert. Die Esche hat sehr zähes Holz, aus dem man ▷ Möbel, Wagen und Turngeräte baut.

die Esche; 1 das Blatt

„Der Esel schleppt die Säcke zur **Esel**
Mühle", steht in alten Geschichten. Heute tun das die Lastwagen. Esel gibt es bei uns nur noch selten. Aber in Italien und Spanien leben noch viele dieser „Langohren". Esel sind sehr ausdauernd und genügsam. Nur manchmal bocken sie. Aber dumm, wie man sagt, sind sie gar nicht.

der Esel

Petras Rechenbuch sieht sehr unordentlich aus. Obwohl sie erst seit ein paar Wochen im neuen Schuljahr ist, hat das Buch schon lauter Eselsohren. Petra muß mit ihren Sachen viel besser umgehen. **Eselsohr**

das Eselsohr; 1 das Rechenbuch

Im eisigen Norden von ▷ Amerika **Eskimo**
leben die Eskimos. Sie jagen ▷ Seehunde und fangen ▷ Fische. Im Sommer leben sie im ▷ Zelt, im Winter in einer Schneehütte, dem Iglu. Sie haben Boote, die mit Fellen bezogen sind. Die Boote der Männer heißen Kajak, die der Frauen Umiak.

der Eskimo; 1 der Iglu

essen

Rainer versucht, richtig mit ▷ Messer und ▷ Gabel zu essen. Du bemerkst natürlich, daß er das ▷ Besteck noch nicht ordentlich anfassen kann. Kannst du es schon? – Man darf nicht zu hastig essen und muß gründlich kauen. Alles, was man ißt, gelangt durch die Speiseröhre in den Magen und wird dort verdaut.

1 das Messer, 2 die Gabel

Essig

Im Küchenschrank steht Essig. Mutter braucht ihn zum Kochen und für ▷ Salate. Essig wird aus ▷ Wein hergestellt. – Essigessenz ist sehr starker Essig, den man vor dem Gebrauch mit Wasser verdünnen muß.

der Essig; 1 der Salat

Eule

Unheimlich sehen die Eulen aus mit ihren großen Augen und dem scharfgekrümmten Schnabel. Nur in der Nacht kommen sie aus ihren Schlupfwinkeln. Sie fliegen ganz lautlos und hören jedes Geräusch. Wehe dem Mäuschen, das im Laub raschelt! Mit ihren scharfen Fängen packen die Eulen ihre Beute und verschlingen sie.

die Eule; 1 der Schnabel, 2 der Fang

Europa

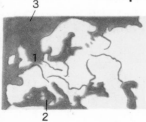

Wir wohnen in Europa, das ist ein Erdteil. Europa reicht vom Nördlichen Eismeer bis ans Mittelmeer, vom Atlantischen Ozean im Westen bis zum Uralgebirge im Osten. In Europa gibt es viele Länder, von denen du sicher Deutschland, England, Italien und Frankreich kennst. Kannst du noch mehr europäische Länder nennen? Die Menschen, die hier wohnen, sind Europäer.

1 die Nordsee, 2 das Mittelmeer, 3 das Nördliche Eismeer

Jeden Morgen gehen viele Leute zur Arbeit in eine Fabrik. In den Fabriken stehen in riesigen Hallen große ▷ Maschinen. Reinhards Vater ist in einer Schuhfabrik, Helgas Mutter in einer Schokoladenfabrik und Evas Bruder in einer Möbelfabrik beschäftigt.

Fabrik

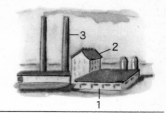

die Fabrik; 1 das Fabrikgebäude, 2 das Verwaltungsgebäude, 3 der Fabrikschornstein

Früher trugen die Damen einen Fächer. Sie fächelten sich damit frische Luft zu. Die Fächer waren hübsch verziert. Man kann sie heute noch im ▷ Museum sehen. – Auf Maskenbällen tragen auch heute manche Damen einen Fächer.

Fächer

der Fächer

Mutter hat die Wolle auf ein Knäuel gewickelt. Das Ende des langen Wollfadens hängt herunter. – Ein ganz dünner Faden wird aus vielen kurzen Wollhaaren gesponnen. Zwei oder mehrere dieser Fäden dreht man zu einem Wollfaden zusammen.

Faden

der Faden; 1 das Knäuel

An nationalen Feiertagen und bei Staatsbesuchen werden an Schulen und allen anderen öffentlichen Gebäuden Fahnen hochgezogen. Bei Trauerfeiern bleibt die Fahne auf halber Höhe des ▷ Mastes. Die deutsche Fahne ist schwarz-rot-gold.

Fahne

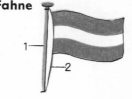

die Fahne; 1 der Mast, 2 die Leine

Fähren sind Wasserfahrzeuge, die ▷ Flüsse und ▷ Seen überqueren oder an der Meeresküste zwischen dem Festland und den ▷ Inseln verkehren. Es gibt Personenfähren, Autofähren und riesengroße Eisenbahnfähren.

Fähre

die Fähre; 1 das Auto

Fahrkarte

Tante Helga will verreisen. Sie kauft sich am Fahrkartenschalter eine Rückfahrkarte. Die gilt auch für die Rückreise und kostet nur 12.— DM. An der Sperre wird sie gelocht. In der Straßenbahn gibt es keine Fahrkarten, sondern Fahrscheine aus Papier.

die Fahrkarte

Fahrrad

Wenn du mit deinem Fahrrad auf der Straße fahren willst, muß es gut in Ordnung sein. Es muß mit Klingel, zwei Bremsen, Rückstrahler, Pedalstrahlern und Beleuchtung ausgestattet sein. — Wenn du einen Rückspiegel an deinem Fahrrad hast, kannst du den Verkehr hinter dir beobachten, ohne dich umzusehen. Hast du einen Gepäckträger an deinem Fahrrad?

das Fahrrad; 1 die Klingel, 2 der Rückstrahler, 3 die Handbremse, 4 das Pedal

Fahrstuhl

Wir sind im ▷ Warenhaus, und Mutter geht mit uns zum Fahrstuhl. „Zur Spielzeugabteilung im vierten Stock bitte!", sagt sie zum Fahrstuhlführer, als wir in die Kabine einsteigen. Die Tür schließt sich, und wir sausen nach oben. Der Fahrstuhl wird elektrisch betrieben. — Kranke werden in einem Fahrstuhl gefahren, wenn sie nicht gehen können.

der Fahrstuhl; 1 die Kabine, 2 der Fahrstuhlführer

Falke

In Kirchtürmen und altem Gemäuer haben die Turmfalken ihren Horst. Auf der Futtersuche „rütteln" sie über Wiesen und Feldern und spähen nach Mäusen und größeren Insekten aus, auf die sie sich pfeilschnell herabstürzen. — Die Wanderfalken werden als Jagdfalken abgerichtet.

der Falke

Mit einem Fallschirm kann man aus einem Flugzeug abspringen. Wenn sich der Fallschirm öffnet, fängt die Luft sich in dem Schirm. Dadurch gleitet der Fallschirmspringer langsam zur Erde. Fallschirmspringen ist ein Sport.

der Fallschirm; 1 der Fallschirmspringer

Fallschirm

Familie Becker ist froh, daß sie wieder beisammen ist. Der Vater ist endlich von seiner langen Reise zurückgekehrt, und heute unternehmen alle den ersten gemeinsamen Spaziergang.

die Familie; 1 der Vater, 2 die Mutter, 3 der Sohn, 4 die Tochter

Familie

„Fang den Ball!" ruft Brigitte. – „Laßt uns Fangen spielen", bittet der kleine Klaus. – Ich möchte den Zitronenfalter doch gerne fangen, denkt Peter und läuft mit erhobenem Kescher hinter dem gelben Schmetterling her.

1 der Kescher, 2 der Zitronenfalter

fangen

Man erhält Farbe streichfertig in Dosen oder kann sich Farbpulver kaufen und die Farbe selbst anrühren. – Du hast in deinem ▷ Tuschkasten kleine Farbsteine. Wenn du mit dem feuchten Pinsel darüberstreichst, entsteht Tuschfarbe.

die Farbe; 1 der Farbtopf, 2 der Pinsel

Farbe

Das Farnkraut wächst an feuchten, schattigen Stellen. Im Walde ist es häufig zu finden. Seine Blätter nennt man Farnwedel. Die jungen Blätter sind eingerollt. Manche Farnarten kennen wir als Zierpflanzen.

das Farnkraut; 1 der Farnwedel

Farnkraut

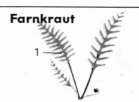

Fasan

Auf unseren Feldern und in kleinen Wäldern, dort, wo viel Gebüsch in der Nähe ist, leben die Fasanen. Der Fasanenhahn hat einen schönen, langen Schwanz und trägt ein buntes Federkleid. Die Fasanenhenne ist erdbraun. So kann der ▷ Fuchs sie nicht so schnell entdecken, wenn sie brütet.

der Fasan

Faß

Welch ein dickes Faß! Das bekommt der Gastwirt, denn es ist voll Bier. Die Reifen halten die Bretter zusammen. Die Bretter nennt man Dauben. Sie sind sorgsam aneinandergefügt, damit nichts herausläuft.

das Faß; 1 der Reifen

---

faul

In der ▷ Klasse gibt es einige faule Kinder. Sie haben keine Lust, Schularbeiten zu machen, und bekommen schlechte Zensuren in ihren ▷ Zeugnissen. Aber auch Äpfel können faul sein. Faule Eier stinken. Faules Wasser ist ungenießbar.

Feder

Alle ▷ Vögel haben Federn. Federn sind leicht, das ist wichtig für das Fliegen. Die winzigen, weichen Federn halten die Tiere warm, die etwas größeren, festeren schützen vor Nässe. Die Schwungfedern an den ▷ Flügeln helfen beim Fliegen, und mit den Schwanzfedern können die Vögel steuern. – Die Menschen verwenden die Federn als Bettfedern, die zartesten heißen Daunen.

die Feder; 1 der Kiel

Feder

In deinem Federhalter hast du eine Feder. Die Schreibfeder besteht aus Stahl. – Alle Federn sind biegsam, auch die Sprungfedern in der ▷ Matratze.

die Feder; 1 die Schreibfeder, 2 die Sprungfeder

Auf dem Rasen hinter dem Haus spielen Karin und Werner Feder-ball. Die Bälle fliegen hoch in die Luft. Es ist gar nicht leicht, sie mit dem Schläger zu treffen. Karin und Werner müssen viel hin- und herlaufen beim Spiel.

Federball

der Federball; 1 der Schläger

Von den Feen hören wir im ▷ Mär-chen. Sie können zaubern. Die guten Feen helfen den Menschen. Aber im „Dornröschen" gab es eine böse Fee. Sie wünschte, daß das Dorn-röschen sich in ihrem 15. Jahr an einer Spindel stechen und wie tot umfallen sollte.

Fee

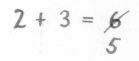

die Fee

Susanne hat eine schlechte Rechen-arbeit geschrieben, sie hat viele Fehler gemacht. – Mutter hat sich einen Kleiderstoff gekauft. Sie trägt ihn ins ▷ Geschäft zurück, denn sie hat im Gewebe einen Fehler ent-deckt. Der fehlerhafte Stoff wird um-getauscht.

Fehler

$$2 + 3 = 6 \atop 5$$

der Fehler

An Feiertagen arbeiten die Men-schen nicht, und die Kinder brau-chen nicht in die Schule zu gehen. Alle Geschäfte sind geschlossen. Der 1. Mai ist ein Feiertag. An diesem Tag stellt man Maibäume auf und tanzt darunter.

Feiertag

der Feiertag; 1 der Maibaum

Die Jungen haben auf dem Schulhof ▷ Fußball gespielt. Dabei haben sie das ▷ Fenster der Turnhalle eingeworfen. Sofort gehen sie zum Lehrer, um es zu melden. Sie sind nicht feige. – Magst du dich feige schelten lassen?

feige

1 der Fußball, 2 das Fenster

Feige

Feigen kennt ihr alle. Es sind die Früchte des Feigenbaumes, von dem es viele Arten gibt. – Jeder ▷ Kern in der Feige ist aus einer ▷ Blüte entstanden. Viele kleine Blüten haben zusammengestanden.

die Feige; 1 der Kranz

Feld

Der Bauer hat Felder und ▷ Wiesen. Auf den Feldern werden ▷ Korn, ▷ Rüben und ▷ Kartoffeln angebaut; aber vorher muß das Feld gepflügt und geeggt werden. Der ▷ Hafer auf dem mittleren Feld ist noch grün, er kann noch nicht gemäht werden. Das Getreide daneben ist reif.

das Feld

Fell

Bei den meisten Tieren, die ein Fell tragen, verändert sich das Haarkleid zweimal im Jahr. Man spricht vom Sommer- und vom Winterfell. Das Winterfell ist dichter und hat dickere Haare. Felle werden zu ▷ Pelzen verarbeitet. Pelzmäntel schützen vor Wind und Kälte.

das Fell; 1 der Hund

Felsen

Der Felsen ragt hoch aus der Landschaft heraus. Das harte Gestein ist nicht mit Erde bedeckt. Deshalb können dort auch keine Pflanzen wachsen. Tiere finden dort kein Futter.

der Felsen

Fenster

Fenster gibt es in vielen verschiedenen Formen. In den Wohnhäusern haben viele Fenster zwei Fensterflügel. Die Scheiben der Schaufenster sind oft riesengroß. Bogenfenster kannst du in alten ▷ Gebäuden und ▷ Kirchen sehen. Kirchenfenster sind oft mit bunten Scheiben verglast.

das Fenster; 1 der Fensterflügel, 2 die Scheibe

Es sind Ferien. Cornelia ist mit dem Bruder ins Gebirge gefahren. Jeden Tag machen sie ▷ Ausflüge auf die Berge. Heinz trägt den ▷ Rucksack, in dem zu essen und zu trinken ist.

die Ferien

Ferien

Mit Ferngläsern kann man Dinge erkennen, die weit entfernt sind. Es gibt viele verschiedene Arten: den Feldstecher für die Wanderung, das Opernglas für das ▷ Theater, das Fernrohr in den Sternwarten und andere.

das Fernglas

Fernglas

Als Meyers ihren Fernsehapparat bekamen, wurde eine große ▷ Antenne auf dem Dach befestigt. Kurt kann den Apparat schon allein ein- und ausschalten, auch das Bild kann er schön scharf einstellen.

der Fernsehapparat; 1 der Bildschirm, 2 der Schaltknopf

Fernsehapparat

Wir kennen viele verschiedene Fettarten: ▷ Butter wird aus Milch gewonnen, ▷ Schmalz aus Schweinespeck und Talg aus Rinderspeck. Alle diese Fette sind fest. ▷ Öl, das man aus Pflanzen, z. B. aus Oliven oder ▷ Erdnüssen, gewinnt, ist flüssig. Fette braucht man nicht nur zum Kochen, sondern auch für die Herstellung von ▷ Kerzen und ▷ Seife.

das Fett; 1 der Fettopf

Fett

Das Hemd, das Mutter bügeln will, muß feucht sein. Deshalb wird es angefeuchtet. Mutter hat den Wäschesprenger mit Wasser gefüllt und sprengt das Hemd ein. – Es hat in der Frühe getaut, die Wiesen sind noch feucht.

1 der Wäschesprenger, 2 das Hemd

feucht

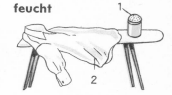

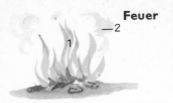

Feuer

Wie nützlich ist das Feuer! Im ▷ Herbst hilft es dem Vater im Garten, wenn er Kartoffelkraut und trockene ▷ Zweige verbrennt. Im ▷ Winter macht es unseren ▷ Ofen warm.

das Feuer; 1 die Flamme, 2 der Qualm

Feuerwerk

Heute ist ein Fest in der Stadt. Deshalb ist am Abend ein Feuerwerk. Es knallt, wenn die Feuerwerkskörper in die Luft geschossen werden. Wie hübsch sieht es aus, wenn die farbigen Funken am Himmel versprühen!

das Feuerwerk

Fibel

Der ▷ Abc-Schütze muß in der Schule lesen lernen. Sein erstes Lesebuch ist die Fibel. Sie hat viele bunte Bilder, und es bringt viel Spaß, die Geschichten dazu zu lesen.

die Fibel; 1 das Bild

Fichte

Die meisten Nadelbäume, die du siehst, sind keine Tannen, sondern Fichten. Bei den Fichten hängen die Zapfen an den Ästen, bei den Tannen stehen sie auf den Ästen. Die Nadeln sitzen bei der Fichte rund um die Zweige, bei der Tanne nur oben auf den Zweigen in zwei Reihen.

die Fichte; 1 der Stamm

Fieber

Thomas will heute morgen nicht aufstehen, denn er hat Ohrenschmerzen. Ob er auch Fieber hat? Mutter holt das Fieberthermometer, um Fieber zu messen. Thomas muß das Thermometer in die Achselhöhle legen und den Arm fest an den Körper pressen. Nach einigen Minuten nimmt die Mutter das Thermometer wieder heraus. „Du hast Fieber, das Thermometer zeigt 38,7 Grad."

das Fieber

Rainers Vater kann mit seiner Kamera Filme drehen. Gestern hat er Rainer beim Basteln gefilmt. Nun muß der Film entwickelt werden, und nächste Woche kann er mit dem Vorführgerät gezeigt werden. Rainer sagt: „Leider ist es kein Tonfilm."

der Film

Film

„Ich habe ein Vogelnest mit drei Eiern gefunden", ruft Rudi aufgeregt. Er hätte Lust, es mit nach Hause zu nehmen, aber er weiß, daß er das nicht tun darf. – Einmal hat Rudi auf der Straße eine Brieftasche gefunden und mit nach Hause gebracht. Damit hat ihn die Mutter zum Fundbüro geschickt.

1 das Nest, 2 das Ei

finden

„Wenn Sie zum Bahnhof wollen, müssen Sie hier entlanggehen", sagt der ▷ Polizist zu dem Fremden und weist mit dem Zeigefinger die Richtung. – Wie heißen die anderen Finger?

der Finger; 1 das Gelenk, 2 der Fingernagel

Finger

Beim Nähen trägt Mutter einen Fingerhut auf dem Mittelfinger der rechten Hand. So kann sie die ▷ Nadel besser durch den Stoff schieben. Am Fingerhut sind Vertiefungen, damit die Nadel nicht abrutscht.

der Fingerhut; 1 die Nadel, 2 der Faden

Fingerhut

Wenn du im Gebirge eine rotblühende Fingerhutpflanze siehst, pflücke sie nicht ab! Sie ist giftig. Der Apotheker braucht diese Pflanze, denn aus ihrem Gift bereitet man ▷ Arznei. – Auch im Garten wächst der hübsche Fingerhut.

der Fingerhut

Fingerhut

5*

Fink

Wenn der Fink sein lustiges „Pink-pink" erschallen läßt, dann ist der Frühling da. Es gibt viele Finken bei uns: Buchfinken, Grünfinken, Schneefinken und Bergfinken. Die Finken haben kurze, derbe Schnäbel. Daran erkennt man, daß sie vor allem ▷ Körner fressen.

der Fink; 1 der Schnabel

Fisch

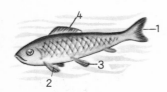

Die Fische schweben im Wasser, weil sie eine Schwimmblase haben. Mit der Schwanzflosse bewegen sie sich vorwärts, mit den Brust-, Bauch- und Rückenflossen steuern sie und halten das Gleichgewicht. Die Fische atmen durch die Kiemen.

der Fisch; 1 die Schwanzflosse, 2 die Brustflosse, 3 die Bauchflosse, 4 die Rückenflosse

Fischer

Die Fischer leben am ▷ Meer, an Flüssen oder Seen. Sie fahren in ihren ▷ Booten auf das Wasser und fischen mit Angeln oder ▷ Netzen. Die Fische werden auf dem Markt oder im Laden verkauft. Viele Fische werden in Fischfabriken weiterverarbeitet.

der Fischer; 1 das Boot, 2 das Netz

flach

Michael hat Angst, ins Wasser zu gehen. „Es ist ganz flach hier", sagt sein Bruder, der schon im Wasser ist, „du kannst bestimmt nicht ertrinken!" Aber Michael denkt: „Vielleicht ist doch irgendwo eine tiefe Stelle!"

1 das Wasser

Flamme

Bei starken ▷ Stürmen fährt der Wind mit lautem Heulen in den ▷ Schornstein, und dann kann aus dem Ofen eine Flamme herausschlagen, wenn die Ofentür nicht geschlossen ist. Wer läßt aber auch die Ofentür offen!

die Flamme; 1 der Ofen, 2 die Ofentür

Flüssigkeiten bewahrt man in Flaschen auf. Verschlossen werden die Flaschen mit einem ▷ Korken oder einem Schraubverschluß. Die meisten Flaschen sind aus ▷ Glas. Man muß deshalb vorsichtig mit ihnen umgehen.

Flasche

die Flasche; 1 der Korken

Wenn sich ein ▷ Vogel einen ▷ Flügel verletzt hat, kann er nicht mehr recht fliegen. Er flattert nur noch ängstlich. Junge Vögel, die das Fliegen erst lernen, flattern aufgeregt um das ▷ Nest.

flattern

1 der Vogel, 2 der Flügel

„Wo bist du gewesen?" fragt die Mutter, „du hast ja einen großen Fleck im ▷ Kleid!" Weinend gesteht Susi, daß sie beim Rollschuhlaufen in eine große ▷ Pfütze gefallen ist.

Fleck

der Fleck; 1 das Kleid

Die Fledermäuse sind fliegende Säugetiere. Ihre „Flügel" sind aus Haut. Tagsüber hängen die Fledermäuse mit dem Kopf nach unten in ihren Schlupfwinkeln. Nachts gehen sie auf Futtersuche. Sie haben ein feines Gehör. Beim Fliegen geben sie Laute von sich, die wie ein Echo von jedem Gegenstand zurückgeworfen werden. Deshalb stoßen sie im Dunkeln nirgends an.

Fledermaus

die Fledermaus; 1 der Flügel, 2 das Ohr

„Zeigt her eure Füßchen, zeigt her eure Schuh und sehet den fleißigen Waschfrauen zu! Sie waschen, sie waschen, sie waschen immerzu. Sie waschen, sie waschen, sie waschen immerzu", singen die Kinder und ahmen das Waschen nach.

fleißig

1 die Waschfrau

Fliege

Die kleinen Fliegen sind recht gefährliche Tiere, obwohl sie nicht stechen. Sie übertragen nämlich Krankheiten. Wenn eine Fliege über dein Butterbrot läuft, ist es sehr leicht möglich, daß sie gefährliche Bazillen hinterläßt.

die Fliege; 1 der Flügel, 2 das Auge

Fliegenpilz

Woher hat wohl der Fliegenpilz die weißen Flecken auf seinem roten Hut? Wenn er sich als kleiner Pilz aus der Erde schiebt, ist er in einem weißen Schleier verpackt. Beim Wachsen reißt der Schleier, und die Reste bleiben auf dem Hut liegen. Vorsicht, der hübsche Pilz ist giftig!

der Fliegenpilz; 1 der Stiel, 2 der Hut

Flocke

Seit Tagen ist es kalt. Endlich fällt der lang ersehnte Schnee. Dicke Flocken fallen vom Himmel, und die Kinder singen: „Schneeflöckchen, Weißröckchen, da kommst du geschneit. Du wohnst in der ▷ Wolke, dein Weg war sehr weit."

die Flocke; 1 der Himmel

Floh

Flöhe leben an Tieren und Menschen. Es gibt Hühner-, Katzen-, Menschenflöhe und noch andere Arten. Alle Flöhe saugen ihren Opfern Blut aus. Sie haben hinten lange Sprungbeine. Deshalb können sie so gut hüpfen.

der Floh; 1 das Sprungbein

Floß

Die Baumstämme werden zu einem Floß zusammengebunden und auf dem Fluß in das ▷ Tal befördert. Der Flößer muß achtgeben, daß das Holz nicht ans ▷ Ufer stößt. Mit einer Stange lenkt er das Floß.

das Floß; 1 der Flößer, 2 der Baumstamm

Hier ist ein Flötenspieler abgebildet. Man nennt ihn Flötist. Er bläst eine Quer- oder Konzertflöte. Diese Flöte ist länger als deine ▷ Blockflöte und hat auf den Tonlöchern Klappen.

Flöte

die Flöte; 1 der Flötist, 2 die Klappe

Die Flügel sind eigentlich die Arme der Vögel. Sie sind mit großen Schwungfedern besetzt. Störche und Adler haben besonders breite Flügel. Deshalb können sie wie ein Segelflugzeug segeln. Vögel mit langen, schmalen Flügeln können sehr schnell fliegen.

Flügel

der Flügel; 1 die Schwungfeder

Als Meyers wegfuhren, haben sie die ▷ Fenster offengelassen. Inzwischen ist es sehr windig geworden, und die Flügel schlagen hin und her. Dabei ist eine große Scheibe zerbrochen.

Flügel

der Flügel; 1 die Scheibe

Flügel sind Saiteninstrumente. In dem Gehäuse sind Saiten gespannt. Die Tasten sind mit Hämmerchen verbunden, die an die Saiten schlagen, wenn man die Tasten herunterdrückt.

Flügel

der Flügel; 1 die Taste, 2 das Pedal, 3 das Gehäuse

Otto Lilienthal baute als erster ein Luftfahrzeug und flog damit 1890 zum ersten Mal. Dieses Flugzeug hatte keinen ▷ Motor. Das erste Motorflugzeug schufen 1903 die Brüder Wright. Motorflugzeuge werden mit Propellern angetrieben, Düsenflugzeuge mit Düsen.

Flugzeug

das Flugzeug; 1 der Rumpf, 2 die Tragfläche, 3 der Propeller

Fluß

An der Quelle ist der Fluß sehr schmal, zur Mündung hin wird er immer breiter, weil aus den Nebenflüssen viel Wasser hinzufließt. Die Richtung zur Mündung heißt flußabwärts, die zur Quelle flußaufwärts.

der Fluß; 1 das Ufer

flüstern

Wenn du deinem Freunde etwas erzählen willst, das niemand hören soll, dann mußt du flüstern. Wenn ihr nicht allein seid, ist es unhöflich zu flüstern. Manchmal tut man's trotzdem.

Fohlen

„Sieh mal, Vati, die Pferdemutter hat ein Pferdekind." „Aber Junge, du willst doch einmal Reiter werden. Da sagt man, die Stute hat ein Fohlen." „Ach so, ein Pferdekind heißt Fohlen. Das Fohlen sieht aber hübsch aus. Es steht noch ganz wackelig auf seinen langen Beinen."

das Fohlen

Forelle

In klaren ▷ Bächen und Alpenseen leben die Forellen. Die Seeforelle wird viel größer als die Bachforelle. Die Angler fangen gern Forellen. Einmal, weil diese Fische so gut schmecken, und zum andern, weil man ganz besonders geschickt sein muß, um sie zu fangen. Jeder Laut, ja schon ein Schatten genügt, um sie zu vertreiben.

die Forelle

Forke

Die Forke ist ein Arbeitsgerät des Bauern. Man braucht sie bei der Getreide- und Rübenernte und beim Ausmisten der ▷ Ställe. Die Forke hat mehrere Zinken. Sie sind manchmal an der Spitze verdickt.

die Forke; 1 der Stiel, 2 die Zinke

Den Förster erkennen wir an seiner grünen Kleidung und an der Flinte. Er geht in den Wald, um nach den jungen Bäumen zu sehen und das Wild zu beobachten. Hasso, sein Jagdhund, hat eine Hasenspur gefunden. Aber der Förster hält ihn fest an der Leine.

Förster

der Förster; 1 die Flinte, 2 der Jagdhund

Vorige Woche gingen wir zum Fotografen, um ein Familienbild machen zu lassen. Peter meinte nachher: „Der Fotoapparat war aber altmodisch, so ein großer Kasten mit einem schwarzen Tuch." – Peter ist selbst schon ein kleiner Fotograf, er hat einen Fotoapparat. Da siehst du, wie er gerade fotografiert.

Fotograf

der Fotograf; 1 der Fotoapparat, 2 das Stativ

Der Lehrer hat eine Frage mit einem Fragezeichen an die ▷Tafel geschrieben: „Was gibt es auf dem ▷Jahrmarkt?" Die Kinder sollen sie schriftlich beantworten. Aber Karin hat noch eine Frage an den Lehrer.

Frage

die Frage; 1 das Fragezeichen

Auf der Staße geht eine alte Frau. Sie hat eingekauft, und ihre Taschen sind sehr schwer. Da kommt Klaus und fragt: „Darf ich Ihnen die Taschen nach Hause tragen?" Er ist ein hilfsbereiter Junge. Die Frau gibt ihm eine Tasche, die andere trägt sie selbst.

Frau

die Frau

Die Verkäuferin im Bäckerladen ist sehr freundlich. Oft bekommt Wolfgang einen Bonbon geschenkt, wenn er für Mutter Brot oder Kuchen kauft. Wolfgang bedankt sich jedesmal höflich.

freundlich

1 die Verkäuferin, 2 die Schokolade

frieren

„Eins-zwei, eins-zwei, eins-zwei...", rufen Klaus und Bernd. Im Takt bewegen sie die Arme dazu. So kann man warm werden, wenn man friert. – Wenn das Thermometer unter Null zeigt, friert es.

1 die Wollmütze, 2 der Wollschal

Friseur

Mutter läßt sich im Friseursalon die Haare schneiden. Der Friseur hat ihr einen Frisierumhang umgelegt, damit keine Haare auf ihr Kleid fallen.

der Friseur; 1 der Frisierumhang, 2 das Haar

fröhlich

Warum ist Sybille heute so fröhlich? Sie hüpft mit ihrem ▷ Teddybär im Zimmer umher. Ich weiß, was sie so freut. Sie darf morgen die ▷ Großeltern besuchen.

1 der Teddybär

Frosch

Frösche kennt ihr alle, aber wißt ihr auch, wie sie sich vermehren? Ihre Eier legen sie ins Wasser. Aus den Eiern schlüpfen die Kaulquappen. Sie haben einen kleinen, fast runden Körper, keine Füße und einen langen Schwanz. Sie atmen durch Kiemen. Erst im Laufe einiger Monate wachsen Füße und entwickeln sich Lungen. Kiemen und Schwanz bilden sich zurück. Die ausgewachsenen Frösche leben dann meist auf dem Lande.

der Frosch; 1 die Schwimmhaut

Frost

Im Wetterbericht ist gestern starker Frost angesagt worden, und heute morgen ist der ▷ Teich zugefroren. Die Kinder freuen sich, denn sie können auf dem ▷ Eis Schlittschuh laufen.

der Frost; 1 das Eis, 2 der Schlittschuhläufer

Alle Pflanzen, die blühen, tragen auch Früchte. Die Früchte entwickeln sich aus dem Fruchtknoten. In der Frucht befindet sich der Samen. Der Samen ist von der Fruchtwand verhüllt. Sie kann verschieden ausgebildet sein: Bei der ▷ Nuß kennt ihr sie als harte Schale. Bei ▷ Kirschen, ▷ Äpfeln und ▷ Birnen ist der Samen auch noch vom Fruchtfleisch umgeben.

die Frucht; 1 die Birne

Frucht

Am 21. März beginnt bei uns der Frühling. So steht es im Kalender. Meistens ist es draußen aber noch recht kalt. Nur langsam wird es wärmer. Die Zugvögel kehren zu uns zurück. Überall beginnt es zu grünen und zu blühen. Dann erst sagen wir: „Der Frühling ist eingezogen!"

der Frühling; 1 der Baum

Frühling

Da seht ihr ihn, den Reineke Fuchs! Auf seinen niedrigen Beinen schleicht er umher und sucht seine Beute. Er ist ein gefährlicher Räuber. Er frißt nicht nur Hühner und ▷ Gänse, sondern auch ▷ Kaninchen und junge ▷ Rehe. Darum ist der ▷ Jäger ihm immer auf der Spur. Bei der Fuchsjagd leistet der ▷ Dackel gute Dienste.

der Fuchs

Fuchs

Horst und Gabriele sehen zu, wie Mutter die Weckgläser füllt. „Gib uns auch ein paar ▷ Kirschen zum Naschen!" bitten sie. „Erst wenn die Gläser voll sind", sagt die Mutter. – Der Kaufmann füllt das Mehl in die Tüte. – Jürgen füllt Wasser in den Topf.

1 das Weckglas

füllen

Füllfederhalter

Der Füllfederhalter schreibt nicht mehr. Du mußt ihn füllen, die ▷ Tinte ist alle. Tauch die Feder in das Tintenfaß und dreh die ▷Schraube am oberen Teil des Halters nach rechts!

der Füllfederhalter; 1 der Tintenraum

Fuß

Im Sommer, wenn es heiß ist, tun die Füße manchmal weh. Darum sollte man am Strand und auf Wiesen viel barfuß laufen. Den Füßen tut es gut, wenn die Sohlen den Boden direkt berühren. Auch kann der Schuh dann nicht an der Ferse (die auch Hacken heißt), scheuern und nicht an den Zehen drücken.

der Fuß; 1 die Sohle, 2 die Ferse, 3 der Zeh

Fußball

„Warte nur, ich schieße jetzt ein Tor", ruft Rainer. Aber Wolfgang kann den Fußball gerade noch wegstoßen. Eigentlich gehören 22 Mann zu einem Fußballspiel, aber zu zweit kann man zur Not auch Fußball spielen.

der Fußball

Fußgänger

Was will der Fußgänger auf der Straße? Weiß er nicht, daß er nur auf dem ▷ Bürgersteig gehen darf? Wenn ein Polizeibeamter ihn sieht, wird er ihn zurechtweisen. Die Straße darf der Fußgänger nur zum Überqueren betreten.

der Fußgänger; 1 der Bürgersteig

Futter

Jeden Tag muß der Bauer seinen Tieren Futter vorsetzen: Die ▷ Kühe bekommen ▷ Gras und ▷ Rüben, die ▷ Pferde Hafer und die ▷ Katze ▷ Milch. – Futter nennen wir auch den Stoff, der gegen die Innenseite unseres ▷ Mantels genäht ist.

das Futter; 1 der Bauer, 2 die Kuh, 3 das Gras

Unser kleiner Bruder darf heute zum erstenmal mit einer Gabel essen. Bisher hat er immer nur einen ▷ Löffel gehabt, weil die Zinken der Gabel so spitz sind.

Gabel

die Gabel; 1 die Zinke

Regine ist müde, sie fängt an zu gähnen. Hoffentlich hat Mutter es nicht gesehen, denn sie würde sie sofort ins ▷ Bett schicken, und Regine mag noch nicht schlafen. – Hältst du dir immer die Hand vor den Mund, wenn du gähnen mußt?

gähnen

Bauer Petersens Fanny braucht heute nicht zu arbeiten. Sie darf auf die ▷ Weide. In munterem Galopp seht ihr sie dahinjagen. Vor dem Wagen darf sie immer nur im Schritt oder Trab gehen. Nun freut sie sich ihrer Freiheit.

Galopp

der Galopp

Unsere weißen und weiß-grauen Hausgänse kennt jeder. Sie stammen von den Wildgänsen ab, die man auch Graugänse nennt. Die Wildgänse sind Zugvögel. Manche von ihnen brüten in Norddeutschland. Im Herbst sehen wir sie, wenn sie in Keilform oder langer Linie nach Süden in ihr wärmeres Winterquartier fliegen.

Gans

die Gans

Überall auf unseren Wiesen wachsen Gänseblümchen. Ihre Blüten sitzen in einem kleinen Körbchen, das aussieht, als sei es eine einzige große Blüte. Dabei ist jeder der kleinen gelben Punkte im Mittelrund eine Einzelblüte, und die weißen Blätter ringsum sind Hüllblätter.

Gänseblümchen

das Gänseblümchen; 1 das Hüllblatt, 2 die Blüten

Garage

Wenn wir mit unserem ▷ Auto zu Hause angekommen sind, stellen wir es in die Garage. An der Tür hängt ein Schild: „Rauchen und Gebrauch von offenem Licht verboten!", weil sich in der Garage Gase sammeln, die explodieren könnten.

die Garage

Garbe

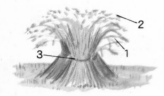

Während der Erntezeit wird das Getreide gemäht, anschließend wird ein großer Armvoll des gemähten Getreides zu einer Garbe zusammengebunden. Viele Bauern haben Mähmaschinen, aus denen die Garben gebunden herausgeworfen werden.

die Garbe; 1 der Halm, 2 die Ähre, 3 das Bindegarn

Gardine

Die Gardinen im Kinderzimmer sind aus lustig bedrucktem Stoff. Im Wohnzimmer hängen Stores und Übergardinen vor dem Fenster, im Schlafzimmer geraffte Tüllgardinen. Im Badezimmer sind nur Scheibengardinen angebracht.

die Gardine; 1 die Gardinenleiste

Garn

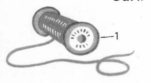

Mutter will ein Muster auf Susis Kleid sticken. Sie nimmt rotes Garn dazu, das wird sicher hübsch auf dem blauen Kleid aussehen. Susi freut sich schon darauf. Sie darf das neue Kleid zum Kinderfest tragen. – Bettwäsche wird mit Garn genäht.

das Garn; 1 die Garnrolle

Garten

Jeden Abend arbeitet Herr Lange in seinem Garten. Die ▷ Beete sind sauber, und auf den Wegen wächst kein Unkraut. Die Pflanzen sind groß. Der Gartenzaun ist frisch gestrichen.

der Garten; 1 der Gartenzaun, 2 das Beet, 3 der Weg

In vielen Wohnungen stehen Gasherde. Darauf wird gekocht. Mutter nimmt einen Gasanzünder oder ein ▷ Streichholz, dreht den Hahn am ▷ Herd auf und zündet das ausströmende Gas an. Es gibt auch Heizöfen, in denen eine Gasflamme brennt.

Gas

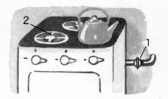

das Gas; 1 der Hahn, 2 der Gasbrenner

Überall gibt es Gasthäuser und ▷ Hotels. Wenn jemand eine ▷ Reise unternimmt, kann er in einem Gasthaus essen und übernachten. Viele Gasthäuser haben am ▷ Eingang ein hübsches Schild. Beim Gasthaus zum goldenen Fisch hängt an einem schmiedeeisernen Halter ein glänzender Fisch.

Gasthaus

das Gasthaus; 1 das Gasthausschild

Die Großmutter kommt zu ▷ Besuch. Der Kaffeetisch ist gedeckt. Mutter muß nur noch das Gebäck dazustellen. Die Plätzchen hat sie selbst gebacken.

Gebäck

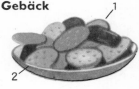

das Gebäck; 1 das Plätzchen, 2 der Kuchenteller

Mitten in der Stadt ist ein riesiges Gebäude errichtet worden. Es soll ein Bürohaus werden. Die vielen, vielen Fenster bekommen schon Scheiben, und bald werden in den Zimmern viele Männer und Frauen arbeiten. Wieviel Stockwerke hat das größte Gebäude, das du kennst?

Gebäude

das Gebäude; 1 das Fenster, 2 die Eingangstür

„Wir kommen all' und gratulieren", singen die ▷ Geschwister, als Jutta ins Zimmer tritt. Auf dem Geburtstagstisch steht eine Torte mit ▷ Kerzen. Wie alt wird Jutta?

Geburtstag

der Geburtstag; 1 der Geburtstagstisch, 2 die Torte, 3 die Kerze

Gedächtnis

Wenn Rudi nur ein besseres Gedächtnis hätte! Den ganzen Nachmittag hat er das Gedicht gelernt, aber er kann es immer noch nicht auswendig. Er ist auch sonst immer sehr vergeßlich. – Hast du ein gutes Gedächtnis?

das Gedächtnis

Gefängnis

Der Einbrecher ist von der Polizei gegriffen und vom ▷ Gericht zu einer Strafe von drei Monaten Gefängnis verurteilt worden. Jetzt sitzt er im Gefängnis hinter Schloß und Riegel.

das Gefängnis; 1 der Gefangene

Geflügel

Als Geflügel bezeichnen wir die Vögel, die wir als Haustiere züchten. Zum Geflügel gehören also: Hühner, Enten, Gänse, Tauben, Truthühner und Pfauen. Zu den Arten des Wildgeflügels zählen wir Rebhühner, Fasanen und Wildenten.

das Geflügel; 1 der Hahn, 2 das Huhn, 3 das Küken

Geheimnis

Hilde strickt ein Paar Topflappen für die Mutter zu Weihnachten. Aber die Mutter darf es noch nicht wissen, es ist ein Geheimnis. Hast du auch manchmal ein Geheimnis?

das Geheimnis; 1 der Topflappen

---

gehen

Wir gehen, wenn wir uns im Schritt vorwärtsbewegen. Gehen ist auch eine Sportart. Dabei muß immer ein Fuß in Berührung mit dem Erdboden sein. – Wir sagen, der Bus geht um drei Uhr, und meinen, er fährt dann ab. – Geht deine ▷ Uhr richtig? Oder geht sie vor?

1 der Fuß, 2 der Erdboden

Wenn der Bauer ein Stück Holz ins Wasser wirft, holt Hasso es wieder heraus. Er tut alles, was sein Herr ihm sagt. Er ist ein braver Hund, er ist gehorsam.

gehorsam

1 der Bauer, 2 der Hund

Der ▷ Lehrer zeigt den Kindern seine Geige: „Die Geige hat vier Saiten, und wenn ich eine Saite mit dem Finger zupfe oder mit meinem Geigenbogen darüberstreiche, hört ihr einen Ton." – Die Geige heißt auch Violine. Die Bratsche und das Cello sind große Geigen; am größten ist der Kontrabaß, er ist größer als ein Mensch.

Geige

die Geige; 1 die Saite

In einem Dorf wohnte einmal ein geiziger Mann. Er hatte viel Geld, aber für die ▷ Bettler, die an seine Tür kamen, hatte er keinen Pfennig übrig. Niemand mochte ihn recht leiden.

geizig

1 der Bettler

Das Geländer unserer ▷ Treppe wird von starken Pfosten getragen. Am Geländer kann man sich festhalten, wenn man die Treppe hinauf- oder hinuntersteigt. Auf dem Geländer herunterrutschen soll man nicht!

Geländer

das Geländer; 1 der Pfosten

Franz hat einen ▷ Tuschkasten zum Geburtstag bekommen. Er staunt, wieviele gelbe Farbsteine darin sind. Vom hellsten Gelb bis zum dunkelsten Gelb, das schon beinah hellbraun aussieht, zählt er sechs verschiedene Farbtöne. Am besten gefällt ihm das Zitronengelb. Die ▷ Birnen tuscht er goldgelb an.

gelb

1 die Birne

Geld

Brigittes Vater arbeitet in einer Geldwechselstube. Viele Leute, die eine Reise ins Ausland unternehmen wollen, wechseln deutsches Geld in die ausländische Währung um. Auch Ausländer kommen und lassen sich für ihre Währung deutsches Geld geben.

das Geld; 1 der Schein, 2 die Münze, 3 das Portemonnaie

Gemälde

Uwe geht mit dem Onkel in die Kunsthalle. Ihm gefallen die großen Gemälde am besten. Sie sind mit Ölfarben gemalt und in einen prächtigen Rahmen gefaßt. Ob er wohl auch einmal ein Kunstmaler werden kann?

das Gemälde; 1 der Rahmen

Gemse

Gemsen gibt es nur im Hochgebirge. Sie leben in Rudeln, also zu mehreren zusammen, und nähren sich von Gräsern, Kräutern und Sträuchern. Auf der Nahrungssuche ziehen sie hoch auf die Berge, sogar bis dahin, wo ewiger Schnee liegt. Wenn Gefahr droht, klettern sie geschickt die steilsten Hänge hinauf und hinab. Ihre Hörner nennt der Jäger „Krickel".

die Gemse; 1 das Krickel, 2 der ewige Schnee

Gemüse

Die Mutter schreibt auf, was sie in der Woche kochen will. Im Sommer gibt es jeden Tag ein anderes Gemüse: am Montag Bohnen, am Dienstag Spinat, am Mittwoch Porree, am Donnerstag Weißkohl, am Freitag Möhren, am Samstag Erbsen und am Sonntag Paprikaschoten. Mutter kauft das Gemüse auf dem Gemüsemarkt.

das Gemüse; 1 der Weißkohl, 2 die Möhre

Als wir zu den Großeltern ver-
reisten, haben wir unser Gepäck,
Vaters ▷ Koffer und Mutters Hutschachtel, am Gepäckschalter des
▷ Bahnhofs aufgegeben. So brauch-
ten wir es nicht zu tragen.

das Gepäck; 1 der Koffer, 2 die Hutschachtel

Gepäck

Von unserem Gericht wurde ein
▷ Dieb verurteilt. Er hatte im Kauf-
haus Schuhe gestohlen. Er wurde
angezeigt und bekam eine Strafe.
Nun muß er einige Wochen im Gefängnis sitzen.

das Gericht; 1 der Richter, 2 der Angeklagte

Gericht

Tante Inge hat uns ein Rezept für ein
neues Gericht gegeben. Mutter will
es einmal ausprobieren. Es sind
Knödel und Sauerbraten. Wir sind
sehr gespannt, ob es uns schmecken
wird.

das Gericht; 1 der Knödel, 2 der Sauerbraten

Gericht

„Sag, Bauer, wozu braucht man
Gerste?" „Die meiste Gerste wird
grob gemahlen und an Schweine
verfüttert. Gerstenkörner werden
aber auch geröstet. Das ergibt den
Malzkaffee. Sehr wichtig ist die
Gerste für die Bierbrauereien, sie
ist ein wichtiger Grundstoff für Bier."
„Und woran erkennt man die
Gerste?" „Die Ähre hat viel längere
Grannen als Roggen und Weizen."

die Gerste; 1 das Korn, 2 die Granne, 3 der Halm

Gerste

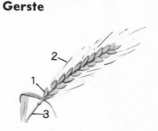

Jedes Kind hat schon einmal ein
Baugerüst gesehen. Es wird aufgestellt, damit die Maurer bequem an
ihren Arbeitsplatz gelangen. – Auch
die Maler bauen sich ein Gerüst,
wenn sie ein Haus anstreichen
sollen.

das Gerüst; 1 der Bau, 2 das Laufbrett

Gerüst

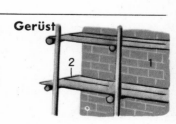

Geschäft

In der Hauptstraße unserer Stadt liegen viele Geschäfte. An den Auslagen in den Schaufenstern kann man sehen, was in den Geschäften verkauft wird. Über der Ladentür steht der Name des Geschäftsinhabers.

das Geschäft; 1 das Schaufenster, 2 die Auslage

Geschenk

Susanne hat das Geschenk für Mutters ▷ Geburtstag eingepackt. Ich weiß wohl, was in dem Paket ist, aber ich verrate es noch nicht. Ihr werdet es morgen sehen.

das Geschenk

Geschwister

Karin bringt ihre ▷ Geschwister in den ▷ Kindergarten. Monika ist erst zwei Jahre alt und Thomas vier Jahre. Er ist fünf Jahre jünger als Karin. Wie alt ist dann Karin?

die Geschwister

Gesicht

Der Ballon hat ein lustiges Gesicht. Wir haben ihn vom ▷ Jahrmarkt mitgebracht. Nun schwebt er in unserem Zimmer an der ▷ Decke und lacht uns den ganzen Tag an.

das Gesicht; 1 der Ballon

Gespenst

Habt ihr schon von dem Gespenst auf der Burg gehört? Nein? Dann will ich euch von ihm erzählen. Jede Nacht beim Glockenschlag zwölf kommt es ins ▷ Dorf hinunter und schleicht mit dumpfem Geheul um die Häuser. Huhu...!

das Gespenst

gesund

Annemarie ist gesund. Sie hat immer guten ▷ Appetit und runde rote Wangen, denn sie spielt gerne draußen in der frischen Luft. – Helga war viele Wochen krank. Sie mußte im Bett liegen und hatte Schmerzen. Nun ist sie wieder gesund.

Getränk

„O, wie ist es heiß heute!" stöhnen alle Leute. Rainer ist froh, daß er seinen Durst mit einem erfrischenden Getränk stillen kann. Wie schnell er das Glas leer hat! – Was trinkst du am liebsten? Limonade, Kakao oder Milch? Was trinken deine Eltern?

das Getränk; 1 das Glas

Gewicht

Mutter will ▷ Kuchen backen. Wir dürfen das ▷ Mehl abwiegen. Die Gewichte werden in die eine Waagschale gelegt, in die andere wird so viel Mehl geschüttet, bis beide Schalen auf gleicher Höhe stehen.

das Gewicht

Gewitter

Am Himmel haben sich schwarze ▷ Wolken zusammengezogen. Schon blitzt und donnert es. Die Leute suchen eilig Schutz vor dem ▷ Regen, der in dicken Tropfen vom Himmel fällt. Hoffentlich wird der Blitz nicht einschlagen!

das Gewitter; 1 der Blitz, 2 die Gewitterwolke

Gewürz

Auf den kleinen Schubladen im Küchenschrank stehen die Namen der Gewürze: Nelken, Muskatnuß, ▷ Zimt, ▷ Pfeffer, ▷ Kümmel, Lorbeerblätter und anderer. Das sind trockene Gewürze. Frische Gewürze holt Mutter vom Gemüsehändler: ▷ Petersilie, Bohnenkraut, Dill, Schnittlauch, Sellerie, Boretsch, Majoran und Thymian.

das Gewürz; 1 die Nelke, 2 die Muskatnuß,
3 der Thymian

Giebel

In der Königstraße steht ein altes Fachwerkhaus. Der Giebel setzt im zweiten Stock an. Die braunen Balken sind zu sehen. – Es gibt Häuser, bei denen der Giebel tief nach unten gezogen ist.

der Giebel; 1 das Dach

gießen

Wenn nicht genug ▷ Regen fällt, muß der Gärtner die Pflanzen gießen. In seiner großen Gießkanne aus Zink holt er Wasser. Mutter gießt jeden Tag die Blumen auf den Fensterbänken. Sie hat eine kleine Messinggießkanne.

1 die Gießkanne, 2 der Gärtner

Gift

Es gibt giftige Pflanzen. Darum müssen wir beim Pilze- oder Kräutersammeln gut aufpassen, daß nicht etwa ein ▷ Fingerhut oder ein ▷ Fliegenpilz in unseren Korb gerät. – Die ▷ Kreuzotter ist eine Giftschlange. Ihr Biß kann tödlich wirken. – Flaschen, in denen Gift aufbewahrt wird, sind durch einen Totenkopf gekennzeichnet.

das Gift; 1 die Giftflasche, 2 der Totenkopf

Ginster

Auf der Heide und an Waldrändern wächst der Besenginster, den wir häufig nur als Ginster bezeichnen. Er blüht im Mai. Dann sehen die Büsche von weitem ganz gelb aus. Die langen, grünen Stengel, an denen nur wenige kleine Blätter sitzen, werden zu Besen und Körben verarbeitet.

der Ginster; 1 der Stengel, 2 die Blüte

Gipfel

Die höchste Stelle eines Berges ist der Gipfel. Auf den Gipfeln hoher Berge liegt ewiger Schnee. Der Ausblick belohnt den Bergsteiger für die Strapazen eines schwierigen Aufstiegs, der oft über steile Felswände, unwegsames Geröll oder gefährliche Gletscher führt. Manchmal müssen sich die Bergsteiger sogar anseilen. Nach gelungenem Aufstieg tragen sie ihre Namen ins Gipfelbuch ein.

der Gipfel

Gips

Vater schickte Renate zur ▷ Drogerie. Sie soll Gips holen, denn der Garderobenhaken soll eingegipst werden. Gips ist ein weißgraues ▷ Pulver. Es wird mit Wasser angerührt. Nach einiger Zeit wird der Gipsbrei ganz hart.

der Gips

Giraffe

Die Giraffen leben in den afrikanischen Steppen. Ihr kennt sie aus den zoologischen Gärten. Schon von weitem ist die Giraffe zu sehen, weil sie mit ihrem langen Hals ihre Umgebung überragt. Ihre Vorderbeine sind länger als die Hinterbeine. Fünf bis sechs Meter hoch ist sie bis zum verhältnismäßig kleinen Kopf, auf dem sie fellbezogene Hörner trägt.

die Giraffe; 1 das Horn

Gitter

Ein solches Gitter habt ihr sicher nur am Gefängnis gesehen. Aber Frau Meyer hat sich Gitterstäbe vor das Speisekammerfenster setzen lassen. Sie hat Angst vor Dieben.

das Gitter; 1 die Gitterstäbe

Gladiole

Im Spätsommer blühen die Gladiolen in prächtigen Farben. Die schwertförmigen Blätter sitzen an einem kräftigen Stiel.

die Gladiole; 1 das Blatt, 2 die Blüte

Glas

Sehr viele Gegenstände sind aus Glas: Gläser, Flaschen, Vasen und Schüsseln. Man kann sich nur schwer vorstellen, daß das Glas eine Flüssigkeit war, als es geformt wurde. Der Glasbläser fertigt die schönen Christbaumkugeln mit der Glaspfeife an. Die Fensterscheiben, die der Glaser einsetzt, werden in der Glasfabrik gegossen.

das Glas

glatt

Hans will morgens Brötchen holen. Draußen liegt Schnee. Herrlich, denkt Hans. Doch da liegt er schon auf der Nase. Wer kann denn ahnen, daß unter dem Schnee so glattes Eis ist!

1 der Schnee

Gleichgewicht

Der Turner versucht, auf einem Bein das Gleichgewicht zu halten. – Hans lernt radfahren. Gestern stürzte er, weil er das Gleichgewicht verloren hatte.

das Gleichgewicht; 1 der Turner

Gleis

Die Eisenbahn fährt auf einem Gleis, das ist ein Schienenpaar. Die Schienen liegen auf Schwellen aus Holz, Stahl oder Beton. Oft ruht das Gleis auf einem Damm, dem Eisenbahndamm.

das Gleis; 1 die Schwelle, 2 die Schiene

Gletscher

Von hohen Bergen ziehen sich riesige Gletscher hinab ins Tal. Sie enden in gewaltigen Zungen aus Eis, die im wärmeren Tal tauen. – Von einer bestimmten Höhe an fällt im Gebirge nur noch Schnee und kein Regen. Da es dort immer friert, bleibt der Schnee liegen, und immer neuer kommt dazu. Das Gewicht drückt den Schnee zusammen, so wird er hart wie Eis.

der Gletscher

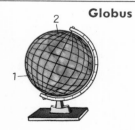

Globus

Der Globus hat fast die Form einer Kugel. Die Oberfläche zeigt alle Länder und Meere unserer Erde. Die Meere sind blau gezeichnet, die flachen Länder grün und die Gebirge braun. Auf dem Globus kannst du sehen, daß es auf der Erde viel mehr Wasser als Land gibt.

der Globus; 1 das Gewässer, 2 die Landfläche

Unsere Kirche hat eine neue Glocke mit einem langen, schweren Klöppel bekommen. Jetzt läutet sie vor jedem Gottesdienst. Sie hat einen wunderschönen, tiefen Klang und ist weit zu hören.

die Glocke; 1 der Klöppel

Glocke

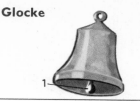

Im Glaskolben der Glühbirne befindet sich ein dünner Faden, der aus einem besonderen Metall hergestellt ist. Er glüht, wenn elektrischer Strom hindurchfließt.

die Glühbirne; 1 der Glaskolben, 2 der Sockel

Glühbirne

Im Juni kann man abends und nachts Glühwürmchen beobachten. Das sind kleine Käfer, an deren Hinterkörper ein kleiner Punkt leuchtet. Die Männchen können fliegen, die Weibchen nicht.

das Glühwürmchen

Glühwürmchen

Vater und Mutter tragen Trauringe. Sie sind aus Gold. Früher wurden auch Münzen aus Gold geprägt. Vater besitzt ein kostbares Buch mit Goldschnitt. Die Schnittflächen der Seiten sind mit Blattgold belegt, das ist ganz dünn ausgewalztes Gold. – Gold findet man im Gestein der Erde oder im Geröll von Bergen und Flüssen.

das Gold; 1 der Trauring

Gold

Viele Kinder haben ein Aquarium mit Goldfischen. Schon vor sehr langer Zeit haben die Chinesen sich über die hübschen Fische gefreut. Sie haben sie zuerst gezüchtet. Heute gibt es überall Goldfische, ebenso die aus Goldfischen gezüchteten Schleierschwänze, Eierfische, Teleskopfische, Himmelsgucker und Löwenkopffische.

der Goldfisch

Goldfisch

Gondel

Venedig ist die Stadt der Gondeln. Sehr viele Kanäle durchziehen die Stadt, darum müssen Personen und Waren mit Booten und Schiffen befördert werden. Am berühmtesten sind die Gondeln. Der Gondoliere steht am Heck des Bootes und treibt es mit einem Ruder vorwärts.

die Gondel; 1 der Bug, 2 das Heck, 3 der Gondoliere

Gorilla

Gorillas, die größte aller Affenarten, findet man in Afrika. Sie gehören zu den Menschenaffen; denn besonders die jungen Gorillas sind den Menschen in manchem ähnlich. Die männlichen Tiere können fast zwei Meter groß werden. Die Gorillas leben im Urwald, klettern aber selten auf Bäume. Nur nachts ziehen sie sich in Nester zurück, die sie sich auf Bäumen gebaut haben.

der Gorilla

Graben

Kühe können Gras, das auf nassen Wiesen wächst, nicht vertragen. Darum ziehen die Bauern Gräben, in denen das Wasser abläuft. – An Landstraßen ziehen sich meist Straßengräben entlang. Kannst du dir denken, wozu sie dienen?

der Graben; 1 die Wiese

Gras

Auf den Wiesen und Weiden wächst Gras. Wenn man genau hinschaut, erkennt man die einzelnen Gräser. Auch Halme, Blätter und Rispen sind daran gut zu unterscheiden. Unser Vieh frißt im Sommer das Gras auf der Weide, im Winter bekommt es Heu, das ist getrocknetes Gras. – Auch Weizen, Roggen, Gerste, Hafer und Reis sind Gräser.

das Gras; 1 der Halm, 2 das Blatt, 3 die Rispe

Zum Abendbrot gibt es Fisch. Plötzlich hustet Ursel. „Die bösen Gräten!" schimpft sie. Peter lacht: „Du meinst wohl die Knochen?" Da erklärt der Vater: „Die Gräten sind keine Fischknochen, es sind Sehnen, die verknöchert sind."

Gräte

die Gräte

Am Himmel sind dicke graue Wolken heraufgezogen. Gleich kommt ein Regenschauer. Da fallen schon die ersten Tropfen. Nur schnell ins Haus, damit wir nicht naß werden!

grau

1 der Himmel, 2 die Regenwolke

Du darfst die Katze nicht am Schwanz ziehen! Das tut dem Tier weh und ist grausam. Jede Tierquälerei ist grausam. Deshalb ist sie verboten und wird bestraft.

grausam

1 die Katze

Wir wollen ins Ausland fahren. Die Grenzkontrolle sieht die Pässe nach. Alles in Ordnung! Jetzt geht der Schlagbaum hoch, und unser Auto braust über die Grenze. – Nicht nur Länder, sondern auch Städte, Dörfer und Felder haben Grenzen.

Grenze

die Grenze; 1 der Schlagbaum, 2 die Grenzkontrolle

Zum Schreiben auf einer Schiefertafel brauchen wir einen Griffel. Jeden Abend spitzen wir unsere Griffel. Mutter mag das gar nicht hören, denn es quietscht.

Griffel

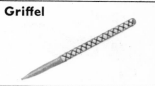

der Griffel

Vaters Eltern und Mutters Eltern sind unsere Großeltern. Wir haben also zwei Großmütter und zwei Großväter. – Viele Kinder sagen zur Großmutter Oma und zum Großvater Opa.

Großeltern

die Großeltern; 1 der Großvater, 2 die Großmutter

grün Im Frühling sieht die Landschaft grün aus, denn auf Wiesen, an Sträuchern und an Bäumen brechen die Blattknospen auf. – Weißt du, daß Grün eine Mischfarbe ist? Es entsteht aus Blau und Gelb.

1 das Blatt

Gummi Von den Reifen und Schläuchen für Vaters Auto bis zum Gummistiefel könnt ihr sicher viele Gegenstände aus Gummi aufzählen. Dabei dürft ihr das weiche Schaumgummikissen auf dem Stuhl nicht vergessen! – Gummi wird aus Kautschuk hergestellt. Das ist der milchige Saft der Kautschukpflanzen, die in Südostasien und Südamerika wachsen. Es gibt auch künstlichen Kautschuk.

das Gummi; 1 der Gummistiefel

gurgeln Wenn Fritz am Abend seine Zähne geputzt hat, gurgelt er. Das hält Hals, Mund und Zähne frisch und gesund. Im Zahnputzglas ist Mundwasser, das mit Wasser verdünnt ist.

1 das Zahnputzglas

Gurke Unsere Gurken im Garten brauchen viel Sonne und Feuchtigkeit, um zu gedeihen. Da die Pflanze sich nie aufrichtet, liegen der Stengel, die Blätter und Blüten und später auch die Früchte am Boden.

die Gurke

Gürtel Ursula hat sich einen neuen Ledergürtel gekauft. Er ist goldbraun und hat eine goldene Schnalle. Ihr Bruder Peter trägt ein Fahrtenmesser an seinem Gürtel, denn er ist Pfadfinder.

der Gürtel; 1 die Schnalle

Der Güterzug bringt eine Menge verschiedener Waren in unsere Stadt: Kisten mit Maschinen, Körbe mit Obst und Gemüse und auf offenen Güterwagen Holz für die Sägerei und Kohlen.

Güterzug

der Güterzug; 1 der offene Güterwagen, 2 der gedeckte Güterwagen

Beate trägt Zöpfe und einen Pony. Zu gerne würde sie einen Bubikopf haben. Soll sie das Haar abschneiden lassen?

Haar

das Haar; 1 der Pony

Der Habicht ist ein Raubvogel. Er greift ▷ Vögel, ▷ Eichhörnchen, ▷ Kaninchen, ▷ Hasen und viele andere Tiere an. Aus der Luft stürzt er sich auf seine Beute und packt sie mit seinen Fängen. Der Habicht darf während des ganzen Jahres geschossen werden. Manchmal werden Habichte vom Falkner zur Jagd abgerichtet.

Habicht

der Habicht; 1 der Fang

Unsere wichtigsten Hafenstädte Hamburg, Bremen, Kiel, Emden und Rostock haben große Hafenanlagen mit vielen einzelnen Hafenbecken. Es sind Welthäfen, und hierher kommen ▷ Schiffe aus allen Ländern der Erde, um Waren aus- oder einzuladen und Passagiere an ▷ Bord zu nehmen oder von Bord gehen zu lassen.

Hafen

der Hafen; 1 der Kai, 2 das Frachtschiff, 3 das Lagerhaus

Hagebutten sind die Früchte der wilden Rosen. Hast du schon einmal eine dieser leuchtendroten Früchte aufgemacht? Die Fruchtkapsel birgt viele kleine Samen, die dicht behaart sind.

Hagebutte

die Hagebutte

93

Hagel

Wenn es kalt ist, kommen die Niederschläge als ▷ Schnee auf die ▷ Erde, sonst als ▷ Regen oder ▷ Nebel. Aber wann hagelt es? Hagel gibt es am häufigsten im Mai. Wenn sehr feuchte Luft in hohe kalte Luftschichten dringt – und das geschieht oft bei ▷ Gewitter–, so bilden sich aus dem Wasser Eiskristalle. – Der Hagel kann großen Schaden anrichten.

der Hagel; 1 die Gewitterwolke

Hahn

„Kikeriki!" kräht der Hahn, wenn er einen ▷ Wurm aus der Erde gescharrt hat. Da kommen die Hennen aber gelaufen! Der Hahn ist stolz auf seine Hühnerschar. – Hähne sind männliche, Hennen weibliche Hühner. Die Jungen sind die ▷ Küken.

der Hahn; 1 der Kamm, 2 der Lappen

Haifisch

Es gibt ganz verschiedene Arten Haie. Viele davon sind gefürchtete Räuber. Aber nur einige, zum Beispiel die Menschenhaie, greifen den Menschen an. Die meisten Haie leben in warmen Gewässern und bringen ihre Jungen lebend zur Welt.

der Haifisch

Hallig

Halligen sind kleine ▷ Inseln an der Nordseeküste, die nicht einmal durch ▷ Deiche vor dem Meere geschützt sind. Es ist sehr einsam dort, weil es nur ein paar Häuser gibt. Jedes Haus steht auf einem Hügel, der Warft, damit es geschützt ist, wenn die Hallig vom Hochwasser bedroht wird. „Landunter" sagen die Halligbewohner, wenn die Hallig überschwemmt wird.

die Hallig; 1 die Warft

Halm

Die ▷ Bäume haben einen ▷ Stamm, die ▷ Blumen haben einen Stengel, aber die Gräser haben einen „Halm". Der Grashalm hat in bestimmten Abständen kleine Knoten. Die Knoten geben dem Halm festen Halt. Sonst würde er durch den Wind leicht umgeknickt werden. – Grashalme darf man nicht in den Mund nehmen!

der Halm; 1 der Knoten

Hals

Helga klagt über Halsschmerzen. Als die Mutter den ▷ Arzt fragt, ob Luftröhre, Speiseröhre oder Kehlkopf vielleicht krank seien, lacht er nur und meint: „Sie können beruhigt sein. Helgas Rachen ist etwas gerötet. Sie soll ein Halstuch umbinden. Außerdem soll sie regelmäßig ▷ gurgeln!"

der Hals

Haltestelle

In der Stadt gibt es viele Haltestellen für die Straßenbahn. Man erkennt sie an dem gelben Halteschild mit dem großen „H". Auf der Straßenbahninsel können die Leute warten. – Die ▷ Omnibusse halten meistens direkt an den ▷ Bürgersteigen.

die Haltestelle; 1 die Straßenbahninsel, 2 das Halteschild

Hammer

In vielen Handwerksberufen werden Hämmer gebraucht. Der Schuhmacher benutzt einen anders geformten Hammer als der Tischler oder der Maurer. In der Schmiede wird mit großen und kleinen Hämmern gearbeitet.

der Hammer; 1 der Stiel, 2 der Kopf

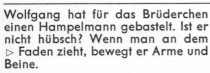

Hampelmann

Wolfgang hat für das Brüderchen einen Hampelmann gebastelt. Ist er nicht hübsch? Wenn man an dem ▷ Faden zieht, bewegt er Arme und Beine.

der Hampelmann; 1 der Faden

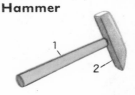

95

Hamster

Der Hamster hat seine Wohnung unter Getreidefeldern. Ja, beim Hamster kann man von einer Wohnung sprechen, denn er baut sich unter der Erde eine Wohnhöhle und eine Vorratskammer, die durch mehrere Gänge miteinander verbunden sind. Der Eingang ist senkrecht gebuddelt, der Ausgang schräg. Für seinen langen Winterschlaf „hamstert" der Hamster Getreide.

der Hamster

Hand

Wir verrichten mit den Händen nicht nur viele Arbeiten, sondern sprechen oft auch eine Zeichensprache mit ihnen. Wenn wir etwas nicht haben wollen, machen wir eine abwehrende Handbewegung. – Zur Begrüßung und zum ▷ Abschied reichen wir unseren Freunden die Hand. Der Zeuge vor ▷ Gericht hebt die rechte Hand zum Schwur.

die Hand; 1 der Handteller

Handball

Streit auf dem Sportplatz! Heino hat beim Handballspiel gegen die Regeln verstoßen. „Du darfst mich nicht umklammern, deshalb hat der Schiedsrichter gepfiffen!" ruft Hans. Heino ist ein bißchen ärgerlich; aber bald ist der Streit vergessen.

der Handball; 1 der Handballer, 2 der Lederball

Handharmonika

„Ich habe eine Handharmonika zum ▷ Geburtstag bekommen", erzählt Gerhard. Als er das Musikinstrument am nächsten Tag in die Schule mitbringt, erklärt der ▷ Lehrer: „Auf den Tasten spielt man die Melodie, und zwar mit der rechten Hand. Die linke Hand begleitet auf den Baßknöpfen. Akkordeon ist ein anderer Name für die Handharmonika."

die Handharmonika; 1 die Taste, 2 der Baßknopf, 3 der Balg

Handschuh

Diese Fingerhandschuhe sind aus ▷Leder. Sie gehören dem Vater. Monika strickt ein Paar Fausthandschuhe aus ▷Wolle. Sie hat den einen Handschuh fertig und arbeitet jetzt die Stulpe für den zweiten.

der Handschuh; 1 die Stulpe

Handstand

Helmut ist im Sportverein. Er kann nicht nur gut ▷Fußball spielen, sondern auch ausgezeichnet Handstand machen. Er läuft sogar auf den Händen.

der Handstand

Handtuch

Handtücher werden aus ▷Baumwolle oder ▷Leinen gewebt. Mit den Geschirrtüchern trocknen wir das Geschirr ab. Im Badezimmer hängen dicke Frottierhandtücher.

das Handtuch; 1 der Aufhänger

Handwerker

Wer Handwerker werden will, muß als Lehrling anfangen. Nach der Lehrzeit macht er die Gesellenprüfung und, wenn er besonders tüchtig ist, später die Meisterprüfung. Früher gingen die Handwerksgesellen mehrere Jahre lang auf die Wanderschaft. Heute wandern nur noch die Zimmerleute. Vielleicht habt ihr schon einmal einen wandernden Zimmergesellen in seiner Tracht gesehen.

der Handwerker; 1 der Tischler

Harfe

Harfen gab es schon vor 5000 Jahren. Früher waren sie beliebte Instrumente für die Hausmusik. Heute sieht man Harfen nur noch in Orchestern. Der Harfenist zupft die Saiten mit den Fingern beider Hände. Der Fuß bedient die Pedale.

die Harfe; 1 die Säule, 2 die Saite, 3 das Pedal

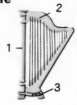

Harke

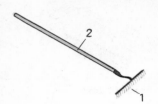

Beim ▷Sturm sind viele Blätter von den Bäumen gefallen. Heinz holt sich eine Harke und harkt das ▷Laub zusammen. In manchen Gegenden nennt man die Harke „Rechen". – Bei der Heuernte braucht der Bauer eine große Harke, um das Heu zusammenzuharken.

die Harke; 1 die Zinke, 2 der Stiel

hart

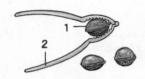

Wenn man sich anstrengt, kann man die ▷Walnuß mit den Händen aufbrechen. Aber Ulrich nimmt lieber einen Nußknacker. Der knackt die harte ▷Schale leicht auf. Eine Haselnuß kann man nicht mit den Händen aufbrechen. Sie ist zu hart.

1 die Nuß, 2 der Nußknacker

Hase

Du wirst schon öfter auf einem Feld nahe an einem Hasen vorbeigegangen sein, ohne ihn gesehen zu haben. Sein Lager ist nur eine flache Mulde. Dort ist er kaum vom Boden zu unterscheiden, so erdfarben ist sein Fell. Wird er dort gestört, so jagt er in wilden Haken davon. – In der Jägersprache heißt sein Schwanz Blume, die Augen heißen Seher, die Ohren Löffel und die Füße Läufe.

der Hase; 1 die Blume, 2 der Seher, 3 der Löffel, 4 der Lauf

Haselnuß

Die ▷Nüsse am Haselnußstrauch reifen im ▷Herbst. Sie sind von zwei oder drei Blättern eingefaßt. Wo jetzt eine Nuß sitzt, war im Frühling nur eine winzige Blüte zu finden. Sie wurde mit Blütenstaub befruchtet. Woher der kam, fragt ihr? Er kam aus den hübschen Haselnußkätzchen, die im Frühling am Haselnußstrauch hingen und später abgefallen sind.

die Haselnuß

häßlich

Ernst ist sonst ein so netter Junge. Aber wenn er sich ärgert, streckt er gerne die ▷ Zunge heraus. Das sieht sehr häßlich aus. Seine Schwester Inge dreht sich sofort um, wenn Ernst das tut. Sie schämt sich für ihn.

1 die Zunge

Haube

Früher war es Mode, daß die Frauen Hauben auf dem Kopf trugen. Vor dem Schlafengehen setzten sie sich sogar Nachthauben auf. Heute sieht man nur noch Krankenschwestern und Nonnen mit einer Haube. Die Hauben sind meistens aus gesteiftem weißen ▷ Leinen.

die Haube

Haus

Müllers haben ein Einfamilienhaus gebaut. Es hat nur im Erdgeschoß ▷ Zimmer, im Dachgeschoß liegen Abstellräume. Im großen Mietshaus nebenan sind über dem Erdgeschoß noch drei Stockwerke mit Wohnungen und im ▷ Hochhaus mitten in der Stadt sogar zehn. Unter dem Erdgeschoß liegen in allen Häusern die ▷ Keller, in denen Kartoffeln und Kohlen lagern.

das Haus; 1 die Eingangstür, 2 das Erdgeschoß, 3 das Giebelfenster

Haut

Das ist richtig: Udo reibt Wolfgangs Rücken mit einer Krem ein, damit er keinen Sonnenbrand bekommt. Die Haut schützt nicht nur den Körper, sondern läßt uns auch Wärme und Kälte fühlen. Die Menschen in den verschiedenen Teilen der Erde haben verschiedene Hautfarben: Die ▷ Neger sind dunkelbraun oder sogar schwarz, die Mongolen gelb; Menschen mit heller Haut nennt man Weiße.

die Haut

Hecke

In den ▷ Garten kann niemand hineinsehen, denn er ist von einer dichten Hecke umgeben. – ▷ Felder und ▷ Weiden sind oft durch Hecken begrenzt. Die Hecken schützen vor Wind und dienen als Gehege für das Vieh. Viele Singvögel bauen sich darin ihre Nester.

die Hecke; 1 der Garten

Heft

Die Schulkinder schreiben ihre Aufsätze in Hefte. Die Blätter sind mit einem ▷ Faden oder ▷ Draht in den Umschlag geheftet. Auf dem Schild steht der Name des Eigentümers.

das Heft; 1 der Umschlag, 2 das Schild

Heide

Im August ist über die Heidelandschaft ein lila Teppich ausgebreitet, denn das Heidekraut steht in voller Blüte. Die Wacholderbüsche heben sich dunkel ab. – Die Heide ist unfruchtbares Land, und das ▷ Vieh findet nicht genügend zu fressen. Nur die genügsamen ▷ Schafe geben sich mit dem spärlichen ▷ Futter zufrieden.

die Heide; 1 das Heidekraut, 2 der Wacholderbusch

Heidelbeere

Morgen fahren wir in den ▷ Wald. Wir wollen Heidelbeeren sammeln. Mutter bäckt dann einen Heidelbeerkuchen und kocht Heidelbeerkompott. – Heidelbeeren heißen auch Bickbeeren oder Blaubeeren.

die Heidelbeere

heiß

Wenn die ▷ Sonne recht heiß vom ▷ Himmel brennt, fährt ein Sprengwagen durch die Straßen. „Viel Zweck hat es nicht", meint der Fahrer, „denn die Straße ist so heiß, daß das Wasser gleich wieder verdampft."

1 der Sprengwagen

Herr Müller muß die ▷Briketts in das Zimmer tragen, um seinen ▷Ofen zu heizen. Viel lieber hätte er eine Etagen- oder Zentralheizung, dann hätte er viel weniger Arbeit und im Zimmer keinen Schmutz mehr durch Kohlen und Asche.

heizen

1 der Ofen, 2 das Brikett, 3 das Feuer

Die römischen Soldaten trugen solche Helme, wie du hier einen abgebildet siehst. Damals, es ist schon viele Jahrhunderte her, bekämpften sich die Soldaten mit Schwertern und Lanzen. Der Helm schützte sie im Kampf.

Helm

der Helm; 1 der Federbusch

Mutter mußte an Kurts Hemd die Manschetten und den ▷Kragen erneuern, weil sie an einigen Stellen durchgescheuert waren. Nun sieht das Hemd wieder wie neu aus.

Hemd

das Hemd; 1 der Kragen, 2 die Manschette

Wenn sich das ▷Laub an den Bäumen gelb und braun färbt, beginnt der Herbst. Nun gibt es für den Bauern viel Arbeit: ▷Obst und ▷Kartoffeln müssen geerntet und in den ▷Keller geschafft werden. In Süd- und Westdeutschland beginnt die Weinlese. – Bald fahren die Herbststürme über das Land, und die Kinder lassen den ▷Drachen steigen.

Herbst

der Herbst; 1 der Baum, 2 das Laub

Auf dem Herd kocht Mutter das Mittagessen. Der Suppentopf steht auf der Herdplatte, im Backofen brutzelt das Fleisch. Zum Abwaschen nimmt Mutter heißes Wasser aus dem Wasserschiff.

Herd

der Herd; 1 die Herdplatte, 2 das Wasserschiff, 3 die Feuertür

Hering

Die Heringe leben im Meer. In riesigen Schwärmen, neben- und übereinander, ziehen sie an den ▷Küsten entlang. Die Heringsfischer fangen sie in großen ▷Netzen. Viele Heringe werden frisch verkauft, viele in ▷Fabriken gebracht und dort in Salz gelegt, geräuchert oder mariniert in Dosen gefüllt. Wir kaufen dann Salzheringe, Bücklinge oder Rollmöpse.

der Hering; 1 die Rückenflosse, 2 die Schwanzflosse

Herz

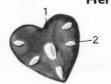

Könnt ihr euren Herzschlag fühlen? Das Herz muß tüchtig arbeiten, um das ▷Blut durch den Körper zu treiben. – Herz ist eine Farbe unserer Spielkarten. – Auf dem ▷Jahrmarkt haben wir uns ein Lebkuchenherz mit ▷Mandeln gekauft.

das Herz; 1 das Lebkuchenherz, 2 die Mandel

Heu

Wenn der Bauer das ▷Gras gemäht hat, trocknet es in langen Schwaden auf der ▷Wiese. Zum Nachtrocknen wird es auf Heureuter gepackt. Ist das Gras ganz trocken, so nennt man es Heu. Das Heu wird in die ▷Scheune gefahren. Im Winter wird es an das Vieh verfüttert.

das Heu; 1 die Schwade, 2 der Heureuter, 3 die Forke

Hexe

Ganz sicher habt ihr von der Hexe im Märchen „Hänsel und Gretel" gehört. Sie hatte ein leckeres ▷Knusperhäuschen in den Wald gezaubert, um Hänsel und Gretel anzulocken. – Aber auch sonst gibt es viele ▷Sagen und ▷Märchen von Hexen. So erzählt man, daß sie auf einem Besen durch die Luft reiten können.

die Hexe

Himbeere

Wie die Himbeeren duften! Sie sind frisch aus dem Wald auf den ▷Markt gekommen. Dort, wo die Bäume im Wald nicht so dicht stehen, wachsen die Himbeersträucher. – Die Himbeeren, die im Garten wachsen, sind größer als die Waldhimbeeren. Im Garten gibt es nicht nur rote, sondern auch gelbe.

die Himbeere; 1 die Himbeerblüte

Himmel

Es gibt viele Menschen, die sich bei ihrer Arbeit nach dem Wetter richten müssen: Die ▷Fischer und die Bauern beobachten ständig den Himmel und erkennen an den Wolken, ob es ▷Regen, ▷Wind, ▷Sturm oder ruhiges Wetter geben wird. Auch am ▷Barometer können sie es ablesen.

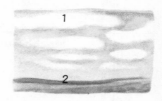

der Himmel; 1 die Wolke, 2 der Horizont

Hindernis

Manchmal liegt auf deinem Wege ein Hindernis. Wenn du es nicht siehst, stolperst du darüber. – Bei sportlichen Wettkämpfen gibt es Hindernisläufe, und zwar nicht nur für Männer, Frauen, Jungen und Mädchen, sondern auch für ▷Pferde und ▷Hunde.

das Hindernis; 1 der Hund

Hirsch

Der Edelhirsch ist der König unserer Wälder. Im ▷Herbst ist sein lautes Röhren zu hören. Dann kämpfen die männlichen Hirsche oft gegeneinander. Sie tragen Geweihe mit mehreren Enden oder Sprossen. Am Ende des Winters wirft der Hirsch sein Geweih ab, im Frühjahr wächst ihm ein neues. Hirschkühe haben keine Geweihe. Die Jungtiere sind weiß gefleckt.

der Hirsch; 1 das Geweih, 2 das Ende

Hirt

Ein Hirt hat die Aufgabe, seine Herde zu betreuen und zu beschützen. Sein treuer Helfer bei den Wanderungen von Weide zu Weide ist der Hütehund.

der Hirt; 1 der Stab, 2 die Schafherde

Hobel

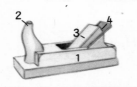

Mit dem Hobel bearbeitet der Tischler das Holz. Er kann die ▷ Bretter ganz glatt hobeln. Das Hobeleisen hat an der Unterseite eine Schneidefläche, die scharf wie eine Rasierklinge ist.

der Hobel; 1 der Kasten, 2 die Nase, 3 der Keil, 4 das Hobeleisen

Hochhaus

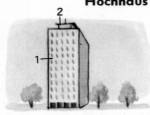

Ein Hochhaus hat viele Stockwerke. Das höchste Haus der Welt hat 102 Stockwerke, es steht in New York. Natürlich haben Hochhäuser einen ▷ Fahrstuhl. Oben auf dem ▷ Dach seht ihr einen Aufbau, in dem die Aufzugsmaschine steht.

das Hochhaus; 1 das Stockwerk, 2 der Aufbau für die Maschine

Hochzeit

Heute hat Tante Erika Hochzeit. Sie heiratet Onkel Werner. Elke und Monika dürfen den ▷ Schleier tragen. Sie gehen hinter der ▷ Braut und dem Bräutigam in die ▷ Kirche. Die Braut trägt ein hübsches weißes Kleid, einen Schleier und einen Brautstrauß.

die Hochzeit; 1 die Braut, 2 der Bräutigam, 3 der Schleier, 4 der Brautstrauß

Hof

Wenn man aus der Hintertür des Hauses tritt, kommt man auf den Hof. Manchmal ist er von einer Mauer umgeben, manchmal trennt ein Zaun ihn von den Nachbargrundstücken. Auf dem Hof ist der Trockenplatz für die Wäsche, und in einer Ecke stehen die Ascheimer.

der Hof; 1 die Mauer, 2 die Hintertür

Höhle

Während eines Schulausfluges hat Werner eine Felshöhle entdeckt. Der ▷ Lehrer hat ihm leider verboten hineinzukriechen, weil das zu gefährlich ist. Was darin wohl zu sehen ist?

die Höhle; 1 der Eingang

Holz

Wenn junge Bäume heranwachsen, dann werden ihre Stämmchen langsam zu ▷ Holz. Der große Baum hat einen mächtigen Holzstamm, und auch die Äste sind zu festem Holz geworden. Die Stämme werden von Holzfällern abgeschlagen und in den Sägemühlen zu ▷ Brettern zerschnitten. Daraus werden ▷ Möbel, ▷ Türen, Kisten und vieles andere gebaut.

das Holz; 1 der Stamm, 2 der Holzfäller, 3 die Axt

Holzschuh

Bei der Gartenarbeit trägt Vater Holzschuhe. Sie sind aus einem Holzstück hergestellt. Die ▷ Sohle ist gebogen, damit man auf den Holzschuhen laufen kann.

der Holzschuh; 1 die Sohle

Honig

Die ▷ Bienen sammeln aus ▷ Blüten Nektar und tragen ihn in ihren Bienenstock, um ihn in ▷ Waben aufzubewahren. Daraus erntet der Imker den Honig und verkauft ihn. – Honig schmeckt gut als Brotaufstrich. – Der ▷ Bäcker bäckt Honigkuchen.

der Honig; 1 das Honigglas

Horizont

Fritz und Gisela stehen am ▷ Strand und beobachten den Horizont. Zuerst konnten sie von dem ▷ Schiff nur eine kleine Rauchwolke sehen, dann kam der Schornstein zum Vorschein. Jetzt ist das ganze Schiff zu erkennen.

der Horizont; 1 das Schiff, 2 die Rauchwolke

105

Horn

▷ Kühe, ▷ Schafe, ▷ Ziegen, ▷ Gemsen und Antilopen haben Hörner; Rehe und ▷ Hirsche haben Geweihe. Die Hörner sind innen hohl. Sie werden nicht jedes Jahr abgeworfen wie das Geweih. Die Horntiere verteidigen sich mit den Hörnern gegen ihre Feinde. Nashörner haben meistens zwei Hörner, die übereinanderliegen.

das Horn

Horn

Joachims Vater ist von Beruf Musiker. Er bläst auf dem Waldhorn. Joachim hat es auch schon einmal versucht, aber es kam kein Ton heraus. Vater will ihm Unterricht geben, wenn er zehn Jahre alt ist.

das Horn; 1 das Mundstück

Hose

Mutter hat die Hosen gewaschen und auf die ▷ Leine gehängt. Aber damit ist die Arbeit noch nicht getan: Sie muß auch noch die Löcher flicken, die der wilde Peter eingerissen hat.

die Hose; 1 die Leine, 2 die Wäscheklammer

Hotel

Es sind immer viele Leute auf Reisen, und für sie gibt es Hotels. In den Hotelzimmern können die Reisenden übernachten, und im Restaurant können sie die Mahlzeiten einnehmen. – Das Auto wird in der Hotelgarage abgestellt.

das Hotel; 1 das Hotelzimmer, 2 das Restaurant

hübsch

Einmal in jedem Jahr erfreut die ▷ Blume uns mit einer leuchtendroten ▷ Blüte. Mutter hat den Blumentopf auf den Tisch gestellt. Das sieht hübsch aus.

1 der Blumentopf, 2 die Blüte

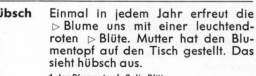

Der Hubschrauber ist ein kleines ▷ Flugzeug, es hat aber keine Tragflächen. Es wird von der Hubschraube, die sich wie ein Propeller unablässig dreht, in der Luft gehalten. – Der Hubschrauber braucht wenig Platz zum Aufsteigen und Landen. Selbst hoch in den Bergen kann er landen und verunglückte Bergsteiger von der Unglücksstelle ins Krankenhaus bringen.

Hubschrauber

der Hubschrauber; 1 die Hubschraube

Das ▷ Pferd trägt Hufeisen an den Hufen, damit sich die Hufe beim Gehen nicht abnutzen. Sie werden vom ▷ Schmied angenagelt. Der Schmied muß das Hufeisen genau anpassen, es darf nicht zu klein und nicht zu groß sein.

Hufeisen

das Hufeisen

Da kommt eine Hummel angebrummt! Sie fliegt auf ein Kleefeld. Mit ihrem langen Rüssel saugt sie den süßen Nektar, aus dem dann ▷ Honig wird, aus den ▷ Blüten. Sie trägt ihn in das Hummelnest, das sie unter der Erde hat. Greif sie nicht an, sie sticht!

Hummel

die Hummel; 1 der Fühler, 2 der Flügel

Hunde sind die treuesten Freunde des Menschen. Sie waren auch die ersten Haustiere. Unsere Vorfahren haben sie aus ▷ Wölfen gezüchtet, vielleicht auch aus Schakalen, die mit den Wölfen verwandt sind. Heute gibt es viele Hunderassen. Die größten Hunde sind fast so hoch wie ein ▷ Kalb, die kleinsten können ohne Schwierigkeit in einer Manteltasche sitzen.

Hund

der Hund; 1 die Pfote, 2 die Schnauze

Hunger

„Ich habe solchen Hunger, daß mir schon der ▷ Magen weh tut!" ruft Heino, als er vom Baden nach Hause kommt. Mutter macht ihm leckere Brotschnitten. Auf dem Bild sieht man, wie gut sie Heino schmecken. – In vielen Ländern gibt es noch Menschen, die Hunger leiden. Das dürfen wir nie vergessen.

der Hunger; 1 die Brotschnitte

Hut

Hüte werden aus Filz und Velours gepreßt oder aus Stoff genäht. Die meisten Hüte haben eine Krempe. Am ▷ Strand trägt man große, geflochtene Strohhüte, um sich vor der Sonne zu schützen. – Auch der ▷ Zylinder, der in Vaters Schrank liegt, ist ein Hut.

der Hut; 1 die Krempe, 2 das Hutband

Hütte

Hütten sind kleine Häuser aus Holz oder Steinen. In den Bergen gibt es Schihütten für die Schiläufer und Sennhütten, in denen die Sennerin Butter und Käse herstellt. Von den Jagdhütten aus gehen die ▷ Jäger auf Jagd. – Hütten heißen auch die ▷ Fabriken, in denen ▷ Eisen und ▷ Glas hergestellt wird.

die Hütte

Hyazinthe

Was ist denn das? Am Fenster steht eine Glasvase mit Wasser und obendrauf, unter dem Hütchen aus Papier, liegt eine Zwiebel. Ja, da wächst eine Hyazinthe, und das Papier sorgt dafür, daß die Zwiebel im Dunkeln liegt und erst einmal ▷ Wurzeln treibt, bevor sie zu wachsen beginnt. Sehr zeitig im Frühjahr blüht die Hyazinthe und erfreut uns mit ihrem Duft.

die Hyazinthe; 1 die Blüte, 2 der Stengel, 3 das Blatt

Jeden Abend kommt der Igel in unseren Garten und trinkt seine ▷ Milch. Wenn ich ihm zu nahe komme, rollt er sich zusammen. Dann sieht er wie ein stacheliger Ball aus. Er frißt ▷ Käfer, ▷ Schnekken und ▷ Raupen, sogar ▷ Schlangen. Deshalb ist er sehr nützlich. Die Stacheln sind besonders harte Haare, sie schützen ihn vor den Angriffen seiner Feinde.

Igel

der Igel; 1 die Stacheln

Der Iltis ist ein kleines Raubtier. Er schläft tagsüber in Hecken, Steinhaufen oder gar in Scheunen, nachts geht er auf Jagd. Dann vertilgt er ▷ Ratten, ▷ Mäuse, ▷ Hamster, ▷ Kreuzottern und ▷ Frösche, stiehlt aber vom Bauernhof auch Eier, Hühner und ▷ Tauben. Ist er in Gefahr, dann spritzt er aus seinen Stinkdrüsen unter dem Schwanz eine übelriechende Flüssigkeit aus.

Iltis

der Iltis; 1 der Schwanz

Heute ist der ▷ Arzt in der Schuie, um die Kinder zu impfen. – Nicht nur alle zwölfjährigen Schulkinder, sondern auch alle ▷ Babys müssen geimpft werden. Der Impfstoff wird in den Oberarm eingeführt. Dann kann keiner mehr an den Schwarzen Pocken erkranken. – Man kann auch gegen Typhus, Diphtherie, Kinderlähmung und andere Krankheiten geimpft werden.

impfen

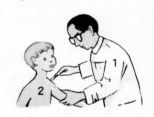

1 der Arzt, 2 das Schulkind

Die Indianer leben in ▷ Amerika. Ihr kennt sicher alle ihre hübsche Kleidung aus früheren Zeiten mit dem Kopfschmuck aus bunten ▷ Federn. Ihr Kriegsbeil nennen sie Tomahawk.

Indianer

der Indianer; 1 der Kopfschmuck, 2 der Tomahawk

Insel

Eine Insel ist rings von Wasser umgeben. Wenn keine ▷ Brücke zur Insel führt, kann man nur mit dem ▷ Schiff oder mit dem ▷ Flugzeug dahin reisen. – Auch Großbritannien ist eine Insel.

die Insel; 1 das Meer

Jacke

An Peters Jacke sind die Ärmel zerschlissen. Mutter bringt die Jacke zum ▷ Schneider. Der bringt sie in Ordnung und Peter kann sie wieder zur Schule anziehen. Viel lieber würde er eine neue Jacke tragen.

die Jacke; 1 der Ärmel, 2 der Kragen

Jäger

Der Jäger trägt eine grüne Jacke und einen grünen Hut, damit er im Wald nicht so leicht zu sehen ist. Er jagt ▷ Füchse, ▷ Hasen, ▷ Rehe, ▷ Hirsche, ▷ Wildschweine, ▷ Fasanen, Rebhühner und andere Tiere. Wenn die Tiere Junge haben, darf der Jäger nicht jagen.

der Jäger; 1 die Jacke, 2 der Hut, 3 der Gamsbart

Jahrmarkt

Auf der Wiese vor der Stadt ist Jahrmarkt. Schon von weitem hört man die Musik. Maria und Heino fahren mit dem ▷ Karussell. Vor einer Bude steht ein Mann und ruft: „Wer kauft drei Lose für nur 50 Pfennig?"

der Jahrmarkt; 1 das Riesenrad, 2 die Bude, 3 der Luftballon

Johannisbeere

Es gibt rote, weiße und schwarze Johannisbeeren. Die Blätter der schwarzen Johannisbeeren sind anders geformt als die der roten und weißen Johannisbeeren. Schwarze Johannisbeeren sind besonders gesund, ihr Saft ist ein Vorbeugungsmittel gegen Erkältungen.

die Johannisbeere; 1 die Fruchttraube

Die Jungen haben eine Wanderung gemacht und übernachten in der Jugendherberge. Im Tagesraum gibt es eine kräftige Erbsensuppe, und dann geht der Herbergsvater mit ihnen in den Schlafraum, um ihnen ihre Betten zu zeigen. „Um 22 Uhr ist Nachtruhe", sagt er mahnend.

Jugendherberge

die Jugendherberge; 1 der Herbergsvater, 2 der Schlafsaal

Immer wieder muß die Mutter sagen: „Junge, nimm die Hände aus den Hosentaschen!" Aber Axel kann es einfach nicht lassen, die Hände in die Taschen zu stecken. Ob er immer kalte Hände hat? Ich glaube, es ist nur eine dumme Angewohnheit!

Junge

der Junge

Komm mit hinaus! Da fliegen Marienkäfer übers Gras, krabbeln Laufkäfer über den Sand, eilen Aaskäfer über Moder, rudern Wasserkäfer im ▷ Teich. Abends blitzen Leuchtkäfer auf. Wißt ihr, daß es etwa 250000 Arten Käfer gibt? – Alle Käfer haben sechs Beine und vier Flügel. Unter den beiden harten Flügeldecken befinden sich noch zwei dünne Hautflügel.

Käfer

der Käfer

Wie gut duftet der Kaffee! Die Kaffeebohnen haben eine weite Reise hinter sich. Sie kommen aus warmen Ländern, wo der Kaffeestrauch wächst. Er hat fleischige Früchte, die wie Kirschen aussehen. Darin sitzen zwei Samen, die Kaffeebohnen. In der Kaffeerösterei werden sie geröstet. Mutter mahlt die braunen Bohnen in der Kaffeemühle und brüht den Kaffee auf.

Kaffee

der Kaffee

Käfig

Im Zirkus habe ich dressierte ▷ Tiger gesehen. Als die Vorführung beendet war, wurden die Tiere wieder in Käfige eingesperrt. So werden sie auch befördert, wenn der ▷ Zirkus in die nächste Stadt zieht.

der Käfig; 1 der Tiger

Kahn

Der Schiffer setzt mit seinem Kahn über den ▷ Fluß. Mit einer Stange stößt er bis auf den Grund und schiebt den Kahn vorwärts. Er braucht viel Kraft, um gegen die Strömung anzukommen.

der Kahn; 1 die Stange, 2 der Schiffer

Kaiser

Früher regierte in Deutschland ein Kaiser. Er war der höchste Herrscher. ▷ Krone und Reichsapfel waren die Zeichen seiner Würde. Bei festlichen Anlässen saß er auf einem prächtig geschmückten Thron.

der Kaiser; 1 die Krone, 2 der Reichsapfel, 3 der Thron

Kakao

Überlegst du dir auch, wenn eine Tasse Kakao vor dir steht, daß das Kakaopulver einen langen Weg bis zu dir zurückgelegt hat? Der Kakaobaum wächst in den Tropen. Die Samen des Baumes werden getrocknet, gemahlen und entölt. Mutter bereitet aus Kakaopulver, Zucker und ▷ Milch das Kakaogetränk. Auch zur Herstellung von ▷ Schokolade verwendet man Kakao.

der Kakao; 1 die Tasse

Kalb

Krauses ▷ Kuh hat vorige Woche ein Kälbchen bekommen. „Die Kuh hat gekalbt", sagt der Bauer. Heute springt das Kalb schon munter umher. Morgens, mittags und abends gibt die Bäuerin ihm ▷ Milch.

das Kalb

Unser Kalender gilt für ein Jahr, das sind zwölf ▷ Monate. Die Monate haben 30 oder 31 Tage. Der Februar hat 28 Tage und im Schaltjahr, wenn ein Tag eingeschaltet wird, 29 Tage. Am Abreißkalender reißen wir jeden Tag ein Blatt ab.

Kalender

der Kalender; 1 das Kalenderblatt

Bei den ▷ Eskimos ist es immer sehr kalt. Deshalb tragen sie einen Pelz und warme Schuhe. Wir finden es schon kalt, wenn das Thermometer einige Grad unter Null zeigt.

kalt

der Eskimo

Das Kamel wird „Wüstenschiff" genannt. Schwer beladen mit Waren muß es die ▷ Wüste durchqueren. Mit seinen breiten Füßen sinkt es im Sand nicht ein, und spitze Steine tun ihm nichts an. Der Höcker ist ein Nahrungsspeicher. – Einhöckerige Kamele heißen ▷ Dromedar, zweihöckerige Trampeltier. Die Trampeltiere werden vor allem in ▷ Asien gehalten.

Kamel

das Kamel; 1 der Höcker

Wir haben in der Wohndiele einen Kamin. Das ist eine offene Feuerstelle. Abends sitzen wir um das Feuer und schauen in die ▷ Flammen. Von Zeit zu Zeit legt Vater Holzscheite auf die Glut. Auf dem Kaminsims stehen die Bücher, aus denen Mutter vorliest.

Kamin

der Kamin; 1 der Kaminsims, 2 die Flamme

Wenn du das Wort „Kamm" hörst, denkst du gleich an deinen Taschenkamm oder an den Kamm auf dem Garderobetischchen. Aber sicher weißt du auch, daß der ▷ Hahn einen Kamm hat, der rot anschwillt, wenn er wütend ist.

Kamm

der Kamm; 1 die Zinke

Kanal

Ein Kanal ist eine künstliche Wasserstraße für kleine und große ▷ Schiffe. Kanäle sind in der Binnenschifffahrt für den Gütertransport sehr wichtig. – Könnt ihr euch vorstellen, daß der Mittellandkanal den Fluß Weser bei Minden auf einer Brücke überquert?

der Kanal; 1 das Kanalufer, 2 das Frachtschiff

Kanarienvogel

Peter hat in einem Vogelbauer einen Kanarienvogel. Der ist sehr zahm. Schon früh am Morgen trillert er sein Lied. Peter weiß, daß sein „Hansi" ein Finkenvogel, also ein Körnerfresser ist und in der Nähe von ▷ Afrika, auf den Kanarischen Inseln seine Heimat hat.

der Kanarienvogel

Känguruh

Känguruhs sind merkwürdige Tiere. Sie leben in ▷ Australien. Ihre Vorderbeine sind kurz. Sehr lang und kräftig sind dafür die Hinterbeine. Laufen können die Känguruhs deshalb nur schlecht. Aber hüpfen! Ihre Sprünge sind zwei bis drei Meter hoch und bis zwölf Meter weit. Das Weibchen hat einen Beutel am Bauch. Darin wächst das Junge heran.

das Känguruh; 1 das Vorderbein, 2 das Hinterbein

Kaninchen

Wer hat im Garten den ▷ Kohl angeknabbert? Das muß ein wildes Kaninchen gewesen sein! Es hat am Bahndamm seinen Bau. Dort hat es sich eine Röhre und einen Kessel in die weiche Erde gegraben. Die ganze Kaninchenfamilie ist darin beisammen: der Rammler, die Häsin und ein paar Junge. – Das Kaninchen ist kleiner als der ▷ Hase, es kann aber genauso gut Haken schlagen.

das Kaninchen

Auf dem Bilde ist eine kleine Wasserkanne abgebildet. Ihr kennt aber auch Milchkannen, Kaffeekannen und Teekannen.

Kanne

die Kanne; 1 der Henkel, 2 die Tülle

Bei der Predigt steht der ▷ Pfarrer auf der Kanzel. Sie ist oft mit Bildern geschmückt. Auf dem Kanzelbehang ist ein gesticktes Kreuz zu sehen.

Kanzel

die Kanzel; 1 der Pfarrer, 2 der Kanzelbehang

Auf unserem Spaziergang kamen wir an einer kleinen, alten Kapelle vorbei. Leise haben wir die Tür geöffnet und hineingeschaut: Der kleine ▷ Altar war mit Blumen geschmückt.

Kapelle

die Kapelle; 1 der Dachreiter

Ingrids Klasse will das Märchen „Schneewittchen" aufführen. Ingrid soll einer von den sieben ▷ Zwergen sein. Mutter hat ihr einen blauen Kittel mit einer rotgefütterten Kapuze genäht.

Kapuze

die Kapuze; 1 das Futter

Der Beduine führt seine Karawane durch die ▷ Wüste. Es gibt hier keine ▷ Eisenbahnen und ▷ Autostraßen. Die ▷ Kamele müssen die Güter von einer Stadt in die andere transportieren.

Karawane

die Karawane; 1 der Beduine, 2 das Kamel

Karpfen werden in ▷ Teichen gezüchtet. Sie halten sich gern über dem Schlamm auf, weil sie darin ihre Nahrung finden: Kleintiere und Pflanzenteile. Der Züchter füttert sie außerdem mit Getreide. Wenn sie groß genug sind, werden sie lebend in die Fischhandlung gebracht. Dort können wir sie kaufen.

Karpfen

der Karpfen

Karre

Eine Karre ist ein kleines Fahrzeug. Die Schubkarre hat nur ein ▷ Rad. Karren mit zwei Rädern werden entweder geschoben oder gezogen. Man kann auch Esel oder Pferde davorspannen.

die Karre; 1 der Handgriff

Karte

Eine Karte ist aus steifem Papier oder aus ▷ Pappe geschnitten. Ihr kennt viele verschiedene Karten: Spielkarten, Eintrittskarten für das ▷ Kino und ▷ Fahrkarten für die ▷ Eisenbahn. – ▷ Postkarten kosten weniger Porto als ▷ Briefe.

die Karte

Kartoffel

Wir essen täglich Salzkartoffeln, Bratkartoffeln oder Kartoffelsalat. Kannst du dir vorstellen, daß unsere Vorfahren die Kartoffel überhaupt nicht kannten? Seit etwa 200 Jahren wird sie bei uns als Nahrungsmittel angebaut. Die Kartoffel blüht weiß oder lila. Aber die Knollen, die wir essen, sind nicht die Früchte, sondern Wurzelteile.

die Kartoffel

Karussell

Ein Karussell dreht sich im Kreis. Unsere kleine Schwester reitet am liebsten auf einem Holzpferd oder sitzt in einem Autokarussell. Wir Großen fahren mit dem Kettenkarussell. Hei, wie man da in Schwung kommt!

das Karussell

Käse

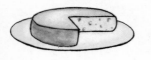

In der Molkerei wird aus ▷ Milch Käse hergestellt. Der Käse muß monatelang reifen, bevor er im ▷ Laden verkauft werden kann. Der Kaufmann schneidet ein Stück aus dem Radkäse heraus und verkauft uns einige Ecken Schmelzkäse.

der Käse

„Seid ihr auch alle da?" fragt der Kasper. „Ja!" antworten alle Kinder. Dann kann das Spiel beginnen. Gleich kommt auch das Mariechen, die Frau des Kaspers, und der Teufel, der bei keinem Kasperlespiel fehlt.

Kasper

der Kasper

Im ▷ Park stehen hohe Kastanienbäume. Wenn sie im Frühjahr blühen, sieht es aus, als ob sie viele Kerzen trügen. Aus den ▷ Blüten werden stachelige Früchte. Sie fallen im ▷ Herbst ab, und die braunen Kastanien fallen heraus. Die Kinder sammeln sie und fädeln sie zu langen Ketten auf. Die Früchte mancher Kastanienbäume sind eßbar.

Kastanie

die Kastanie

In diesem Kasten liegen Monikas ▷ Griffel und ▷ Bleistifte. Heute hat sie ihn zu Hause liegenlassen. Sicher ist der ▷ Lehrer ärgerlich über ihre Vergeßlichkeit.

Kasten

der Kasten

Mit der Katze kann man gut spielen. Sie ist ein Haustier und lebt mit in unserer Wohnung. Aber sie ist auch ein ▷ Raubtier. Beobachtet sie einmal auf der Mäusejagd! Leise schleicht sie sich heran, die Krallen sind eingezogen. Plötzlich ein Sprung! Die Krallen packen die Beute, die spitzen Zähne beißen zu. Meistens jagen die Katzen nachts. Sie sehen im Dunkeln sehr gut.

Katze

die Katze

Mit den ▷ Zähnen zerkleinern wir unsere Speise. Wir kauen sie. Gründliches Kauen ist gesund, darum soll man sich viel Zeit zum Essen lassen.

kauen

1 die Schnitte

kaufen

Herr Schröder kauft ein Geburtstagsgeschenk für seine Frau. Der Verkäufer hat es schon eingewickelt und auf den Ladentisch gelegt. Eben bezahlt Herr Schröder 17 DM dafür.

1 der Verkäufer, 2 der Ladentisch

Kegel

Laß die Kugel einmal rollen und versuche, möglichst viele der neun Kegel umzuwerfen! Du wirst sehen, daß das gar nicht so leicht ist. – Das Kegeln ist auch ein Sport und wird auf einer Kegelbahn gespielt. Jeder Kegel muß etwa drei Pfund wiegen, und auch die Art der Kegelbahn ist genau vorgeschrieben.

der Kegel; 1 die Kugel

Keller

Der Keller liegt unter der Erde und ist vor Hitze und Kälte geschützt. Wenn es heiß ist, bringen wir ▷ Milch und ▷ Butter in den Keller, um sie zu kühlen. Im Winter bewahren wir dort unsere ▷ Kartoffeln auf. Sie können dann nicht erfrieren.

der Keller; 1 das Kellerfenster, 2 die Kartoffelkiste, 3 die Kohlen

Kellner

Wenn wir im Restaurant essen wollen, bestellen wir das ▷ Gericht beim Kellner. Der Kellner trägt die Speisen auf und kassiert das ▷ Geld. Er selbst bekommt ein Trinkgeld. – Der Kellner trägt einen schwarzen Anzug und über dem linken Arm eine ▷ Serviette. In vielen Gaststätten arbeiten auch Kellnerinnen.

der Kellner; 1 die Serviette

Kern

Die Kerne sind die Samen vom Kernobst, das sind ▷ Äpfel, ▷ Birnen und ▷ Quitten. Die Kerne liegen im Kerngehäuse und werden langsam braun, wenn sie reifen.

der Kern; 1 der Apfel, 2 das Kerngehäuse

In dem ▷ Leuchter steht eine Kerze aus Stearin. Es gibt auch Bienenwachskerzen; sie sehen gelb aus und duften schön. Der Docht der Kerze ist ein gedrehter Baumwollfaden.

Kerze

die Kerze; 1 der Docht, 2 der Leuchter

Im Kessel wird Wasser erhitzt. In dem Kessel auf Mutters ▷ Herd ist das Wasser zum Abwaschen, und im Waschkessel soll die Wäsche gekocht werden. Auf dem Bild seht ihr einen Kessel, der an eine Kette über das Feuer im ▷ Kamin gehängt wird.

Kessel

der Kessel

Auf dem Bild ist eine eiserne Kette zu sehen. Der Bauer braucht sie, um das ▷ Vieh im ▷ Stall anzubinden. – Frauen tragen zierliche Ketten aus ▷ Gold oder ▷ Silber um den Hals oder um den Arm. Jede Kette besteht aus mehreren Gliedern. Wenn ihr Kinder eine Kette bildet, ist jedes Kind ein Glied.

Kette

die Kette; 1 das Glied

„Ki-witt, ki-witt", ruft ein Vogel über die ▷ Wiese. Das ist der Kiebitz. Wir erkennen ihn an seinem Federschopf. Wie bunt ist sein Gefieder! Jetzt fliegt er auf. Das Weibchen sitzt sicher auf den Eiern, die es in eine kleine Mulde mitten auf der Wiese gelegt hat.

Kiebitz

der Kiebitz; 1 der Federschopf

Ganz kleine Kinder können noch nicht laufen, sie müssen im Kinderwagen gefahren werden. Die größeren Kinder gehen in die ▷ Schule. Wenn sie aus der Schule entlassen werden, ist ihre Kindheit vorbei.

Kind

das Kind

Kinderfest

Jeden Sommer ist bei uns im Dorf ein Kinderfest. Am Vormittag sind auf dem Dorfplatz Wettspiele. Am Nachmittag führt die Musikkapelle einen Umzug durch das Dorf an und spielt zum Kindertanz im Gasthof auf.

das Kinderfest

Kindergarten

Die Kinder gehen morgens in den Kindergarten, damit sie dort lernen, mit fremden Kindern zu spielen und auszukommen. Im Kindergarten gibt es viele schöne Spielsachen, und die Kindergärtnerin weiß immer neue Spiele.

der Kindergarten; 1 die Kindergärtnerin

Kino

Rainer sagt: „Ich schaue mir im Kino am liebsten einen Märchenfilm an." Gisela meint: „Ich sehe lieber einen Mickymaus-Film!" Albert mag gern Cowboyfilme und Gaby findet Reise- und Abenteuerfilme am schönsten.

das Kino; 1 die Leinwand, 2 das Filmbild, 3 der Zuschauer

Kiosk

An der Ecke steht seit ein paar Tagen ein Kiosk. Dort verkauft ein freundlicher Mann Süßigkeiten, Tabakwaren, Zeitungen und Zeitschriften. Es gibt in der Stadt viele solche einzelnstehenden Lädchen. Uns gegenüber steht ein Kiosk, in dem Blumen verkauft werden.

der Kiosk; 1 das Schaufenster, 2 die Zeitung

Kirche

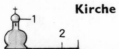

Unsere Kirche wurde vor 200 Jahren gebaut. Im Turm hängen die ▷ Glocken, die jeden Sonntagmorgen läuten. Dann hält der ▷ Pfarrer den Gottesdienst. – In der Kirche werden die Kinder getauft und Brautpaare getraut.

die Kirche; 1 der Turm, 2 das Kirchenschiff

Kennst du das Rätsel: Weiß wie ▷ Schnee, grün wie ▷ Klee, rot wie ▷ Blut, schmeckt allen Kindern gut? Richtig, das ist die Kirsche. Im Frühjahr hat der Kirschbaum weiße ▷ Blüten. Einige Wochen später hängen die unreifen grünen Kirschen am Baum. Bald sind sie rot und reif. Die sauren Kirschen kocht Mutter meistens ein, die süßen naschen wir Kinder sehr gern.

die Kirsche; 1 der Stiel

Kirsche

Die Kissen für die Gartenstühle haben einen hübschen bunten Bezug. Unter dem Bezug ist das feste Inlett, das mit Federn und Daunen gestopft ist.

das Kissen

Kissen

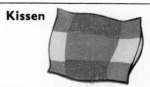

Der Großvater ist im ▷ Sessel eingeschlafen. Da schleicht sich Bernd heran und kitzelt ihn mit einer ▷ Feder am Kopf. Dieser Schlingel! Großvater erwacht.

1 der Sessel

kitzeln

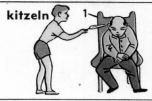

Der ▷ Lehrer steht vor seiner Klasse und fragt: „Wieviel ist 7 mal 15?" Sofort melden sich zwei Jungen auf den beiden vorderen Schulbänken.

die Klasse; 1 der Lehrer, 2 der Schüler, 3 die Schulbank

Klasse

Heute nachmittag hat Hans Klavierstunde. Er muß noch tüchtig üben. – Ein Klavier kennt ihr alle. Aber habt ihr schon einmal ein Klavier von innen gesehen? Dort sind viele Saiten gespannt, die alle verschieden lang sind. Wenn eine Taste heruntergedrückt wird, so schlägt ein Hämmerchen gegen eine Saite und erzeugt einen Ton.

das Klavier; 1 die Tasten, 2 das Pedal

Klavier

Klebstoff

Die Kinder haben bunte Bilder aus alten Zeitschriften ausgeschnitten und wollen sie auf Papier aufkleben. Mutter gibt ihnen die Tube mit dem Klebstoff. „Ihr dürft den Klebstoff nicht zu dick auftragen!" sagt sie. Es gibt viele verschiedene Klebstoffe. Sie werden aus Pflanzen oder tierischen Stoffen hergestellt.

der Klebstoff; 1 die Tube

Klee

Die ▷ Kühe fressen den Klee sehr gern, nicht nur im Sommer auf der ▷ Weide, sondern auch im Winter, wenn sie Klee als ▷ Heu vorgeworfen bekommen. – Die Kleepflanze braucht guten Boden. Das Blütenköpfchen besteht aus 40–80 kleinen ▷ Blüten. Die Blätter sitzen meistens zu dritt an einem Stengel, selten zu viert. Wer ein vierblättriges Kleeblatt findet, hat Glück, sagt man.

der Klee; 1 der Blütenkopf, 2 das Kleeblatt

Kleid

Es ist draußen sehr warm geworden, und morgen will Ursula das Kleid mit den kurzen ▷ Ärmeln anziehen. Sie hat gerade einen weißen ▷ Kragen aufgesetzt und neue ▷ Knöpfe angenäht.

das Kleid; 1 der Ärmel, 2 der Kragen, 3 der Knopf

klein

Rudi ist noch klein. Das sieht man besonders deutlich, wenn sein großer Bruder Horst neben ihm steht. Eine Maus ist ein kleines Tier. Eine Fliege ist kleiner als eine Maus. Welches Tier ist am kleinsten?

klettern

„So müßte man klettern können!" denkt Hans, als er im Tierpark den ▷ Affen zuschaut. Sie sausen von einem Baum zum andern und gelangen in Windeseile bis in die höchsten Gipfel.

1 der Stamm, 2 der Ast

Wolfgang drückt bei Müllers auf den Klingelknopf, und schon schrillt die Klingel durch die Wohnung. Frau Müller läuft zur Tür, um zu öffnen. – Hast du an deinem ▷ Fahrrad eine Klingel?

die Klingel; 1 der Klingelknopf

Klingel

Rainer hat Herzklopfen. Soll er zum Lehrer in das Zimmer gehen und gestehen, daß er seine Schulaufgaben nicht gemacht hat? Vielleicht ist es doch besser! Rainer klopft zaghaft an die Tür. Der ▷ Lehrer ruft: „Herein!"

1 die Tür

klopfen

Der ▷ Lehrer schreibt eine lange Rechenaufgabe an die Wandtafel. Dann sagt er: „Durchlesen, nachdenken, noch einmal lesen, noch einmal überlegen und dann ausrechnen!" Rolf meldet sich schon, er ist klug.

klug

Die Kinder haben einen Knallbonbon gekauft. Heinz zieht an dem einen Ende und Gabi an dem anderen. Rums, mit einem Knall zerreißt der Bonbon, und ein hübscher Papierhut kommt zum Vorschein. Er gehört Gabi.

der Knallbonbon

Knallbonbon

Der Bäcker muß den Teig tüchtig kneten, damit die Zutaten gut verteilt werden. In vielen Bäckereien gibt es heute Knetmaschinen. – Aus Knetmasse können die Kinder Figuren formen. Ingrid hat neulich einen Bauernhof mit vielen Tieren geknetet.

1 der Bäcker, 2 der Brotteig

kneten

Knicks

Kleine Mädchen machen einen Knicks, wenn sie „Guten Tag!" sagen. Die Jungen machen bei der Begrüßung eine Verbeugung.

der Knicks

Knie

Das Knie ist das Gelenk zwischen dem Oberschenkel und dem Unterschenkel. – Heinz macht einige Kniebeugen. Dabei geht er abwechselnd in die Hocke und richtet sich wieder auf.

das Knie; 1 der Oberschenkel, 2 der Unterschenkel

Knochen

Auf dem Bauernhof ist ein ▷ Schwein geschlachtet worden, und da ist auch ein Knochen für Karo, den Hund, abgefallen. – Viele große und kleine Tiere haben Knochen. Man nennt sie Wirbeltiere. Die Knochen sind hart und stützen den Körper. Die Längsachse bildet die Wirbelsäule. So ist es auch bei den Menschen.

der Knochen

Knopf

Wenn ich meinen ▷ Mantel zuknöpfe, schiebe ich den Knopf durch das Knopfloch. – Auf meiner Jacke sind Lederknöpfe, aber sie haben kein Knopfloch, sondern sind nur zur Verzierung da. – Am Kopfkissenbezug sitzen Knöpfe, die mit ▷ Leinen bezogen sind.

der Knopf; 1 der Wäscheknopf, 2 der Lederknopf

Knoten

Das Bild zeigt zwei Knoten. Die graue Schnur hat einen einfachen Knoten. Die gelbe Schnur zeigt einen Kreuzknoten. So werden zwei Bindfäden aneinandergeknüpft. – Der Ort, an dem sich mehrere Eisenbahnlinien kreuzen, ist ein Bahnknotenpunkt.

der Knoten; 1 der einfache Knoten, 2 der Kreuzknoten

Im Märchen von Hänsel und Gretel hören wir von dem Knusperhäuschen, das ganz aus Brot gebaut und mit Kuchen gedeckt war. Die Fenster waren von hellem Zucker. – Zu Weihnachten bäckt Mutter uns ein Knusperhäuschen aus Lebkuchenteig.

Knusperhäuschen

das Knusperhäuschen

Im Restaurant wird das Essen von einem Koch zubereitet. Er trägt weiße Kleidung und eine hohe, weiße Mütze. Er braucht einen großen Kochtopf und einen langen Kochlöffel, weil er für viele Leute kochen muß.

kochen

1 der Koch, 2 der Kochtopf, 3 der Kochlöffel

Auf die ▷ Reise nehmen wir unsere Kleider im Koffer mit. Für kurze Reisen genügt der Handkoffer, aber wenn wir lange fortbleiben wollen, brauchen wir einen großen Kabinenkoffer.

Koffer

der Koffer

▷ Blumenkohl, Rotkohl, Wirsing, Weißkohl, Grünkohl und Rosenkohl bilden eine Familie. Auch der Kohlrabi gehört dazu. Sie alle stammen vom Wildkohl ab und werden auf Feldern und in Gärten angebaut. Sie sind unser wichtigstes ▷ Gemüse.

Kohl

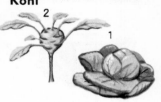

der Kohl; 1 der Weißkohlkopf, 2 der Kohlrabi

Vor dem Haus hält ein Kohlenwagen. Die Kohlen werden von einigen Männern in ▷ Säcken oder ▷ Körben in den Kohlenkeller getragen. – Die Kohle wird in Bergwerken, die sich meist tief in der Erde befinden, gefördert. Es gibt Steinkohle und Braunkohle.

Kohle

die Kohle; 1 der Kohlensack

Kohlweißling

Der Kohlweißling ist an seinen schwarzen Flügelspitzen leicht zu erkennen. Seine grünen ▷ Raupen sitzen auf den Blättern der Kohlpflanzen und zerfressen sie. Wir müssen sie bekämpfen, auch die Schmetterlinge, denn sie legen die Eier, aus denen die Raupen schlüpfen.

der Kohlweißling; 1 die Flügelspitze

Kokosnuß

Kokospalmen wachsen nur in heißen Ländern. Hoch oben an den ▷ Palmen hängen die Kokosnüsse. Ihre Schale ist knochenhart. Darunter liegt das weiße Samenfleisch, das so gut schmeckt. Die Höhlung mitten in der Nuß enthält die süße Kokosmilch.

die Kokosnuß; 1 die Fasern

Komet

Der Komet ist ein Himmelskörper wie ▷ Sonne, ▷ Mond und ▷ Sterne. Von den Sternen unterscheidet er sich durch den Kometenschweif, der aus leuchtenden Gasen besteht.

der Komet; 1 der Kometenschweif

Kommode

Mutter bewahrt die Bettwäsche in der Kommode auf. Die Kommode hat zwei kleine Schubladen und eine große. Sie steht auf vier Füßen. Ihre Vorderseite ist gewölbt.

die Kommode; 1 die Schublade, 2 der Fuß

Kompaß

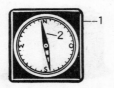

Jeder Seemann muß mit einem Kompaß umgehen können. Mit diesem Gerät kann man immer genau feststellen, in welcher Himmelsrichtung Norden, Osten, Süden und Westen sind. Die Kompaßnadel zeigt stets nach Norden. Die entgegengesetzte Richtung ist Süden.

der Kompaß; 1 das Kompaßgehäuse, 2 die Kompaßnadel

Mutter holt Früchte vom Markt und kocht mit Zucker und Wasser Kompott davon. Im Winter, wenn es keine frischen Früchte gibt, essen wir Kompott, das Mutter im Sommer in Gläsern eingeweckt hat.

Kompott

das Kompott; 1 das Weckglas

Der Konditor garniert eine Schokoladentorte. In der Spritze ist Butterkrem. Die ▷ Torte soll in der Konditorei verkauft werden. Der Konditor bäckt auch Kuchen und stellt Eis her.

Konditor

der Konditor; 1 die Spritze, 2 die Konditormütze

In früheren Zeiten wurden viele Länder von Königen regiert. In Europa gibt es jetzt noch sieben Königreiche. Aber in keinem dieser Königreiche herrscht der König allein. Es gibt neben ihm Regierungen und Volksvertretungen.

König

der König; 1 die Krone, 2 das Zepter

Hier wird ein Konzert gegeben. Es ist ein Streichkonzert, denn alle Musiker spielen ein Streichinstrument: Der Musiker in der Mitte spielt das Cello, die beiden anderen die ▷ Geige. Im Saal ist es ganz leise, denn alle lauschen der Musik.

Konzert

das Konzert; 1 das Cello, 2 die Geige

Wer steckt denn da den Kopf so neugierig durch den ▷ Zaun? Wollte Thomas einmal nachsehen, was in Nachbars Garten vor sich geht? – Die Bezeichnung Kopf verwenden wir nicht nur bei Menschen und Tieren, wir sprechen auch vom Stecknadelkopf, vom Briefkopf und vom Salatkopf. Warum wohl?

Kopf

der Kopf; 1 der Zaun

Kopfsprung

Manfred geht jeden Tag in das Schwimmbad, um Kopfsprung zu üben. Er klettert auf das Sprungbrett, wippt auf der Brettspitze auf und nieder und springt ab. Mit den Händen kommt er zuerst ins Wasser. Bei einem gut gelungenen Sprung gibt es kaum Spritzer beim Eintauchen.

der Kopfsprung

Korb

Körbe werden aus Weidenzweigen, ▷ Binsen oder Holzspänen geflochten. Mutters Einholkorb hat einen Henkel, damit sie ihn gut tragen kann.

der Korb; 1 der Henkel

Korbball

Die Mädchenklasse spielt gern Korbball. Dazu gehören zwei Mannschaften. Eine Mannschaft besteht aus sieben Spielerinnen. Jede Spielerin muß versuchen, den Ball in den Korb der Gegnerpartei zu werfen.

der Korbball; 1 der Korb, 2 der Ball, 3 die Spielerin

Korken

Wenn Vater ein Glas ▷ Wein trinken will, muß er zuerst mit dem Korkenzieher den Korken aus der ▷ Flasche herausziehen. Kork wird aus der Rinde ▷ der Korkeiche hergestellt. Er ist sehr leicht und schwimmt gut, deshalb gibt es Schwimmwesten aus Kork.

der Korken; 1 der Korkenzieher

Korn

In jeder ▷ Ähre sitzen viele Körner. – Wenn der Bauer das Getreide eingefahren hat, wird es gedroschen. Beim Dreschen fallen die Körner aus den Ähren, gleichzeitig werden die guten Körner von den schlechten getrennt. Die guten Körner werden dann in der ▷ Mühle gemahlen.

das Korn

Zur Fastnacht trägt Michael ein Kostüm. Er ist ein Harlekin. Sich zu verkleiden ist immer ein großer Spaß. – Die Schauspieler tragen auf der Bühne Kostüme.

Kostüm

das Kostüm

Zu einem Kostüm gehören ein Kostümrock und eine Kostümjacke. Meistens sind sie aus gleichem Stoff gearbeitet.

Kostüm

das Kostüm; 1 die Kostümjacke, 2 der Kostümrock

Ernst kann schon ganz gut laufen. Aber am liebsten bewegt er sich krabbelnd durch die Wohnung. Wenn jemand mit ihm durch die Zimmer krabbelt, ist seine Freude am größten.

krabbeln

Im Winter trägt Mutter eine Jacke mit einem Pelzkragen. Der Kragen kann hochgeschlagen werden und hält die Ohren warm.

Kragen

der Kragen

Warum kann Jörg eigentlich die Krähen nicht leiden? Weil sie so laut krächzen oder weil sie unersättlich sind? – Auch der Bauer hat früher auf sie geschimpft. Sie plündern die Saatfelder. Aber jetzt? Er nennt sie „Straßenkehrer der Natur". Sie vertilgen viel Unrat und Ungeziefer.

Krähe

die Krähe

Herbert schaut zu, wie ein ▷ Schiff entladen wird. Ein mächtiger Kran holt Kisten, Tonnen, ▷ Säcke und vieles andere aus den Laderäumen. Der Ausleger senkt sich, wenn etwas am Tragseil befestigt wird, hebt sich mit der Last, schwenkt vom Schiff aufs Land und setzt dort die Ware ab.

Kran

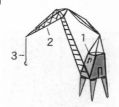

der Kran; 1 das Kranführerhaus, 2 der Ausleger, 3 das Tragseil

Krankenhaus

Wer so krank ist, daß der Hausarzt nicht mehr helfen kann, muß zur Behandlung ins Krankenhaus. Dort werden die Kranken von Krankenschwestern gepflegt und von ▷ Ärzten untersucht und behandelt. Manchmal ist eine Operation nötig, manchmal müssen die Kranken bestrahlt werden oder Spritzen bekommen, damit sie wieder gesund werden.

das Krankenhaus

Kranz

Zum ▷ Kinderfest trägt jedes Mädchen einen Kranz im Haar. Die Kränze werden aus ▷ Blumen gebunden. – Der ▷ Adventskranz ist aus grünen Tannenzweigen. – Die Gräber unserer Angehörigen schmücken wir mit Kränzen.

der Kranz; 1 die Blume

kratzen

Hasso kratzt sich mit der Hinterpfote. Was hat er nur? Sollte ein ▷ Floh ihn gebissen haben?

1 die Hinterpfote

Krebs

In kleinen ▷ Höhlen und unter ▷ Steinen, an ▷ Ufern von ▷ Teichen und ▷ Flüssen wohnt der Flußkrebs. Nachts geht er auf Jagd. Mit seinen kräftigen Scheren am vordersten Beinpaar ergreift er ▷ Fische, ▷ Schnecken und ▷ Würmer. Er hat zehn Beine und einen breiten Ruderschwanz. Laufen kann er vorwärts und rückwärts, schwimmen nur rückwärts.

der Krebs; 1 die Schere, 2 der Ruderschwanz

Kreide

Das Weiß der Kreide hebt sich gut von der schwarzen Wandtafel ab. Kreide ist weißer Kalkstein, der als leuchtendweißer Felsen an einigen ▷ Küsten zu finden ist.

die Kreide; 1 die Wandtafel

Kannst du auch einen so schönen Kreis aus freier Hand zeichnen? Sonst mußt du den Kreis mit einem Zirkel zeichnen, dann wird er ganz gleichmäßig. – Der Mittelpunkt des Kreises ist vom Umkreis überall gleich weit entfernt.

Kreis

der Kreis

Der Kreisel ist aus Holz, und wenn er geschickt mit der Peitsche angetrieben wird, tanzt er eine ganze Weile auf der Spitze.

Kreisel

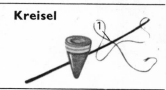

der Kreisel; 1 die Peitsche

Das Kreuz ist das Zeichen der christlichen Kirche. Darum sind unsere ▷ Kirchen, Bibeln und Gesangbücher mit Kreuzen geschmückt. – Früher gab es eine ▷ Münze mit einem Kreuzzeichen darauf. Man nannte sie deshalb „Kreuzer".

Kreuz

das Kreuz

Die Kreuzotter ist eine Giftschlange. Sie verbirgt sich unter Gestrüpp oder Steinen und weicht den Menschen aus. Du erkennst sie an der Zickzacklinie auf ihrem Rücken. Sie erbeutet ▷ Mäuse, die sie mit ihren Giftzähnen tötet. Im Winter erstarrt sie, und erst wenn es wieder warm wird, regt sie sich. – Wenn dich eine Kreuzotter gebissen hat, mußt du sofort zum ▷ Arzt gehen.

Kreuzotter

die Kreuzotter; 1 die Zickzacklinie

Wenn das Pferd abends müde in den Stall gebracht wird, kann es kaum erwarten, daß der Bauer ihm den Hafer in die Krippe schüttet. – Weihnachten stellen wir unter dem Tannenbaum eine Krippe auf und denken daran, daß Jesus in Bethlehem in einer Krippe lag.

Krippe

die Krippe; 1 der Hafer

9*

Krokodil

In den ▷ Flüssen der heißen Länder leben die Krokodile. Seht euch ihr fürchterliches ▷ Maul an! Viele ernähren sich von kleinen Tieren, meist ▷ Fischen, die sie mit ihrem peitschenden ▷ Schwanz erlegen. Die gefährlicheren aber lauern im Fluß auf ▷ Esel, ▷ Büffel oder Menschen, die ans Wasser kommen. Blitzschnell ziehen die Räuber das Opfer in die Tiefe.

das Krokodil; 1 der Schwanz

Krone

Der König trägt bei festlichen Anlässen als Zeichen seiner Würde eine Krone auf dem Haupt. Sie ist aus Gold und mit kostbaren Edelsteinen besetzt.

die Krone; 1 der Edelstein

Kröte

Die Kröten sind keine ▷ Frösche, aber sie sind mit ihnen verwandt. Der Gärtner sieht sie gern, denn sie sind nützlich, weil sie viele Schädlinge vertilgen, wie Erdraupen, Schnecken und ▷ Würmer. Du triffst die Kröten auch auf ▷ Wiesen und ▷ Feldern. Sie verbergen sich unter Steinen und Laub oder in Erdhöhlen. Faß keine Kröten an! Sie scheiden Gift aus.

die Kröte; 1 die Warzen

Krug

Der Krug ist aus Ton geformt und im Brennofen gebrannt worden. Die Bauern nehmen Wein oder Kaffee in Krügen mit zur Arbeit auf das Feld. Mutter hat einen Krug als Blumenvase.

der Krug; 1 der Henkel

krumm

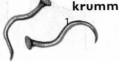

Sieh nur, wie krumm die Nägel sind! Wenn Vater sie noch einmal gebrauchen will, muß er sie mit dem Hammer geradeschlagen.

1 der Nagel

Die Hausfrau steht in der Küche am Spültisch. Aus dem Wasserhahn läßt sie heißes Wasser über das Geschirr laufen.

Küche

die Küche; 1 die Hausfrau, 2 der Spültisch, 3 der Wasserhahn, 4 der Herd

---

Mutter hat einen Kuchen zu Heiners Geburtstag gebacken. Als er abgekühlt war, hat sie ihn aus der Kuchenform genommen, auf den Kuchenteller gelegt und mit Staubzucker bestreut.

Kuchen

der Kuchen; 1 der Staubzucker, 2 der Kuchenteller

,,Kuckuck, Kuckuck! ruft's aus dem Wald." Hast du den Vogel schon einmal gesehen? Er frißt immerzu, wenn er nicht gerade ruft, und macht sich dabei nützlich, weil er massenhaft Raupen und Larven von schädlichen Insekten vertilgt. Das Weibchen legt sein Ei in ein fremdes Nest. Die anderen Vögel brüten es aus und ziehen den jungen Kuckuck auf.

Kuckuck

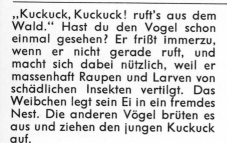

der Kuckuck

Wenn ihr den Kugelschreiber einmal genau betrachtet, seht ihr, daß in der Spitze eine kleine Kugel sitzt. Über diese Kugel läuft der Farbstoff, der aus einer Mine im Innern des Stiftes kommt.

Kugelschreiber

der Kugelschreiber; 1 der Druckknopf, 2 der Klipp

Milchkühe werden jeden Morgen und jeden Abend gemolken. Die ▷ Milch bildet sich im Euter. Kurz vor dem Melken sind die Euter prall gefüllt. – Im Sommer werden die Kühe auf die ▷ Weide getrieben. Im Winter bleiben sie im ▷ Stall und bekommen ▷ Heu und ▷ Rüben zu fressen.

Kuh

die Kuh; 1 das Euter, 2 das Horn

133

Kühler

Da der ▷ Motor des ▷ Autos sich beim Fahren erhitzt, muß er ständig gekühlt werden. Das geschieht durch den Kühler, der unter der Kühlerhaube sitzt. Durch die Kühlerattrappe strömt ständig kalte Luft in den Kühler.

der Kühler; 1 die Kühlerhaube, 2 die Kühlerattrappe

Kühlschrank

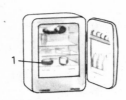

Es gibt ein Gerät, das mit Hilfe des ▷ elektrischen Stroms eine sehr niedrige Temperatur hervorbringt. Wenn man dieses Gerät in einen Schrank einbaut, hat man einen Kühlschrank. Darin werden ▷ Lebensmittel kühl aufbewahrt. Im Kühlschrank ist es so kalt, daß Wasser zu Eis gefriert.– Wenn Mutter das Eispulver angerührt hat, stellt sie die Masse in den Kühlschrank. Dort gefriert sie zu Eis.

der Kühlschrank; 1 die Lebensmittel

Küken

Unsere Henne hat zwölf Küken ausgebrütet. Gestern ist das letzte ausgeschlüpft. Alle Küken können sofort laufen. Sie sehen aus wie kleine Federbällchen und rennen hinter der Glucke her. Sie ist sehr besorgt und ruft immerzu gluck-gluck. Abends breitet die Glucke die ▷ Flügel aus, und alle ihre Küken kriechen darunter. – Wenn die Küken heranwachsen, bekommen sie auch langsam ein Federkleid.

das Küken; 1 der Flügel, 2 der Schnabel

Kümmel

Der Kümmel ist eine Gewürzpflanze. Er wächst auf ▷ Feldern und an Rainen. In den kleinen ▷ Blüten seiner Dolden reifen die Samen, die Kümmelkörner. Die Mutter braucht sie in der Küche beim Würzen der Speisen.

der Kümmel; 1 die Dolde

Kupfer ist ein rötlich glänzendes ▷ Metall. Es wird in der Erde meist als Kupfererz gefunden und in Bergwerken gefördert. Kirchen- und Hausdächer werden manchmal mit Kupfer gedeckt. Im Laufe der Zeit verliert es in der feuchten Luft den rötlichen Glanz und verfärbt sich grün. Auch Schmuck und Zierschalen arbeitet man aus Kupfer.

das Kupfer; 1 die Schale

Kupfer

Der Vater ist stolz. Er hat einen großen Kürbis geerntet. Daraus kann die Mutter ▷ Kompott und viele Suppen kochen. Die Kerne werden aufgehoben. Im Winter bekommen die Vögel sie als Futter.

der Kürbis

Kürbis

Die Straße macht viele Kurven. Da müssen alle Autofahrer vorsichtig sein, denn sie können den Verkehr nicht so gut überblicken wie auf einer geraden Straße. An kurvenreichen Straßen stehen Warnschilder.

die Kurve; 1 das Auto

Kurve

Ich freue mich schon auf die Ferien. Wir bekommen dann Besuch von unserer Kusine Lore. Lore ist die Tochter von Onkel Werner und Tante Maria. Onkel Werner ist Mutters Bruder.

die Kusine

Kusine

Wo das Land ans ▷ Meer grenzt, ist die Küste. An manchen Stellen steigt das Land steil aus dem Meer auf, an anderen ist es ganz flach. Man unterscheidet also Steilküsten und Flachküsten. Die ▷ Schiffe, die nie weit aufs Meer hinausfahren, nennt man Küstenschiffe.

die Küste

Küste

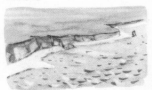

Kutsche

Heutzutage ist es etwas Besonderes, wenn wir eine Kutsche sehen. Manchmal fährt ein Brautpaar mit der Kutsche zur Kirche. Auf dem Bock thront der Kutscher und lenkt die Pferde. – Als es noch keine Autos gab, benutzte man Kutschen für kurze und lange Fahrten. Reisen mit Pferd und Wagen dauerten oft viele Tage.

die Kutsche; 1 der Kutscher, 2 der Bock

Lachs

Der Lachs lebt im ▷ Meer. Um seine Eier abzulegen, wandert er jedoch in riesigen Schwärmen die ▷ Flüsse aufwärts. Im Meer frißt er ungeheure Mengen ▷ Fische. Wenn er wandert, frißt er gar nichts. Der Fisch springt hohe Stauwerke hinauf. Wenn die Lachse gelaicht haben, sterben sie meistens vor Schwäche. Die Jungfische ziehen wieder ins Meer.

der Lachs

Laden

Die Inhaberin des Ladens hat die Markisen heruntergelassen, damit die Sonne nicht zu heiß auf die Blumen im Schaufenster scheint. Die Blumen müssen frisch bleiben, sie sollen verkauft werden.

der Laden; 1 das Schaufenster, 2 die Markise

Laden

Am Abend werden die Läden am Fenster zugemacht. Klappläden werden vorgeklappt und mit einem Riegel geschlossen. Rolläden werden heruntergelassen. Hinter den Läden kann man die Fenster offenlassen.

der Laden

Lager

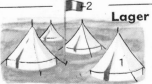

Am ▷ Meer ist ein Lager aufgebaut. Hier verbringen viele Jungen ihre Ferien. In jedem ▷ Zelt wohnen sechs Jungen. In der Mitte des Zeltplatzes flattert die Lagerfahne.

das Lager; 1 das Zelt, 2 die Lagerfahne

Tischlermeister Lange braucht viel ▷ Holz bei seiner Arbeit. Er kauft das Holz in einem Sägewerk, das ein großes Lager hat. In großen Stapeln steht dort das Holz. Zwischen die breiten Bretter sind Holzklötzchen gelegt worden, damit das Holz austrocknen kann.

das Lager

Lager

Junge ▷ Schafe heißen Lämmer. Viele kommen um Ostern auf die Welt. Dann stehen sie noch ganz unsicher auf den dünnen Beinen. Die Lämmer haben ganz weiche ▷ Wolle. Aus dem ▷ Fell werden ▷ Pelze hergestellt. Einer der teuersten Lammpelze ist der Persianerpelz. Er stammt von Lämmern des Karakulschafes, das in den Steppen Nordpersiens heimisch ist und in Asien und Afrika gezüchtet wird.

das Lamm

Lamm

Über dem Tisch hängt eine Lampe. Es ist eine Hängelampe mit vier Lampenschalen. – Eine Stehlampe kann man überall da hinstellen, wo man gerade Licht braucht. Am Bett steht eine Nachttischlampe. – Heute haben alle Lampen elektrisches Licht, früher brannte Gas oder Petroleum in ihnen.

die Lampe; 1 die Lampenschale

Lampe

Das Schönste an einem ▷ Kinderfest ist oft ein Umzug mit Lampions. Wenn es dunkel wird, werden die Kerzen in den Lampions angezündet, die Kinder singen Lieder und ziehen durch die Straßen. Ihr kennt alle das Lied: „Laterne, Laterne, Sonne, Mond und Sterne . . .“

der Lampion; 1 der Lampionstock

Lampion

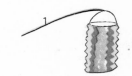

137

landen

Siehst du auch gern zu, wenn die ▷ Flugzeuge starten und landen? Auf dem Flugplatz kannst du beobachten, wie die Flugzeuge langsam zur Landung ansetzen. Vorher ist das Fahrgestell ausgefahren worden, damit das Flugzeug über die Landebahn rollen kann.

1 das Flugzeug, 2 das Fahrgestell

Landkarte

Das Land, das auf der Landkarte hellblau gemalt ist, ist Deutschland. Deutlich kannst du die großen ▷ Flüsse erkennen. Sie fließen alle in das ▷ Meer, das mit dunkelblauer Farbe wiedergegeben ist. Gelb sind die Länder, die an Deutschland grenzen.

die Landkarte; 1 der Fluß, 2 das Meer

Landstraße

Die Landstraße verbindet die Städte miteinander. Im Sommer, wenn viele Leute verreisen, ist sehr dichter Verkehr auf der Landstraße. Dann müssen die ▷ Fußgänger auf den Banketten gehen, denn ▷ Bürgersteige gibt es hier nicht.

die Landstraße; 1 das Bankett

Langeweile

Gerhard hat nichts zu tun. Man sieht es an seinem Gesicht. Vielleicht denkt er auch nach, was er tun könnte, damit die Langeweile vergeht. Ob er seine Schularbeiten schon gemacht hat?

die Langeweile

Lappen

Die Hausfrau braucht im Haushalt viele Lappen, wenn sie alles sauberhalten will. Oft benutzt sie alte Tücher oder Stoffreste dazu. Den Waschlappen hat Mutter im ▷ Laden gekauft. Er ist aus Frottierstoff genäht. Die Topflappen stricken oder häkeln die Töchter.

der Lappen

Lärche

Die Lärche ist ein Nadelbaum wie die ▷ Fichte, die ▷ Tanne und die Kiefer. Ihre Nadeln stehen immer in kleinen Büscheln. Die Lärche behält die Nadeln aber nicht während des Winters, sie fallen im Herbst ab. Im Frühling wachsen dann ganz zarte, hellgrüne, neue Nadelbüschel. Die Lärche trägt aufwärtsstehende Zapfen.

die Lärche; 1 das Nadelbüschel

Lastkraftwagen

JedenTag fahren viele Lastkraftwagen auf den Straßen, um Güter von einer Stadt in die andere zu bringen oder innerhalb einer Stadt zu befördern. Der Fahrer sitzt im Führerhaus am Steuer. Der Beifahrer muß ihn ablösen, wenn die Fahrt sehr lange dauert. Er hilft auch beim Ein- und Ausladen.

der Lastkraftwagen; 1 das Führerhaus, 2 der Ersatzreifen

Laterne

Wenn es abends dunkel wird, leuchten plötzlich alle Laternen in unserer Straße auf. Sie werden im Elektrizitätswerk oder im Gaswerk eingeschaltet. Früher mußten die Laternenanzünder von Laterne zu Laterne gehen, um das Licht anzuzünden oder anzudrehen.

die Laterne; 1 der Laternenpfahl

Laub

Im ▷ Herbst werden alle Blätter gelb, rot oder braun. Dann fallen sie ab, und der ganze Boden liegt voller Laub. Wie schön es dann im Laubwald raschelt! Im Winter sind unsere Laubbäume alle kahl. Aber schon haben sich neue Knospen gebildet, aus denen im Frühjahr frische Blätter hervorbrechen. – In warmen Ländern bleiben viele Bäume das ganze Jahr belaubt.

das Laub; 1 das Blatt

Laubfrosch

Karin hat einen Laubfrosch im Glas. Sie erkennt genau, wie er sich mit seinen Haftzehen an der glatten Glaswand festhält. So kann er gut klettern. – Im Freien besteigt der Laubfrosch die höchsten Bäume und sonnt sich dort oben. Auch seine Farbe kann er wechseln. Er paßt sich seiner Umgebung an. Kannst du dir denken, weshalb das Tier wohl Laubfrosch heißt?

der Laubfrosch; 1 die Haftzehe

Laubsäge

Zu Weihnachten bekam Heike eine Laubsäge geschenkt. Damit sägt sie aus einer Sperrholzplatte lauter hübsche Märchenbilder aus. Zuerst brachen ihr immer wieder die Sägeblätter durch. Wahrscheinlich hat sie die Säge nicht richtig gehalten.

die Laubsäge; 1 der Bügel, 2 das Blatt, 3 der Griff

Laufbursche

Frau Schröder hat im ▷ Geschäft eine Fußmatte bestellt. Der Laufbursche bringt sie ihr ins Haus. – Ein Laufbursche muß alle bestellten Waren austragen, Pakete von der Post holen und zur Post bringen.

der Laufbursche; 1 die Ware

Läufer

Eben ist Heiner zum 100-m-Lauf gestartet. Er hat neue Laufschuhe an, deren Sohlen mit stählernen Dornen besetzt sind, damit er auf der Aschenbahn nicht rutscht. – Zu einer Fußballmannschaft gehören drei Läufer.

der Läufer; 1 die Aschenbahn, 2 der Laufschuh

Läufer

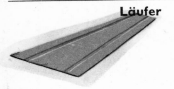

Ein Läufer ist ein langer, schmaler Teppich. In unserem Haus liegt ein Läufer im Korridor. Der Läufer auf der Treppe ist mit Schienen befestigt, damit er nicht wegrutscht.

der Läufer

Peter spielt seinem Bruder Otto auf der ▷ Trompete ein Lied vor. Du kannst sehen, daß der Kleine sich die Ohren zuhält. Ihm ist die Musik zu laut.

laut

1 die Trompete

Die Laute ist ein Zupfinstrument. Mit der linken Hand werden die Saiten gegriffen, mit der rechten Hand werden sie über dem Schalloch gezupft. An den Wirbeln wird die Laute gestimmt. Bunte Seidenbänder schmücken das Instrument.

Laute

die Laute; 1 die Saite, 2 das Schalloch, 3 der Wirbel, 4 das Seidenband

Manchmal darf Wolfgang die Kirchenglocke läuten. Sonst läutet sein Vater die Glocke, er ist im Dorf Küster. Die großen Stadtkirchen haben meistens ein elektrisch betriebenes Läutewerk.

läuten

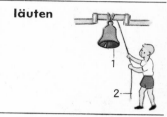

1 die Glocke, 2 das Seil

Im Winter wird im Rundfunk manchmal vor Lawinengefahr gewarnt. Dann hat es vorher viel geschneit, oder es ist plötzlich warm geworden, so daß der Schnee schnell taut. Auf steilen Bergen kommt er ins Rutschen. Zuerst ist die Lawine noch klein, aber sie reißt immer mehr Schnee mit sich und donnert ins ▷ Tal. Dort begräbt sie Straßen und Häuser.

Lawine

die Lawine

Mutter hat Lebensmittel eingekauft. Zuerst ist sie ins Milchgeschäft gegangen, um einen ▷ Liter ▷ Milch zu holen. Im Lebensmittelgeschäft hat sie Butter, ▷ Wurst und ▷ Käse gekauft und beim Bäcker ▷ Brot.

Lebensmittel

die Lebensmittel; 1 die Milch, 2 das Brot, 3 die Wurst, 4 der Käse, 5 die Butter

141

Lebertran

In der Flasche ist Lebertran. Wenn die Kinder jeden Tag einen Löffel voll einnehmen, bekommen sie kräftige ▷ Knochen. – Lebertran wird aus Fischleber hergestellt.

der Lebertran

Lebkuchen

Auf dem Jahrmarkt gibt. es Lebkuchenherzen zu kaufen. Lebkuchen wird aus ▷ Mehl und Sirup gebakken und mit ▷ Mandeln verziert. Berühmt ist der Lebkuchen aus Nürnberg.

der Lebkuchen; 1 die Mandel

Leckerbissen

,,Ein Stück Kremtorte ist ein Leckerbissen für mich!" ruft Gisela. Ihre Freundin Ruth ist anderer Meinung. Sie ißt ▷ Eis mit Früchten und ▷ Sahne viel lieber.

der Leckerbissen

Leder

Leder wird aus Tierhäuten hergestellt. An dem großen Lederstück auf dem Bild kann man noch die vier Beine und den Schwanz des Tieres erkennen. Die Häute werden mehrmals bearbeitet. Aus Leder werden ▷ Schuhe, Handtaschen und ▷ Koffer hergestellt.

das Leder

leer

,,Dieser Sekt schmeckt wirklich gut!" meint Herr Meyer und setzt das leere Sektglas auf den Tisch. Er hat es in einem Zug leergetrunken.

1 das Sektglas

Lehrer

Jeden Morgen steht der Lehrer vor seiner Klasse am ▷ Pult. Er muß die Schüler schreiben, lesen, rechnen und viele andere Dinge lehren. Am Ende jeder Stunde gibt er den Kindern eine Hausaufgabe. Zweimal im Jahr schreibt er Zeugnisse.

der Lehrer; 1 das Pult

Das Paket ist leicht. Gisela kann es tragen, ohne sich anzustrengen. Möchtest du wissen, was darin ist? Was ist denn sehr leicht?

leicht

1 das Paket

Mutter will draußen Wäsche aufhängen. Sie spannt die Leine von einem Wäschepfosten zum anderen. – Am Eingang unseres Stadtparks steht ein Schild: „Hunde an der Leine führen!"

Leine

die Leine; 1 der Wäschepfahl

In dem Stengel der Leinpflanze sind Fasern enthalten, die in der Spinnerei gesponnen und später zu Leinwand verarbeitet werden. – Bettlaken, Tischtücher, ▷ Servietten sowie ▷ Kleider und ▷ Blusen werden aus Leinen genäht.

Leinen

das Leinen; 1 die Leinpflanze

Wenn ein Baby in der Wohnung ist, müssen alle leise sein. „Schließ die Tür leise!" sagt Mutter oder: „Sprich leise, wenn du auf dem Flur bist!" – Man muß leise sein, weil die Babys viel Schlaf brauchen.

leise

Um einen ▷ Drachen zu bauen, braucht man Leisten, außerdem Papier und Leim. – An der Wand in unserem Zimmer ist unten eine Fußleiste und oben eine Leiste als Abschluß der Tapete.

Leiste

die Leiste; 1 das Papier

Die Jugendgruppe besichtigt eine fremde Stadt. Der Leiter der Gruppe ist für die Kinder verantwortlich. Er muß sich besonders um die drei Jüngsten kümmern; er läßt sie nicht aus den Augen.

Leiter

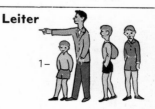

der Leiter; 1 die Jugendgruppe

Leiter

Onkel Hans hat eine Leiter an den Baum gestellt. Er will ▷ Äpfel pflücken. Bei einer Leiter wird der Abstand zwischen den beiden Holmen nach oben hin immer enger, und die Sprossen werden kürzer. – Die Feuerwehr braucht lange Leitern für den Fall, daß hoch unter dem Dach eines Hauses ein Feuer ausbricht.

die Leiter; 1 der Holm, 2 die Sprosse

Lenker

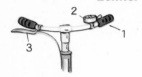

Mit dem Lenker wird das ▷ Fahrrad gesteuert. Für die Hände sind Handgriffe aus ▷ Gummi angebracht. Die rechte Hand bedient außerdem die Handbremse, die linke die Fahrradglocke.

der Lenker; 1 der Handgriff, 2 die Fahrradglocke, 3 die Handbremse

Leopard

Der Leopard ist der Kletterkünstler unter den großen Raubkatzen. Von Ast zu Ast schleicht er sich hoch auf die Bäume und jagt dort ▷ Affen und ▷ Vögel. Von dem Blätterdach aus überfällt er Paviane, Antilopen und ▷ Wildschweine. Was er nicht gleich auffressen kann, verwahrt er in Astgabeln.

der Leopard; 1 die Tatze

Lesebuch

Ursula soll Rechenaufgaben lösen, aber sie kann es nicht lassen, noch schnell die spannende Geschichte im Lesebuch zu Ende zu lesen. – Die ▷ Fibel ist unser erstes Lesebuch.

das Lesebuch

Leuchter

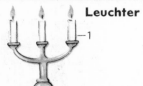

Die Geschwister haben für Mutters ▷ Geburtstag einen schönen Holzleuchter mit drei ▷ Kerzen gekauft. Mutter wird sich freuen, wenn die Kerzen auf ihrem Geburtstagstisch brennen.

der Leuchter; 1 die Kerze

Der Leuchtturm steht auf einer kleinen ▷ Insel im ▷ Meer. Abends setzt
der Leuchtturmwärter ihn in Betrieb.
Dann können die ▷ Schiffe das
Leuchtfeuer sehen und ihren Weg
auf dem Wasser leicht finden.

der Leuchtturm; 1 das Meer, 2 das Leuchtfeuer,
3 das Schiff

Leuchtturm

Dies Lexikon hat vier Bände. Es gibt
kaum ein Wort, das du hier nicht
findest. Über viele Dinge und Namen gibt ein Lexikon Auskunft. Aus
zahlreichen Abbildungen kannst du
viel lernen, und auf den ▷ Landkarten kannst du ▷ Städte, ▷ Gebirge und ▷ Flüsse aufsuchen.

das Lexikon; 1 der Band

Lexikon

Hui, wie die Libellen über die
Wiese schießen und plötzlich in der
Luft stehen bleiben! Sogar rückwärts
können sie fliegen. Sie sind gefrä-
ßige Räuber! Fliegen, Falter, ▷ Käfer, alles erhaschen sie im Flug, und
auch ▷ Würmer fressen sie. Die Li-
bellenlarven, die im Wasser leben,
sind genauso räuberisch. Sie fallen
kleine Fische an.

die Libelle

Libelle

Wir haben eine ▷ Kerze angezündet.
Ihr Licht tut unseren Augen wohl,
denn es ist viel milder als das grelle
elektrische Licht. Besonders hell ist
das Licht von Neonlampen.

das Licht; 1 die Kerze

Licht

Thomas singt ein Lied. Auf dem Notenblatt stehen die ▷ Noten und der
Text. Thomas kennt die Noten genau. Kannst du schon Noten lesen?
In einer Singgruppe kann man mehrstimmige Lieder singen.

das Lied; 1 das Notenblatt

Lied

Liegestuhl

Im Garten liegen wir auf Liege-stühlen. Sie sind mit hübschem bunten Stoff bespannt. Abends werden sie zusammengeklappt und ins Haus getragen.

der Liegestuhl

Lilie

Im Juni und Juli blüht die weiße Lilie. Sie gehört zu den schönsten Gartenblumen. Wie stark sie duftet! Außer der weißen Lilie gibt es noch Feuerlilien, Tigerlilien und Türken-bundlilien.

die Lilie; 1 das Staubblatt

Limonade

In der Flasche ist Limonade. Inge hat sich ein Glas eingeschenkt und den Trinkhalm eingetaucht. Die Limo-nade ist ein mit Wasser verdünnter Fruchtsaft.

die Limonade; 1 die Flasche, 2 das Glas, 3 der Trinkhalm

Linde

Vor dem Dorfgasthaus steht eine ur-alte Linde. Ihr ▷ Stamm hat einen Umfang von fünf Metern. Wenn sie im Juni blüht, duftet es weithin. Viele ▷ Bienen kommen herbei. Die Kinder sammeln die Blüten für den Linden-blütentee. Im ▷ Herbst siehst du die kleinen Lindennüßchen am Baum, das sind seine Früchte. Wenn sie ab-fallen, segeln sie am Hochblatt wie an einem Fallschirm zur Erde.

die Linde; 1 das Lindenblatt, 2 das Lindennüß-chen, 3 das Hochblatt

Lineal

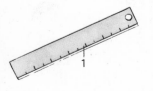

Mit dem Lineal kann man gerade Striche ziehen. Die Länge läßt sich am Zentimetermaß abmessen. Um Kurven zu zeichnen, benutzt man Kurvenlineale. Lineale werden aus Holz, Metall oder Zelluloid herge-stellt.

das Lineal; 1 das Zentimetermaß

Das Litermaß faßt einen Liter Flüssigkeit. Du kannst damit alle Flüssigkeiten messen. Früher hat man auch Obst nach Litern gemessen. Wißt ihr auch, daß ein Liter Wasser ein Kilogramm wiegt? Prüft es einmal nach!

Liter

das Liter; 1 das Litermaß

Im ▷ Strumpf ist ein großes Loch. Mutter muß es stopfen. Ingrid sieht zu, damit sie eines Tages selbst stopfen kann. Sie muß es zuerst mit einem Stopfpilz versuchen.

Loch

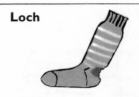

das Loch

Erika hat schönes ▷ Haar. Sie ist stolz darauf, aber beim Kämmen ist es ihr lästig, denn sie kommt mit dem ▷ Kamm schwer durch die Locken. Sie überlegt, ob sie nicht zum ▷ Friseur gehen und die Locken abschneiden lassen soll.

Locke

die Locke

Die ▷ Suppe essen wir mit dem Löffel. – Das Gemüse wird mit einem Gemüselöffel vorgelegt, die Kartoffeln mit dem Kartoffellöffel, und für die Soße benutzen wir den Soßenlöffel. Zur Kaffeetasse gehört der Kaffeelöffel, zur Teetasse der Teelöffel und zur Mokkatasse der Mokkalöffel.

Löffel

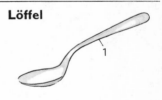

der Löffel; 1 der Stiel

Die Lokomotive muß einen langen Zug ziehen. Dazu braucht sie viel Kraft. – Im Kessel wird der Dampf erzeugt, der die Räder antreibt. Der Lokomotivführer und der Heizer bedienen die Lokomotive vom Führerhaus aus.

Lokomotive 1

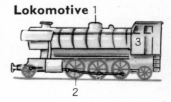

die Lokomotive; 1 der Kessel, 2 das Rad, 3 das Führerhaus

Lorbeer

Vom Lorbeerbaum oder Lorbeerstrauch kennt ihr ihr die Blätter. Die Hausfrauen verwenden sie als ▷ Gewürz. – Die Pflanze wächst in südlichen Ländern. Auch die Beeren dienen zum Würzen der Speisen.

der Lorbeer; 1 das Lorbeerblatt, 2 die Beere

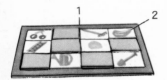

Lotto

Auf den Tafeln des Lottos sind viele hübsche Bilder. Es ist ein Bildlotto. Ein Spieler nimmt eine Karte aus dem Beutel und nennt den abgebildeten Gegenstand. Jeder sucht ihn auf seiner Tafel. Hans hat ihn gefunden und bekommt die Karte. Wer seine Tafel zuerst gefüllt hat, hat gewonnen.

das Lotto; 1 die Tafel, 2 die Karte

Löwe

Im ▷ Märchen ist der Löwe der König des Tierreichs. Sieht er nicht wirklich majestätisch aus? Wenn er brüllt, horchen alle Tiere auf. Er ist auch so stark, daß er im Maul eine junge Kuh schleppen kann. Die Löwen leben in Rudeln und jagen meistens nachts. Sie kommen in den Steppen ▷ Afrikas und Südwestasiens vor. Die Löwin hat keine Mähne.

der Löwe; 1 die Mähne

Löwenmaul

Das Löwenmaul gibt es als ▷ Unkraut in Getreidefeldern und als Gartenblume. Die Gartenblume ist größer und schöner. Wißt ihr, weshalb die Pflanze so heißt? Drückt einmal die ▷ Blüte an den Seiten ein wenig zusammen! Dann sperrt sie sich auf wie ein aufgerissenes Löwenmaul. Aber in dieses Löwenmaul könnt ihr den Finger ruhig hineinstecken.

das Löwenmaul; 1 die Blüte

Viele Leute nennen den Löwenzahn auch Pusteblume. Hast du schon einmal in den weißen Fruchtstand hineingepustet? Wie da die winzigen Früchte an ihren Fallschirmen davonschweben! Die Blätter haben spitze große Zacken, als wären es gefährliche Zähne. Deshalb heißt die Pflanze Löwenzahn.

Löwenzahn

der Löwenzahn; 1 die Blüte, 2 der Fruchtstand, 3 das Blatt

Auf dem ▷ Jahrmarkt gibt es Luftballons zu kaufen. Sie leuchten in allen Farben. Die Ballons sind mit Gas gefüllt, und wenn man sie nicht festhält, fliegen sie davon. – Mit großen Ballons, an denen eine Gondel hängt, kann man in die Luft aufsteigen. Meistens sind es Forscher, die Versuche machen.

Luftballon

der Luftballon

Wenn man durch die Lupe sieht, erscheinen alle Dinge größer, als sie wirklich sind. Das Glas ist ein Vergrößerungsglas. Eine Lupe mit Stiel nennt man Stiellupe.

Lupe

die Lupe; 1 der Stiel, 2 das Glas

Die beiden kleinen Mädchen sind auf dem Weg zur Schule. Sieh nur, wie eifrig sie miteinander sprechen. Ob sie beide gestern so viel erlebt haben? Oder ob sie ihre Schulaufgaben wiederholen?

Mädchen

Heinz hat sich den Magen verdorben. Erst hat er ▷ Kirschen gegessen und dann ein Glas Wasser getrunken. Das verträgt aber nicht jeder Magen. Jetzt muß er im Bett liegen und darf nur Zwieback essen, damit die Verdauung wieder in Ordnung kommt.

Magen

der Magen

Magnet

Ein Magnet ist meistens aus Stahl. Er zieht ▷ Eisen an. Aber nur seine beiden Enden, die Pole, sind magnetisch. Der Hufeisenmagnet hat die Form eines ▷ Hufeisens.

der Magnet; 1 der Nagel

mähen

Als es noch keine Mähmaschinen gab, mußten die Bauern das Gras mit der ▷ Sense oder mit der Sichel abmähen. Das war sehr mühsam. Jetzt werden meistens Mähmaschinen verwendet. Nur in gebirgigen Gegenden muß mit der Sense gemäht werden, weil die ▷ Wiesen hügelig sind.

1 die Sense, 2 das Gras

mahlen

In der Mühle wird das ▷ Korn zu Mehl gemahlen. – Hans hilft der Mutter in der Küche. Er mahlt den Kaffee mit der Kaffeemühle.

1 die Kaffeemühle

Maibaum

Am 1. Mai steht auf dem Marktplatz ein Maibaum. An einem hohen ▷ Mast hängt ein ▷ Kranz, der mit bunten Bändern geschmückt ist. Am Abend wird unter dem Maibaum getanzt.

der Maibaum; 1 der Mast, 2 der Kranz, 3 das Band

Maiglöckchen

Spitz und zusammengerollt stoßen im Mai die Blätter der Maiglöckchen aus der Erde. Sobald sie sich entfalten, kommt der Blütenstengel zum Vorschein. Viele weiße Blütenglöckchen hängen daran. Du darfst die Blume vorsichtig pflücken, aber die Wurzeln nicht beschädigen, weil die Pflanzen unter Naturschutz stehen. Nach dem Pflücken wasch dir die Hände, Maiglöckchen sind giftig!

das Maiglöckchen; 1 der Blütenstengel, 2 das Blatt

Maikäfer

Du hast bestimmt schon viele Maikäfer gefangen. Laß sie nicht wieder frei, denn sie sind doppelt schädlich: Aus ihren Eiern schlüpfen die Engerlinge und wühlen lange Gänge in die Erde. Sie fressen die zarten Wurzeln der Pflanzen ab. Nach vier Jahren werden aus den Engerlingen Maikäfer, und die können ganze Bäume kahlfressen.

der Maikäfer; 1 der Fühler

Mais

Der Mais ist eine Getreideart, die aus ▷ Amerika zu uns gekommen ist. An den kräftigen Stengeln wachsen dicke Kolben, in denen die Maiskörner sitzen. Die grünen Pflanzen und die reifen Körner sind gutes Viehfutter. Aus den Körnern wird aber auch Maismehl gemahlen. Wir verwenden es zu süßen Speisen. In anderen Ländern bäckt man Maisbrot und bereitet Maisbrei.

der Mais; 1 der Kolben

Maler

Der Maler streicht das Haus an, er streicht und lackiert die Fenster und richtet unsere Wohnung her. Maler sind ▷ Handwerker, sie müssen drei Jahre bei einem Meister lernen. Der Kunstmaler schafft Gemälde. Er ist kein Handwerker, sondern ein Künstler.

der Maler; 1 die Streichbürste, 2 der Farbtopf

Mandarine

Beim Obsthändler gibt es viele verschiedene Südfrüchte. Sie kommen aus wärmeren Ländern. Im Schaufenster liegen auch Mandarinen. Sie sehen aus wie kleine Apfelsinen, lassen sich aber viel leichter schälen. Apfelsinen, Mandarinen und Zitronen gehören zu einer großen Familie. Man nennt sie Zitrusfrüchte.

die Mandarine

151

Mandel

Helga hilft beim Kuchenbacken. Sie zieht die dünne Haut von den Mandeln ab. Gut, daß die harte Schale längst entfernt ist. Helga könnte sie nur mit dem Nußknacker aufknacken. In dem einen Topf liegen die süßen und in dem anderen die bitteren Mandeln. Puh, wenn Helga beim Naschen eine falsche erwischt! Das Mandelbäumchen in Nachbars Garten blüht im ▷ Frühling hübsch rosa.

die Mandel; 1 die Schale, 2 der Kern

Mannschaft

Gleich beginnt das Fußballspiel gegen die Nachbarstadt. Die Mannschaft ist schon angetreten. Elf Mann gehören dazu. Einer trägt den ▷ Fußball. Die Fußballspieler einer Mannschaft tragen den gleichen Sportdreß.

die Mannschaft; 1 der Fußball, 2 der Sportdreß

Mansarde

Unter dem ▷ Dach ist eine Mansarde, das ist ein niedriges ▷ Zimmer mit schrägen Wänden und einem kleinen Fenster. — Die Kinder spielen gern in der Mansarde, denn dort stört sie niemand.

die Mansarde; 1 das Dach, 2 das Fenster

Mantel

Zum Autoreifen gehören ein Mantel und ein Schlauch. Der Mantel ist aus dickem ▷ Gummi und schützt den Schlauch. Der Mantel hat ein Profil. Es verhindert, daß das Auto auf der Straße rutscht.

der Mantel; 1 das Profil

Mantel

Mutters Mantel ist aus dickem, blauem Wollstoff. Es ist ein Wintermantel. An den Ärmeln sind zur Verzierung Patten aufgenäht, die mit Knöpfen gehalten werden. Vorne ist ein Knopfverschluß.

der Mantel; 1 der Ärmel, 2 der Knopfverschluß, 3 die Patte

Die Mappe ist aus ▷ Leder und hat ein Schloß aus ▷ Messing. Ulrike benutzt sie als Schulmappe. – Vater bewahrt seine Briefe in einer Mappe auf. Auf dem Schreibtisch liegt eine Schreibmappe.

die Mappe; 1 das Schloß

Mappe

Fast alle Märchen fangen so an: „Es war einmal…". Sie erzählen von bösen und guten Menschen, und immer wieder kommen Geister, ▷ Elfen, ▷ Feen und ▷ Zwerge darin vor. Welches ist dein liebstes Märchen?

das Märchen; 1 das Rotkäppchen, 2 der Wolf

Märchen

Im Wald, in Krähennestern oder Baumhöhlen, hat der Baummarder sein Lager. Auf seinen Raubzügen frißt er ▷ Mäuse, flitzt von Ast zu Ast hinter den Eichhörnchen her und überfällt die Vögel im ▷ Nest. – Der Steinmarder wohnt nahe den Dörfern. Im Hühnerstall tötet er oft in einer Nacht viele Hühner und säuft ihr Blut. Aber er vertilgt auch ▷ Ratten und ▷ Mäuse.

der Marder

Marder

Margarine ist ein Fett. Sie ist ein Gemisch aus ▷ Öl, Schweineschmalz und Rindertalg. Mutter braucht Margarine zum Kochen und Backen. Aufs Brot streichen wir lieber Butter.

die Margarine

Margarine

Die Marktfrau steht jeden Mittwoch und Sonnabend auf dem Markt. Sie hat einen Obststand. Da kommt eine Kundin und verlangt ein Pfund ▷ Birnen und ein Pfund ▷ Bananen.

der Markt; 1 der Obststand, 2 die Marktfrau, 3 die Kundin

Markt

Marmelade

Marmelade wird aus Früchten und Zucker gekocht. Man füllt sie heiß in Marmeladengläser. Sie wird fest, wenn sie abkühlt. Das Glas wird mit Einmachhaut verschlossen.

die Marmelade; 1 das Marmeladenglas, 2 die Einmachhaut

Marmor

Marmor ist ein Gestein, das in Italien und Griechenland häufig vorkommt. Es wird für Bildhauerarbeiten, beim Hausbau und für Tischplatten verwendet. Marmor gibt es in verschiedenen Farben. Wenn der Marmor poliert ist, sind die Adern deutlich zu sehen.

der Marmor; 1 der Tisch, 2 die Tischplatte

Marzipan

Der Konditor fertigt das Marzipan aus Puderzucker, geriebenen ▷ Mandeln und Rosenöl an. Er formt Marzipanbrote, Marzipankartoffeln und viele andere leckere Dinge daraus.

das Marzipan

Maschine

Eine Maschine nimmt uns viel Arbeit ab. Mutter hat eine Waschmaschine und braucht nicht mehr mit der Hand zu waschen. Vater kann auf der Schreibmaschine viel schneller als mit der Hand schreiben. Mit der Rechenmaschine auf dem Bild rechnet der Kaufmann die Summen zusammen.

die Maschine; 1 der Hebel

Mast

Es gibt Fahnenmasten und Schiffsmasten. An den Masten der Segelboote werden die ▷ Segel befestigt. Auch in einem Zirkuszelt kannst du riesige Masten stehen sehen, die das Zelt abstützen.

der Mast; 1 das Segelboot

Matratze

Die Matratze besteht aus drei Stücken, damit Mutter sie leicht zum Klopfen auf den ▷ Balkon tragen kann. In der Matratze sind kleine Sprungfedern, die mit dickem Polster überzogen sind. – Es gibt auch Matratzen aus Schaumgummi.

die Matratze; 1 das Bett

Matrose

Wenn ein Junge Kapitän werden will, muß er zuerst einige Jahre als Matrose auf einem ▷ Schiff fahren. Solange das Schiff unterwegs ist, müssen die Matrosen schwer arbeiten. Im ▷ Hafen müssen sie beim Beladen und Entladen des Schiffes helfen.

der Matrose; 1 die Pfeife

mauern

Der Maurer setzt einen Ziegelstein auf den anderen. Die Steine werden von dem Mörtel zusammengehalten, der mit der Maurerkelle aufgetragen wird. Langsam wächst die Mauer.

1 der Maurer, 2 die Maurerkelle, 3 die Mauer, 4 der Ziegelstein

Maul

Den „Mund" einiger Tiere nennen wir Maul; wir sagen Pferdemaul, Fischmaul und Krokodilmaul. Die Hunde haben eine ▷ Schnauze, aber wenn sie beißen, müssen sie einen Maulkorb tragen.

das Maul; 1 das Krokodil

Maultier

Ein Maultier ist ein Mischling. Sein Vater ist ein Eselhengst, seine Mutter eine Pferdestute. Maultiere sind fast so kräftig und mutig wie ▷ Pferde, aber auch so ausdauernd und genügsam wie ▷ Esel. Sie werden deshalb vor allem in Gebirgsländern gehalten, wo das ▷ Futter karg ist.

das Maultier

Maulwurf

Auf der ▷Wiese erheben sich viele Maulwurfhügel. Dort hat unter der Erde der Maulwurf sein Jagdgebiet. In den vielen Gängen findet er ▷ Würmer, Engerlinge und ▷Schnecken. Die kräftigen Grabpfoten arbeiten wie kleine Schaufeln. Wenn er einen neuen Hügel aufwirft, kann man ihn manchmal sehen. Er hat ein dunkles, weiches Fell.

der Maulwurf; 1 die Grabpfote

Maus

Im ▷Keller ist eine Maus gewesen. Sie hat am ▷Obst geknabbert. Darum haben wir eine Mausefalle aufgestellt. Die Mäuse sind sehr schädlich. Nichts ist vor ihnen sicher, weder ▷Mehl noch ▷Brot, ▷Käse oder Fleisch. Ja, sie zernagen sogar ▷Möbel und ▷Wände. Die Hausmäuse haben ihre Gänge und Nester meistens unter den ▷Dielen, die Feldmäuse oft unter Getreidefeldern.

die Maus

Medizin

In dem Schränkchen bewahren wir die Medizin auf. In den Schachteln sind Pillen und Tabletten, in den Flaschen Hustensaft und andere Heilmittel. Im Medizinschränkchen sollen stets ▷Watte, ▷Pflaster und Verbände sein.

die Medizin; 1 das Medizinschränkchen

Meer

Wenn ein ▷Schiff von ▷Europa nach Amerika fährt, so muß es ein Weltmeer, den Atlantischen Ozean, überqueren. Der Große Ozean, auch Stiller Ozean oder Pazifik genannt, ist das größte der fünf Hauptmeere unserer Erde. Die Nordsee ist ein kleineres Meer. Die Ostsee ist ein Binnenmeer.

das Meer; 1 das Schiff, 2 die Küste

Meerrettich

Auf feuchtem Boden wächst der Meerrettich. Er liefert ein gutes ▷Gewürz. Die Mutter bereitet aus der Wurzel Soße. Schmeckt sie dir? Sie ist sehr scharf. Auch im Senf ist manchmal Meerrettich enthalten, weil er so scharf ist, schärfer als Rettich.

der Meerrettich; 1 der Wurzelstock

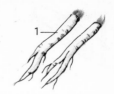

Meerschweinchen

Die Meerschweinchen sind Nagetiere wie die ▷Mäuse und die ▷ Eichhörnchen. „Schweinchen" heißen sie nur deshalb, weil sie wie die Ferkel quieken. Daß sie nicht im Meer leben, wißt ihr selbst. Aber sie sind übers Meer zu uns gekommen, denn ihre Heimat ist Südamerika. Meerschweinchen sind sehr saubere und muntere Tierchen.

das Meerschweinchen

Mehl

Der Müller hat viele Mehlsäcke in seiner ▷Mühle stehen. Aus Roggenkörnern hat er Roggenmehl gemahlen und aus Weizenkörnern Weizenmehl. Der ▷Bäcker bäckt aus dem Weizenmehl ▷Kuchen, ▷Brot wird aus Roggen- oder Weizenmehl gebacken.

das Mehl; 1 der Mehlsack

Meise

Im Winter kommen Kohl- und Blaumeisen ans Futterhäuschen. Mit ihren langen Zehen können sie sich überall festhalten. Sogar kopfüber hängen sie am Futterring. Womit fütterst du sie? Gib ihnen Sonnenblumenkerne und andere Sämereien. Beim Kaufmann bekommst du auch fertiges Meisenfutter. Im Sommer lohnen die Meisen unsere Fürsorge; dann fressen sie ▷Raupen und Larven.

die Meise; 1 die Zehe

Meißel

Der Meißel ist aus Stahl und hat eine scharfe Schneide. Der Steinmetz braucht ihn bei der Arbeit. Er hält ihn mit der linken Hand an den Stein und schlägt mit dem ▷Hammer darauf. So gibt er dem Stein die Form, die er haben soll.

der Meißel; 1 die Schneide

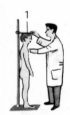

Melodie

Heiner hat heute morgen in der Schule ein neues Lied gelernt. Jetzt versucht er, die Melodie auf der ▷Blockflöte zu spielen. Er ist sehr musikalisch und behält die Melodien sehr leicht.

die Melodie; 1 die Flöte

messen

Zweimal im Jahre werden die Kinder in der Schule gemessen und gewogen. Der ▷Lehrer trägt die Maße in eine Liste ein und kann so ganz genau verfolgen, um wieviel Zentimeter jedes Kind gewachsen ist und wieviel Pfund es im letzten Halbjahr zugenommen hat.

1 die Meßplatte

Messer

Vater gibt Ernst einige Messer, die er zum Schleifen bringen soll. Es sind Frühstücksmesser, Obstmesser und ein Brotmesser dabei. Vater legt auch sein Taschenmesser dazu. Das Taschenmesser hat zwei Klingen.

das Messer; 1 der Griff, 2 die Klinge, 3 die Schneide, 4 der Rücken, 5 die Spitze

Messing

Der Knopf ist aus Messing. Messing glänzt wie ▷Gold. Es entsteht, wenn man ▷Kupfer und Zink zusammenschmilzt. Solche festen Verbindungen von zwei oder mehreren ▷Metallen heißen Legierungen.

das Messing; 1 der Knopf, 2 die Öse

▷ Quecksilber ist das einzige flüssige Metall. Alle anderen Metalle sind fest. ▷ Gold, ▷ Silber, ▷ Eisen, Zinn, Zink, ▷ Kupfer, Blei, Platin und noch viele andere gehören zu den festen Metallen. Metalle werden meistens aus Erz gewonnen, das heißt, daß sie nicht rein vorkommen, sondern in Verbindung mit anderen Stoffen. Metalle muß man erhitzen, wenn sie verarbeitet werden sollen.

Metall

das Metall; 1 die Schiene

Das Meter ist ein Längenmaß. Ein Meter (m) hat 100 Zentimeter (cm) und 1 000 Millimeter (mm). 10 Millimeter sind also ein Zentimeter. – 1 000 Meter sind ein Kilometer (km).

Meter

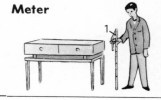

das Meter; 1 der Zollstock

Dieter hat eine gute Stimme. Er darf beim Schulfest vorsingen. Das Lied wird von einem Lautsprecher übertragen, damit alle Leute im Saal es gut hören können. Dazu muß Dieter in das Mikrofon singen. Das Mikrofon ist ein elektrisches Gerät, das Schallwellen aufnimmt, die dann an einen Lautsprecher weitergegeben werden können.

Mikrofon

das Mikrofon; 1 der Mikrofonständer

Morgens und abends wird die ▷ Kuh gemolken. Die Melkerin sitzt auf dem Melkschemel und melkt so lange, bis das Euter ganz leer ist. Dann wird die Milch aus dem Melkeimer durch ein ▷ Sieb in die Milchkanne gegossen und zur ▷ Molkerei gefahren. Aus Milch wird ▷ Butter und ▷ Käse gemacht.

Milch

die Milch; 1 die Kuh, 2 das Euter, 3 die Melkerin, 4 der Melkeimer, 5 der Melkschemel

Mine

Die Mine ist das schwarze Stäbchen im ▷ Bleistift. Bei einem Rotstift ist sie rot. In Drehbleistifte und Kugelschreiber kann man neue Minen einsetzen, wenn die alten verbraucht sind.

die Mine; 1 der Bleistift

Minute

Wenn du langsam von 1 bis 60 zählst, ist ungefähr eine Minute vergangen. Wenn du eine Uhr mit einem Sekundenzeiger hast, so probier es einmal aus. Eine Minute hat 60 Sekunden. 60 Minuten sind eine Stunde, 30 Minuten eine halbe Stunde und 15 Minuten eine Viertelstunde. Wieviel Minuten hat ein Tag?

die Minute; 1 die Uhr, 2 der Sekundenzeiger

Mirabelle

Mirabellen sind eine Pflaumenart. Sie sind viel kleiner als andere ▷ Pflaumen, sehen gelb aus und vertragen keine strenge Kälte. Deshalb wachsen sie nur in mildem Klima.

die Mirabelle

mischen

Wenn man zwei Flüssigkeiten in einem Topf zusammengießt, mischt man sie. – Mutter mischt ▷ Mehl, Zucker und ▷ Eier, wenn sie einen ▷ Kuchen backen will. Wenn du zwei Farben mischst, erhältst du eine Mischfarbe.

1 die Flüssigkeit, 2 der Eimer

Mist

Jeden Morgen muß der Bauer den ▷ Stall säubern. Er bringt den ▷ Mist auf den Misthaufen. Im ▷ Herbst oder im Frühjahr verteilt er ihn mit der Mistgabel auf dem ▷ Feld und pflügt ihn unter. Das macht den Boden fruchtbar.

der Mist; 1 die Mistgabel

Mutter hat den Eßtisch gedeckt. Zuerst hat sie ein weißes Tischtuch aufgelegt und auf jeden Platz einen Suppenteller gestellt. In der Mitte steht die Suppenschüssel. Die Familie sitzt beim Mittagessen.

Mittagessen

das Mittagessen; 1 der Eßtisch, 2 das Tischtuch, 3 die Suppenschüssel, 4 der Suppenteller

▷ Schränke, ▷ Stühle, ▷ Tische und ▷ Betten sind Möbel, wie auch das Büfett und die Anrichte im Eßzimmer. Wenn wir umziehen, werden die Möbel in einen Möbelwagen verladen.

Möbel

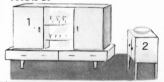

das Möbel; 1 das Büfett, 2 die Anrichte

Es gibt viele verschiedene Mohnarten. Du kennst den schönen, leuchtendroten Klatschmohn. In Getreidefeldern ist er ein Unkraut, in den Gärten eine Zierpflanze. – Der Schlafmohn mit weißen oder bläulichen Blüten wird auf Feldern angebaut, denn aus seinem Samen, den du sicher vom Mohnkuchen kennst, wird ▷ Öl und ▷ Arznei hergestellt.

Mohn

der Mohn; 1 die Blüte, 2 die Samenkapsel

Früher wurden kleine Mohren aus ▷ Afrika so herausgeputzt, wie unser Bild zeigt, und als Diener an Fürstenhöfe geholt. – Der Mohr trägt einen Turban auf dem Kopf.

Mohr

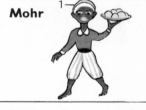

der Mohr; 1 der Turban

Jeden Morgen bringt der Bauer die ▷ Milch zur Molkerei. An der Annahmerampe werden die Milchkannen abgeladen. Ein Teil der Milch wird in den Milchläden verkauft, der Rest wird zu ▷ Butter und Käse verarbeitet.

Molkerei

die Molkerei; 1 die Annahmerampe, 2 die Milchkanne

Mönch

Mönche sind an ihren Kutten zu erkennen. Sie leben in Klöstern und haben sich verpflichtet, ihr Leben Gott zu weihen. Sie sind Angehörige eines Ordens, dessen Regeln sie gehorchen. Zu jedem Kloster gehört eine ▷Kirche, in der die Mönche täglich beten.

der Mönch; 1 die Kutte, 2 der Rosenkranz

Mond

Der Mond ist ein Himmelskörper, der um die Erde kreist und mit der Erde um die Sonne. In 28 Tagen dreht der Mond sich außerdem einmal um sich selbst. In 28 Tagen hat er eine Kreisbahn zurückgelegt. Alle 28 Tage haben wir Vollmond, danach nimmt der Mond ab. Nach 14 Tagen ist Neumond, darauf folgt der zunehmende Mond, bis nach weiteren 14 Tagen wieder Vollmond ist.

der Mond

Moor

Auf dem Moor kann nicht viel wachsen, denn der Boden ist sumpfig. Nur an den Tümpeln steht etwas △Schilf. Erst wenn das Moor „kultiviert" worden ist, kann man darauf Getreide anbauen. Bei der Kultivierung wird der Boden entwässert und Torf gewonnen. Torf dient als Heizmaterial.

das Moor; 1 der Tümpel

Moos

Überall im Wald wächst Moos: am Boden, an ▷Stämmen und sogar auf ▷Felsen. Die weichen Polster bestehen aus vielen Pflänzchen, die keine Blüten und keine Früchte haben. Die Moospolster saugen sich voll Wasser und halten den Waldboden feucht, und auf den Felsen wird das verfaulte Moos zu Erde, auf der dann auch andere Pflanzen wachsen können.

das Moos; 1 das Moospolster

Morgenstern

Bevor die ▷Sonne aufgeht, steht der helle Morgenstern im Osten am Himmel. In der Sternkunde heißt er Venus. Am Abend steht derselbe Stern am westlichen Himmel und wird deshalb auch Abendstern genannt.

der Morgenstern

Most

Der Most ist der ▷Saft, der aus Früchten herausgepreßt wird. Es gibt Apfelmost, Birnenmost, Johannisbeermost und Rhabarbermost. Most wird in einer Kelterei hergestellt.

der Most

Motor

Viele Fahrzeuge und Geräte werden von einem Motor angetrieben. ▷Autos und ▷Motorräder haben einen Verbrennungsmotor, in dem die Antriebskraft dadurch entsteht, daß der Brennstoff, das Benzin oder Dieselöl, verbrannt wird. – Elektromotoren werden elektrisch betrieben.

der Motor

Motorrad

Das Motorrad ist stabil gebaut und wird mit einem ▷Motor angetrieben. Der Motor befindet sich zwischen dem ▷Sattel und dem ▷Lenker. Über dem Motor liegt der Benzintank.

das Motorrad; 1 der Sattel, 2 der Motor, 3 der Benzintank, 4 der Lenker

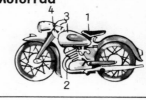

Motte

Erschrocken betrachtet die Mutter den Pelzmantel. Er ist überall von Motten zerfressen. – Nicht die fliegenden Motten fressen Wollstoffe und ▷Pelze, sondern die Mottenraupen sind die Schädlinge. Deshalb legen wir im Kleiderschrank Mottenpulver aus. Das tötet die Mottenraupen.

die Motte

Möwe

1

Wenn ein Schiff aus dem ▷ Hafen fährt, wird es noch lange von den Möwen begleitet. Sie können vortrefflich fliegen. Elegant haschen sie Brotstücke aus der Luft. Oft lassen sie sich auch auf dem Wasser schaukeln und fressen ▷ Fische oder Abfälle, die auf dem Wasser schwimmen. Mit den Schwimmhäuten zwischen den Zehen können die Möwen rudern wie die ▷ Enten.

die Möwe; 1 die Schwimmhaut

Mücke

„Au!" schreit Peter und schlägt auf seinem Arm eine Stechmücke tot. Mit ihrem Rüssel hat sie ▷ Blut aus seiner Haut gesogen. Es war ein Weibchen, denn die Männchen stechen nicht. In warmen Ländern gibt es verschiedene Arten Mücken, die sehr gefährlich sind, weil sie durch ihre Stiche gefährliche Krankheiten übertragen können.

die Mücke

---

müde

Georg ist vom Spielen nach Hause gekommen und an seinem Arbeitstisch eingeschlafen. Er wollte eigentlich seine Schulaufgaben machen, aber dazu war er viel zu müde. Morgen muß er erst die Schularbeiten machen, dann darf er spielen gehen.

Mühle

In der ▷ Mühle wird das ▷ Korn zu ▷ Mehl gemahlen. Früher wurden alle Mühlen durch Wind oder Wasser angetrieben. Sie hießen darum Windmühlen oder Wassermühlen. In der Windmühle konnte der Müller nur arbeiten, wenn der Wind die großen Mühlenflügel drehte. Heute haben fast alle Mühlen einen ▷ Motor.

die Mühle; 1 der Windmühlenflügel

Mühle

Wenn Jürgen und Karin abends nichts zu tun haben, spielen sie Mühle. Das ist ein Brettspiel, bei dem jeder der beiden Spieler neun Holzklötzchen hat. Karin gewinnt meistens, denn sie kann sehr gut „Mühlen" bauen. Zu jeder Mühle gehören drei Klötzchen.

die Mühle; 1 das Brett, 2 das Klötzchen

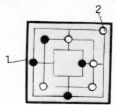

Mund

Mit dem Mund essen wir nicht nur, wir sprechen und lachen auch mit ihm. – Die ▷ Zähne haben die Aufgabe, die Nahrung zu zerkleinern, die Lippen und die ▷ Zunge sind wichtig zum Bilden der Laute. – Inge hat den Finger auf den Mund gelegt, das heißt: Du darfst jetzt nicht sprechen.

der Mund; 1 die Lippe

Mundharmonika

Du hast doch schon auf einer Mundharmonika gespielt? Aber weißt du auch, wie die Töne entstehen? Winzige Metallzungen sitzen in kleinen Luftkanälen und werden durch die Luft, die du einziehst oder hineinbläst, bewegt. – Es gibt kleine Mundharmonikaorchester, die auf ihren Instrumenten ein- oder mehrstimmige Lieder spielen.

die Mundharmonika

Mündung

Jeder Fluß und jeder Bach hat einen Anfang und ein Ende. Der Anfang ist die Quelle, und das Ende ist die Mündung. Viele Flüsse oder Bäche münden in einen größeren Fluß. Das sind seine Nebenflüsse. Wo die großen Ströme ins Meer münden, liegt meistens ein Hafen, denn hier müssen die Waren von Flußschiffen auf Seedampfer umgeladen werden.

die Mündung; 1 der Fluß, 2 das Ufer

Münze

Beim Geld unterscheiden wir Geldscheine und Münzen. Münzen sind Geldstücke aus Metall, die geprägt sind. Auf einer Seite ist der Wert der Münze angegeben und das Land, in dem sie gilt. Die verschiedenen Länder haben verschiedene Münzen. Unsere größte Münze ist das Fünfmarkstück.

die Münze; 1 das Bild, 2 die Schrift

Murmeltier

Hoch oben in den Alpen haben die Murmeltiere ihre flachen Sommerbaue. Eine ganze Murmeltiersiedlung ist dort beieinander. Am Tage sitzen die Nager davor und knabbern an den Pflanzen. Gell pfeifen sie, wenn sich ein Mensch oder ein ▷ Adler zeigt. Schnell sind sie dann verschwunden. Den Winter verschlafen sie in den tieferen Winterbauen weiter unten am Berg.

das Murmeltier

Muschel

Muschelschalen kennt ihr, aber habt ihr schon einmal lebende Muscheln gesehen? Sie leben nur im Wasser und sind schneckenähnliche Tiere. Ihr Gehäuse schützt sie. Sie ernähren sich von winzigen Tieren, die das Wasser durch die Schalen spült. Mit ihrem Fuß können die Muscheln nur langsam kriechen.

die Muschel; 1 die Muschelschale

Museum

In kleinen Städten ist meistens nur ein Heimatmuseum, in den großen Städten gibt es viele verschiedene Museen. In einem werden die ▷ Gemälde berühmter Maler ausgestellt, in einem anderen Rüstungen und Waffen. Wieder ein anderes zeigt Geräte und Schmuckstücke, die viele tausend Jahre alt sind.

das Museum; 1 die Rüstung

Im Dorfgasthof spielt der Musikant zum Tanz auf. Sein Instrument ist eine ▷ Handharmonika. Viele Leute singen die lustigen ▷ Melodien mit. – Straßenmusikanten ziehen von Haus zu Haus durch die Straßen. Sie freuen sich, wenn uns ihre Musik gefällt und wir ihnen etwas Geld geben.

der Musikant; 1 die Handharmonika

Musikant

Es gibt viele verschiedene Musikinstrumente. Bei den Blasinstrumenten unterscheiden wir die Instrumente aus ▷ Holz, wie ▷ Querflöte und ▷ Blockflöte, von denen aus Blech, wie das ▷ Horn und die ▷ Trompete. – Die ▷ Laute, das ▷ Klavier, die ▷ Geige, das Cello und die Baßgeige sind Saiteninstrumente, denn sie haben Saiten, die entweder gezupft, angeschlagen oder mit dem Bogen gestrichen werden. Die Trommel gehört zu den Schlaginstrumenten.

das Musikinstrument; 1 die Laute

Musikinstrument

Wolfgang hat keine Angst, über den Wassergraben zu springen; er ist mutig. – Sicher habt ihr schon von mutigen Seefahrern und ▷ Entdeckern gehört. Sie fürchten keine Gefahr auf See, in ▷ Urwäldern oder Hochgebirgen. Sie scheuen weder Hitze noch Kälte, sie denken nicht an sich selbst, sondern nur an das Ziel, das sie sich gesteckt haben.

1 der Wassergraben

mutig

Den lieben, langen Tag hat die Mutter im Hause oder im ▷ Garten zu tun. Sie ist von morgens früh bis abends spät auf den Beinen, um den Haushalt in Ordnung zu halten und für die Kinder zu sorgen.

die Mutter; 1 das Baby

Mutter

167

Muttertag

Am zweiten Sonntag im Mai feiern wir den Muttertag. Die Kinder über-reichen der Mutter Blumen oder ein Geschenk, das sie selbst gebastelt haben. So danken sie der Mutter für alle Mühe.

der Muttertag; 1 die Mutter, 2 das Kind, 3 die Blumen

Mütze

Die Bahn- und Postbeamten tragen Mützen zu ihren Uniformen. Diese Mützen haben einen Schirm, der die Augen vor der Sonne schützt. Irene hat eine Wollmütze, die hat keinen Schirm.

die Mütze; 1 der Schirm

Nachbar

Herrn Schröders Garten reicht bis an den Gartenzaun. Auf der an-deren Seite des ▷ Zaunes beginnt das Grundstück des Nachbarn. Manchmal stehen die Nachbarn zu-sammen am Zaun und unterhalten sich. – In unserem Haus haben wir auch einen Nachbarn, er wohnt auf derselben Etage wie wir.

der Nachbar; 1 der Gartenzaun

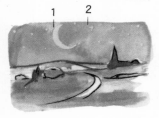

Nacht

Wenn es draußen dunkel geworden ist, ist Nacht. Nur ▷ Mond und ▷ Sterne geben ein schwaches Licht. Wenn aber ▷ Wolken am Himmel stehen, ist es ganz dunkel. – Die Menschen und die meisten Tiere schlafen nachts. Nur einige Tiere, wie ▷ Füchse, ▷ Eulen und ▷ Mar-der, gehen in der Nacht auf Raub aus.

die Nacht; 1 der Mond, 2 der Stern

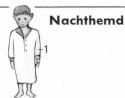

Nachthemd

Heute abend hat Rudi das neue Nachthemd angezogen. Es paßt gut, auch die Ärmel sind nicht zu lang. Rudis Bruder, Peter, trägt nachts kein Nachthemd, sondern einen Schlafanzug.

das Nachthemd; 1 der Ärmel

Nachtigall

Wo das Gebüsch am dichtesten ist und nur wenige Menschen hinkommen, ertönt abends der Gesang der Nachtigall. Das Männchen singt schöner als alle anderen Singvögel. Dabei ist die Nachtigall ein kleiner, ganz unscheinbarer, graubrauner Vogel. Sie baut ihr ▷ Nest auf der Erde unter Büschen.

die Nachtigall

Nadel

Zu jeder Handarbeit braucht man eine Nadel: eine Häkelnadel zum Häkeln, zum Stricken lange Stricknadeln oder eine runde Stricknadel, zum Stopfen die dicke Stopfnadel und zum Nähen die feine Nähnadel, deren Öhr sehr klein ist. – In Mutters Nähkasten liegen auch ▷ Sicherheitsnadeln und Stecknadeln.

die Nadel; 1 das Nadelöhr, 2 das Garn

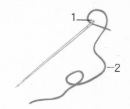

Nagel

An dem letzten Glied unserer ▷ Finger und ▷ Zehen sitzt der Nagel. Wir müssen ihn regelmäßig feilen oder schneiden, denn er wächst ständig nach. Der Nagel ist eine dünne Hornplatte. Er sieht rosa aus, weil das Blut durchscheint. – Die Tiere haben keine Nägel an ihren Zehen. Man kann aber die Hufe der Huftiere und die Krallen der ▷ Hunde oder ▷ Katzen als deren Nägel ansehen.

der Nagel; 1 das Möndchen

Nagel

Es gibt kleine und große Nägel. Die großen braucht der Zimmermann, wenn er ▷ Balken zusammenfügt. Kleine Nägel, mit kurzem Schaft und kleinem Kopf, werden in jedem Haushalt gebraucht. Der Reißbrettstift hat einen breiten Kopf und einen kurzen Schaft.

der Nagel; 1 der Kopf, 2 der Schaft, 3 die Spitze

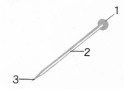

Nagetier

Sieh dir die langen Zähne des ▷ Bibers an! Damit nagt er in dicke Baumstämme so tiefe Rillen, daß die Bäume umstürzen. Er ist ein Nagetier. Alle Nagetiere haben vier Nagezähne, zwei oben und zwei unten. Sie werden durch das Nagen ständig abgenutzt und wachsen immer wieder nach. Auch die ▷ Maus, die ▷ Ratte, der ▷ Hamster, das ▷ Eichhörnchen und das ▷ Murmeltier sind Nagetiere.

das Nagetier

---

nähen

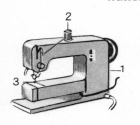

Einen ▷ Knopf näht Mutter mit der Hand an, aber wenn sie ein ▷ Kleid nähen will, gebraucht sie die Nähmaschine. Das ▷ Garn auf der Garnrolle muß die Farbe des Kleides haben, damit die Naht nicht auffällt. Für dicken Stoff nimmt Mutter eine dicke Nähmaschinennadel, dünnen Stoff näht sie mit einer feinen Nadel.

1 die Nähmaschine, 2 die Garnrolle, 3 die Nähmaschinennadel

Name

Du hast zwei Namen, den Vornamen und den Familiennamen. Du trägst denselben Familiennamen wie deine ▷ Eltern. Die Eltern deines Vaters heißen genauso wie du. Die Eltern deiner Mutter haben einen anderen Namen. An jeder Wohnungstür hängt ein Namensschild.

der Name; 1 das Namensschild

Narr

Horst will zum Kinderkostümfest gehen. Die Mutter hat ihm ein Narrenkleid genäht. Beim Abschied sagt sie: „Nun spring tüchtig herum und spiel den anderen Kindern Streiche, damit sie glauben, du seist ein richtiger Narr!"

der Narr; 1 die Narrenkappe, 2 die Narrenkleidung

Die Narzissen sind Frühlingsblumen. Die gelben zieren um Ostern unsere Gärten. Deshalb heißen sie auch Osterblumen. Die weißen Narzissen blühen etwas später. Alle Narzissen haben unter der Erde Zwiebeln. – Man kann Narzissen auch in Blumentöpfen aufziehen.

Narzisse

die Narzisse; 1 der Stengel, 2 die Blüte

Mutter hat gesagt: „Daß du ja nicht von der Suppe naschst!" Aber Hans kann es nicht lassen. Als Mutter wegsieht, tunkt er den Finger in die süße Suppe und probiert schnell einmal. – Inge kauft sich für ihr Taschengeld ▷ Schokolade und Bonbons. Sie nascht gerne. Aber das viele Naschen ist gar nicht gesund für die Zähne.

naschen

1 die Suppe

Werner reibt sich die Nase, gleich muß er niesen. – Wenn wir uns erkältet haben, ist die Nase innen geschwollen, und wir können schlecht oder gar nicht durch die Nase atmen. Auch riechen können wir nicht mehr so gut, wenn wir Schnupfen haben.

Nase

die Nase

Die Nashörner sind neben den ▷ Elefanten die größten Landtiere. Manche wiegen 40 Zentner. Die Haut der Nashörner ist dick wie ein Panzer. Auf der Nase tragen die Tiere ein oder zwei ▷ Hörner. Es sind gefährliche Waffen. Trotzdem sind die Nashörner friedliche Pflanzenfresser. Man darf sie nur nicht reizen. Sie leben in ▷ Afrika und in Indien.

Nashorn

das Nashorn; 1 das Horn

171

naß

„Ulrich, tritt nicht in die ▷ Pfütze!" sagt die Mutter. Aber da ist es schon zu spät. Ulrich patscht mitten durch das Wasser. Seine ▷ Schuhe und ▷ Strümpfe sind ganz naß, und die ▷ Hose ,ist bespritzt. Ulrich muß schnell nach Hause gehen und die nassen Sachen ausziehen.

die Pfütze

Nebel

Wenn feuchte Luft sich dicht über der Erde abkühlt, so entsteht Nebel. Je dichter der Nebel ist, desto schlechter kann man sehen. Für Autofahrer und die Schiffahrt ist Nebel besonders gefährlich. Manchmal ist der Nebel so dicht, daß die Autos nur mit Licht fahren können. – Ist die Sicht nur etwas behindert, so spricht man von ▷ Dunst.

der Nebel; 1 die Straße, 2 das Auto

Neger

Neger sind Menschen mit dunkler Hautfarbe. Die meisten Neger leben in ▷ Afrika. Sie sind Bauern und Viehzüchter, aber auch in den Fabriken der großen Städte arbeiten viele Neger. – Die Neger in ▷ Amerika sind nicht die Ureinwohner dieses Erdteils. Ihre Vorfahren sind als Sklaven aus Afrika nach Amerika verkauft worden. Heute sind sie freie Menschen wie wir.

der Neger

Nelke

Im Sommer blühen in den Gärten die Nelken in vielen Farben. Ihr würziger Duft ist weithin zu riechen. Andere Nelken blühen auf den ▷ Wiesen und an Wegrändern. Du kennst bestimmt die Kornrade, vielleicht auch die Kuckucksnelke. – Die Nelken, mit denen die Mutter die Speisen würzt, werden aus ganz anderen Pflanzen gewonnen, die in warmen Ländern wachsen.

die Nelke; 1 die Knospe, 2 die Blüte

Der Vogel hat sich in den Zweigen ein Nest gebaut. Er hat Reisig zusammengetragen und das Innere des Nestes mit ▷ Federn gepolstert. Nun kann das Vogelweibchen Eier legen und sie ausbrüten, denn für die Jungen ist ein weiches und warmes Lager bereit. Das Nest des ▷ Adlers und des Reihers heißt Horst.

Nest

das Nest; 1 der Vogel, 2 das Ei, 3 der Zweig

Der Fischer hat seine Netze zum Trocknen aufgehängt. Sie sind aus Garn geknüpft. Bei den Netzen sind die Maschen verschieden groß, je nachdem, ob große oder kleine Fische gefangen werden sollen. – Das Gepäcknetz in der ▷ Eisenbahn ist aus starker Schnur, denn es soll schwere Koffer tragen. – Mutter hat ein Einholnetz aus Nylon.

Netz

das Netz; 1 die Masche, 2 das Garn

„Was machen Schulzes nur die ganze Zeit in ihrem ▷ Keller?" denkt Fritz. Er ist neugierig. Er hat sich an die Tür geschlichen und guckt schnell durch das Schlüsselloch. Vielleicht kann er etwas erspähen. Aber ertappen lassen darf er sich nicht.

neugierig

1 das Schlüsselloch

Die ▷ Hecke um den ▷ Garten ist niedrig. Peter kann gut hinüberspringen. Das Gitter um den ▷ Rasen ist noch niedriger, sogar der kleine Matthias kann bequem hinübersteigen. – Wenn das Wasser in einem ▷ Fluß oder ▷ Hafen sehr niedrig steht, spricht man von Niedrigwasser.

niedrig

1 das Gitter

Nilpferd

Das Nilpferd heißt auch Flußpferd, denn es lebt nicht nur im Nil, sondern auch in vielen anderen ▷ Flüssen ▷ Afrikas. Obwohl es „Pferd" heißt, sieht es eher nach einem ▷ Schwein als nach einem ▷ Pferd aus. Schnaubend tummelt sich das Riesentier im Wasser und geht nur aufs Land, wenn es hungrig ist oder sich sonnen will. Es frißt Wasserpflanzen, ▷ Gras, ▷ Früchte, Getreide und ▷ Gemüse.

das Nilpferd

Nixe

Großmutter erzählt ein ▷ Märchen. Es handelt von einer Nixe. Das ist eine Wasserjungfer. Sie hat aber keine Beine, sondern einen Fischschwanz, der mit großen, blanken Schuppen besetzt ist. Wenn sie ihr langes, leuchtendes Haar kämmen will, taucht sie aus dem Wasser auf.

die Nixe; 1 der Fischschwanz

Nonne

Nonnen sind Klosterfrauen. Viele Nonnen arbeiten als Schwestern im ▷ Krankenhaus, andere unterrichten in katholischen Schulen. Nonnen sind an ihrer Kleidung zu erkennen. Sie tragen lange Gewänder und auf dem Kopf eine große, gestärkte ▷ Haube.

die Nonne; 1 die Haube, 2 der Rosenkranz

Note

Ute muß Noten lesen lernen, denn sie geht zur Klavierstunde. In jeder Notenzeile steht zuerst der Notenschlüssel, dann folgen die Noten. Jede Note besteht aus einem Notenkopf und dem Notenhals. Sie bezeichnet einen ganz bestimmten Ton, den Ute auf dem ▷ Klavier anschlagen kann.

die Note; 1 der Notenschlüssel, 2 der Notenkopf, 3 der Notenhals

Nummer

Schlag einmal das Telefonbuch auf. Darin findest du lauter Namen und hinter jedem Namen eine Nummer, die Telefonnummer. – Die Hausnummer darfst du bei keiner Anschrift vergessen, sonst findet der ▷ Briefträger nicht den Empfänger des Briefes. – Auch alle Autos, ja, selbst die ▷ Fahrräder haben eine Nummer.

die Nummer

Nuß

Unter dem ▷ Christbaum liegen viele Nüsse. Es sind Hasel-, Wal- und Paranüsse. Die Paranüsse kommen aus Südamerika, die anderen Nüsse wachsen auch bei uns. Der Kern darin ist der Same der Pflanze. Man braucht einen Nußknacker, um ihn herauszuholen. Als Gert einmal eine Nuß mit den Zähnen aufknackte, ist ihm ein Zahn abgebrochen.

die Nuß; 1 der Nußknacker

Oase

Endlich erreicht die ▷ Karawane eine Oase. Ein paar Häuser, ringsum einige ▷ Palmen und ein ▷ Brunnen, liegen in der endlosen Einsamkeit der Wüste. Hier können die Menschen und Tiere ihren ▷ Durst löschen und sich im Schatten der Palmen ausruhen. Bis zur nächsten Oase hat die Karawane einen Weg von mehreren Tagen zurückzulegen.

die Oase; 1 die Palme

Obst

Im Sommer essen wir hauptsächlich das Obst, das bei uns in Deutschland wächst: ▷ Erdbeeren, ▷ Kirschen, ▷ Pflaumen, ▷ Äpfel, ▷ Birnen und ▷ Pfirsiche. Im Winter freuen wir uns über das Obst, das aus wärmeren Ländern zu uns kommt: ▷ Apfelsinen, ▷ Mandarinen, ▷ Bananen, ▷ Ananas und ▷ Feigen.

das Obst

175

Ofen

„Da steht unser neuer Ofen!" sagt Vater. Der Ofen ist sehr schwer und deshalb umständlich zu transportieren. Die Nachbarn müssen beim Aufstellen helfen. Morgen soll das Ofenrohr geliefert werden.

der Ofen; 1 die Ofentür, 2 die Feuerklappe

Ohr

Wenn du ein Geräusch nicht laut genug hören kannst, legst du deine Hand hinter die Ohrmuschel. Damit hast du die Ohrmuschel vergrößert, und das Geräusch wird deutlicher. – Die Ohrmuschel ist der äußere Teil des Ohrs.

das Ohr; 1 die Ohrmuschel

Öl

Mutter braucht zum Kochen und Backen Speiseöl, Vater braucht für sein Auto ▷ Schmieröl. Alle Öle sind leichter als Wasser. – Woher das Öl kommt? Pflanzenöl, wie Leinöl und Olivenöl, wird aus fetthaltigen Früchten gepreßt. Schmieröl wird aus Steinkohle, Braunkohle und Erdöl gewonnen.

das Öl; 1 die Ölkanne

Onkel

Ingeborg hat drei Onkel. Onkel Fritz ist Vaters Bruder, und Onkel Heinrich ist Mutters Bruder. Mutters Schwester, Tante Ilse, ist mit Onkel Werner verheiratet. – Onkel Fritz ist Ingeborgs Patenonkel. Heute kommt er zu Besuch. Ingeborg freut sich.

der Onkel

Omnibus

Der Omnibus hat Platz für 25 Fahrgäste. Am Steuer sitzt der Fahrer. Der Kassierer geht von Platz zu Platz, um Fahrscheine zu verkaufen. Das große ▷ Gepäck wird auf dem Gepäckhalter verstaut.

der Omnibus; 1 der Gepäckhalter

Oper

Eine Oper ist eine Theateraufführung, in der die Rollen nicht gesprochen, sondern von Sängerinnen und Sängern und dem Chor gesungen werden. Außerdem gehört noch das Orchester dazu.

die Oper; 1 der Opernsänger, 2 die Opernsängerin

Orang-Utan

In den ▷ Urwäldern der großen Inseln Sumatra und Borneo lebt der Orang-Utan. Die Eingeborenen nennen ihn „Waldmenschen", weil dieser große Affe einem Menschen ähnlich sieht. Er hält sich fast nur in den Bäumen auf. Dort schwingt er sich mit seinen langen Armen von Ast zu Ast. Mit seinem starken Gebiß kann er die harte Schale der ▷ Kokosnuß aufknacken.

der Orang-Utan

Orgel

In der ▷ Kirche ist eine Orgel. Hast du sie schon einmal gesehen? Sie sieht aus wie ein ▷ Klavier und ist doch ein Blasinstrument. Die Töne entstehen dadurch, daß Luft durch die Orgelpfeifen geblasen wird. Der Organist läßt durch Tasten und Pedale bestimmte Orgelpfeifen ertönen.

die Orgel; 1 der Organist, 2 der Spieltisch, 3 die Orgelpfeife

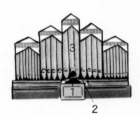

Ozean

Die größten Meere nennen wir ▷ Ozean. Zwischen ▷ Europa und ▷ Amerika liegt der Atlantische Ozean, zwischen Amerika und ▷ Asien der Stille oder Große Ozean und zwischen ▷ Afrika, Indien und ▷ Australien der Indische Ozean. – Wer mit einem Schiff einen Ozean überquert, sieht tagelang kein Land, sondern nur das Meer.

der Ozean; 1 der Ozeandampfer

packen

Großmutter hat in drei Tagen ▷ Geburtstag. Wir schicken ihr ein Paket. In einen Karton packen wir Pralinen, Früchte und ein Paar ▷ Handschuhe. Den Karton schlagen wir in Packpapier ein und umwickeln ihn mit Bindfaden. Zuletzt wird noch die ▷ Adresse aufgeklebt. Hans soll das Paket zur Post bringen. Hoffentlich kommt es gut an.

1 das Paket, 2 das Packpapier, 3 der Bindfaden

Paddelboot

Wie leicht gleitet das Paddelboot durch das Wasser! Der Paddler braucht sich kaum anzustrengen, wenn er das Boot mit dem Paddel vorwärtstreibt. Das Boot ist ganz leicht gebaut. Über ein Stabgerüst ist eine gummierte Segeltuchhaut gespannt. Vorsicht bei starkem Wellengang! Das leichte Boot kippt dann schnell um.

das Paddelboot; 1 der Bootskörper, 2 das Paddel, 3 der Paddler

Palast

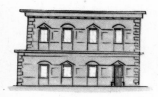

Ein Palast ist ein prächtiges Gebäude mit großen Sälen und reicher Ausstattung. Manchmal wohnt ein ▷ König, manchmal ein großer Staatsmann oder ein Millionär in einem Palast. In den Sälen werden große Feste gefeiert und Bälle veranstaltet.

der Palast

Palette

Die Palette ist eine kleine Tafel, auf der der Maler die ▷ Farben mischt. Die Tafel hat ein Daumenloch, durch das der Daumen gesteckt wird. So kann der Maler die Palette beim Malen bequem in der linken Hand halten und mit der rechten Hand den Pinsel führen.

die Palette; 1 das Daumenloch

178

Palme

Du erkennst die meisten Palmen auf den ersten Blick. Sie haben nämlich keine Äste, und ihre großen Blätter, die Wedel, bilden ganz oben am Stamm einen Schopf. Dort sitzen auch die Früchte, bei der Kokospalme die ▷Kokosnüsse, bei der Dattelpalme die ▷Datteln. Manche Wedel sind zehn Meter lang. — Palmen wachsen nur in warmen Ländern.

die Palme; 1 der Blattschopf

Panne

An ▷Landstraßen oder auch am Rande der ▷Autobahn stehen manchmal Fahrzeuge, bei denen der Schlauch eines Reifens geplatzt ist und deshalb das Rad ausgewechselt werden muß. Auch beim ▷Fahrrad kann einmal der Schlauch ein ▷Loch haben. Solche kleine Pannen sind meistens sehr schnell behoben. Man braucht nur den Schlauch aus dem ▷Mantel herauszuholen und einen Flicken auf das Loch zu kleben.

die Panne; 1 das Auto, 2 das Rad

Panther

Die ▷Leoparden heißen auch Panther. Meistens haben diese Raubkatzen ein gelbes Fell mit vielen schwarzen Tupfen. Es gibt aber auch ganz schwarze Leoparden.Sie sind sehr selten, aber sie sind meistens gemeint, wenn jemand von Panthern spricht.

der Panther

Pantoffel

Im Haus trägt Onkel Hermann Pantoffeln. Die Kappen sind aus dickem Filz und halten die Füße warm. Die Pantoffeln sind mit warmem Stoff gefüttert. Für den Garten hat er Holzpantoffeln. Die Kappen der Holzpantoffeln sind aus derbem Stoff oder Leder.

der Pantoffel; 1 die Kappe

Papagei

Papageien können sprechen lernen. Sie ahmen die Wörter nach, die wir ihnen vorsprechen. Deshalb nennen wir auch jemanden, der alles nachplappert, einen Papagei. – Die bunten Vögel sind in den ▷ Urwäldern der Tropen zu Hause. Papageien sind gute Flieger und Kletterer. Mit ihren Füßen umklammern sie beim Klettern die Äste, und mit dem stark gebogenen Schnabel ziehen sie sich an den Zweigen hoch.

der Papagei; 1 der Schnabel

Papier

Papier wird hauptsächlich aus Holz hergestellt. Das Holz wird gemahlen und zu einem Brei verrieben. Nachdem der Brei gereinigt, gerührt und mit mancherlei Zusätzen versehen worden ist, wird der Brei gewalzt und getrocknet. Zuletzt werden die großen Papierbahnen in kleinere ▷ Bogen zerschnitten.

das Papier; 1 der Bogen

Pappe

Pappe ist nichts anderes als festes, dickes Papier. Aus Pappe werden Kartons hergestellt. In Wellpappe verpacken wir Dinge, die leicht beschädigt werden können. Auch deine Modellbogen für die Schiffe und Flugzeuge sind aus Pappe.

die Pappe; 1 der Karton

Pappel

Wie schön sieht eine Pappelallee aus! Kerzengerade stehen die Bäume. Sie sind schlanker als andere Bäume. Kennst du aber auch Schwarzpappeln, Silberpappeln und Zitterpappeln? Die Zitterpappeln heißen auch Espen. Ihr Laub bewegt sich beim leisesten Windhauch, deshalb sagt man: Jemand zittert wie Espenlaub.

die Pappel

Park

Das ▷Schloß ist von einem hübschen Park umgeben. So weit man blicken kann, sieht man ▷Rasen und Bäume, und in kleinen Gruppen stehen Büsche dazwischen. Wenn man die breite ▷Allee entlanggeht, kommt man zu einem ▷Springbrunnen.

der Park; 1 der Baum, 2 der Rasen

Parkplatz

Es gibt viele Straßen, in denen das Parken verboten ist. Am besten stehen die Autos auf dem Parkplatz. Ein blaues Verkehrsschild mit einem weißen „P" zeigt ihn an. Manche Parkplätze werden bewacht. Der Wächter erhebt dafür eine Gebühr.

der Parkplatz; 1 der Parkplatz, 2 das Verkehrsschild

Paß

In den ▷Ferien sind wir durchs Gebirge gefahren. Die Straße stieg immer höher an. Endlich hatte sie ihren höchsten Punkt erreicht. Die Berge rundum aber waren noch viel höher. Wir waren auf einem Paß. Pässe liegen zwischen zwei Bergen. Sie sind die bequemsten Gebirgsübergänge.

der Paß; 1 der Berg

Paß

Der Paß ist ein ▷Ausweis, in dem bescheinigt wird, wie wir heißen und wo wir wohnen. In jedem Paß ist ein Foto des Eigentümers. Wenn wir in fremde Länder reisen, müssen wir den Paß an der ▷Grenze vorzeigen. Pässe werden von den Polizeidienststellen ausgestellt.

der Paß

Pauke

Ganz in der Ferne ertönt Musik. Deutlich hört man das Bum-bum der Pauke heraus. Jürgen läuft zur Musikkapelle. Wie hart der Schlagzeuger mit dem Schlegel auf das Paukenfell schlägt!

die Pauke; 1 der Kessel, 2 der Schlegel

181

Pause

In der Schule klingelt es. Pause! Die Kinder freuen sich, daß sie auf den Schulhof gehen können. – Aber nicht nur in der Schule gibt es Pausen. Die Arbeiter machen am Vormittag eine Frühstückspause, und der Bergsteiger muß bei seinem Aufstieg zum ▷ Gipfel eine Erholungspause einlegen.

die Pause; 1 das Schulgebäude

Pavian

Paviane sind ▷ Affen. Sie leben aber nicht auf Bäumen, sondern am Boden. Die Männchen vom Mantelpavian tragen einen großen Schultermantel aus langen Haaren. Diese Tiere sind sehr stark und furchtlos. Kein Jagdhund wagt sich an sie heran, sie kämpfen sogar mit dem ▷ Leoparden. Wehe, wenn eine Pavianhorde in eine Pflanzung einbricht. Die Tiere verwüsten das ganze Feld.

der Pavian; 1 der Schultermantel

Peitsche

Der Kutscher braucht eine Peitsche mit einer langen Schnur. Damit kann er das ▷ Pferd vom Wagen aus treffen. Ein guter Kutscher schlägt sein Pferd aber nur ganz selten. Die Pferde laufen meistens schon, wenn sie die Peitsche knallen hören. – Kinder brauchen eine Peitsche, um ihren Kreisel damit anzutreiben.

die Peitsche; 1 die Schnur

Pelikan

Bei den Pelikanen fällt der Hautsack unter dem Schnabel auf. Den brauchen sie zum Fischen. Sie können nicht tauchen, weil sie so leicht sind. Gemeinsam schwimmen sie deshalb dem Ufer zu und treiben die Fische ins Seichte und schöpfen sie in ihren Hautsack.

der Pelikan; 1 der Hautsack

Sehr viele Tiere tragen einen Pelz, **Pelz**
nämlich alle, die ein Fell haben.
Nicht von allen Tieren lassen sich
die Pelze zu Pelzwaren verarbeiten.
Die guten Pelze in den Schaufenstern
stammen von Pelztieren, die besonders fein behaarte Felle haben, wie
▷Marder, Silberfuchs und Bisam-
ratte. – Der Wintermantel hat einen
Kragen und Ärmelaufschläge aus
Pelz.

der Pelz; 1 der Kragen, 2 der Ärmelaufschlag

Wer sieht es der kostbaren Perle an, **Perle**
daß sie in einer ▷Muschel gewach-
sen ist? Die Perlmuscheln leben im
Meer. Perlenfischer tauchen oft viele
Meter tief ins Meer hinab, um die
Muscheln in Körben heraufzuholen.
An einigen ▷Küsten werden Perlmuscheln gezüchtet. Deshalb unterscheidet man Zuchtperlen und Na-
turperlen. Alle sind wertvoller
Schmuck.

die Perle; 1 der Ring

In jedem Küchengarten wächst Pe- **Petersilie**
tersilie. Sogar am Küchenfenster
sieht man Töpfe mit Petersilie. Ihre
Blätter werden für viele ▷Suppen
und Speisen gebraucht. Petersilie ist
eine Gewürzpflanze. Habt ihr sie
schon einmal blühen gesehen? An
einem langen Stengel sitzen Dolden
mit vielen kleinen, gelben ▷Blüten.

die Petersilie

In der Pfanne wird der Eierkuchen **Pfanne**
gebacken. Mutter gießt den Teig in
das brutzelnde Fett und wartet so
lange, bis der Eierkuchen auf einer
Seite braun ist. Dann dreht sie ihn
um. Eierkuchen schmeckt gut mit
Zucker und Apfelmus. Was wird
alles in der Pfanne gebraten?

die Pfanne; 1 der Eierkuchen

Pfarrer

Der Pfarrer arbeitet in seiner Gemeinde. Jeden Sonntag hält er in der ▷Kirche Gottesdienst oder Messe und predigt. Zu seinen Amtshandlungen gehören auch Taufen, Trauungen und Beerdigungen. In der Kirche trägt der evangelische Pfarrer einen Talar und ein kleines, weißes Beffchen. Der katholische Pfarrer trägt ein Meßgewand.

der Pfarrer; 1 der Talar, 2 das Beffchen

Pfau

Wer hat schon einmal einen Pfauenhahn stolzieren gesehen, wenn er sein Rad geschlagen hat? Seine langen Schwanzfedern sind dann aufrecht zu einem schönen Halbkreis entfaltet. Darauf sind Figuren zu erkennen, die wie Augen aussehen. Der Vogel lebt wild in den Wäldern Indiens.

der Pfau, 1 das Pfauenauge

Pfeffer

Der Pfeffer in unserem Pfefferstreuer hat eine weite Reise hinter sich, denn der Pfefferstrauch wächst in warmen Ländern Asiens. Er ist eine Kletterpflanze. Seine kleinen, roten Früchte, die Pfefferkörner, werden gemahlen. Wenn sie noch nicht reif sind, ergeben sie den schwarzen Pfeffer, sind sie reif und geschält, dann ergeben sie den weißen Pfeffer.

der Pfeffer; 1 der Pfefferstreuer

Pfefferminze

Die Pfefferminze wächst bei uns im Garten. Wir trocknen die Blätter und kochen daraus Pfefferminztee. Die Pflanze enthält ein heilkräftiges ▷Öl. Wenn du auf einer Arzneischachtel oder Arzneiflasche das Wort Menthol liest, so ist in der Arznei etwas vom Öl der Pfefferminze enthalten.

die Pfefferminze

Onkel Johann hat 12 Pfeifen. Er sagt: „Das Pfeiferauchen ist eine besondere Sache. Jede Pfeife schmeckt anders, und niemals raucht ein richtiger Pfeifenraucher eine Pfeife zweimal am Tag." – Der Pfeifenkopf wird mit ▷Tabak gefüllt. Nach dem Rauchen müssen Asche und Tabakreste aus der Pfeife herausgeklopft werden.

Pfeife

die Pfeife; 1 der Pfeifenkopf

Im Fernsehen wird ein Fußballspiel übertragen. Als die erste Halbzeit um ist, meint Rolf: „Donnerwetter, da ist aber oft gepfiffen worden!" Heiner sagt: „Der Schiedsrichter hat seine Trillerpfeife aber nur gebraucht, wenn es nötig war!" Heiner hat gut aufgepaßt.

Pfeife

die Pfeife

Die Jungen turnen am Pferd. Ein paar Übungen beherrschen sie schon gut. Sie können in der Hocke über den Sattel springen. Dabei müssen sie sich an den beiden Griffen, sie heißen Pauschen, festhalten. Das spitze Ende des Pferdes nennen wir Hals.

Pferd

das Pferd; 1 die Pausche, 2 der Sattel, 3 der Hals

Die Pferde gehören zu den Huftieren. Sie haben nicht 5 Zehen wie andere Tiere, sondern nur eine ▷Zehe, und der Huf, auf dem sie gehen, ist die harte Spitze dieser Zehe. Die anderen vier Zehen sind verkümmert. Pferde sind kräftig und daher gute Reit- und Zugtiere. Aus ihrem Schweif macht man Roßhaarbesen.

Pferd

das Pferd; 1 der Huf, 2 der Schweif

Pfifferling

Auf moosigem Boden im Wald findet man Pfifferlinge. Sieh nur, der Pfifferling hat unter seinem Hut Lamellen! So nennt man die kleinen Rippchen. – Beim Sammeln muß man vorsichtig sein, damit man eßbare Pilze nicht mit giftigen verwechselt.

der Pfifferling; 1 der Hut, 2 die Lamelle

Pfingstrose

Die Pfingstrose ist keine ▷Rose. Sie hat andere Blätter und auch keine ▷Stacheln. Ihr richtiger Name ist Päonie. Wenn sie zu Pfingsten im Garten blüht, freuen wir uns an ihrem prächtigen Aussehen.

die Pfingstrose; 1 die Blüte

Pfirsich

Der Pfirsich gehört zum Steinobst. In dem harten, tiefgefurchten Stein liegt der ▷Kern. Die kalifornischen Pfirsiche sind die größten. Auch bei uns in Deutschland wachsen Pfirsiche, allerdings nur dort, wo das Klima mild ist.

der Pfirsich; 1 der Zweig, 2 das Blatt

Pflaster

Gestern ist Wolfgang vom Fahrrad gestürzt und hat sich das Gesicht aufgeschlagen. Nun trägt er ein Pflaster auf der Wunde. Die Mullschicht unter dem Pflaster verhindert das Eindringen von Schmutz und enthält Stoffe, die die Wunde keimfrei machen.

das Pflaster

Pflaster

Die Straße vor unserem Haus wird neu gepflastert. Sorgfältig setzt der Steinsetzer einen Pflasterstein neben den anderen. Später wird das Pflaster mit dem Preßluftstampfer festgestampft.

das Pflaster; 1 der Steinsetzer, 2 der Pflasterstein, 3 der Bordstein

Pflaume

Peters Vater hat einen großen Obstgarten. Wie viele verschiedene Pflaumenbäume wachsen dort! Vorn stehen die Hauspflaumen, die man auch Zwetschen nennt. Sie tragen kleine, blaue Früchte. Dann folgen die Eierpflaumen mit den großen gelbgrünen Früchten, und am Zaun stehen noch ein paar Mirabellenbäume.

die Pflaume

pflücken

Heiner ist auf die Leiter gestiegen, um ▷ Äpfel zu pflücken. Er legt die Früchte in den ▷ Korb. Inzwischen ist Heiners Schwester auf die Wiese gelaufen, um Blumen für einen schönen Strauß zu pflücken.

1 der Apfelbaum, 2 die Leiter, 3 der Korb

Pfote

Pfoten nennt man die Füße der Tiere, die Krallen haben. Die ▷ Hunde haben Pfoten, auch die ▷ Hasen, die ▷ Mäuse und die ▷ Katzen. Wenn die Pfoten besonders groß sind wie bei den ▷ Löwen oder bei den ▷ Bären, nennt man sie Tatzen oder auch Pranken.

die Pfote

Pfütze

Es hat geregnet. Auf der Straße haben sich Pfützen gebildet, weil das Wasser nicht so schnell ablaufen kann. Wie das spritzt, wenn ein ▷ Auto durch die Pfützen fährt! Spring schnell zur Seite!

die Pfütze; 1 das Wasser

Pille

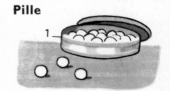

Vater ist krank. Der Arzt hat ihm eine ▷ Arznei verschrieben. Jetzt hat Vater die Dose aus der ▷ Apotheke in der Hand und nimmt drei Kügelchen heraus. Es sind die Pillen, die er schlucken muß.

die Pille; 1 die Dose

Pilz

Wenn du einen Pilz siehst, so reiß ihn nicht ab, sondern dreh ihn aus der Erde, damit du das Pilzgeflecht nicht beschädigst, das unter der Erde wächst. Dieses Geflecht ist die eigentliche Pilzpflanze. Der Pilz dient nur der Vermehrung wie eine Frucht. Unter dem Hut sitzen die Sporen, die wie Samen herausfallen.

der Pilz; 1 der Hut

Pinguin

An den ▷ Küsten der südlichen ▷ Meere leben diese drollig aussehenden Vögel. Aufrecht kommen sie dem Schiff entgegengewatschelt. Mit ihren Flügelstummeln können sie nicht fliegen. Sie benutzen sie aber geschickt beim Schwimmen als Ruderblätter. Ihre Füße benutzen sie im Wasser als Steuer. Pfeilschnell schwimmen und tauchen sie, wenn sie Fische jagen. An Land brüten sie zwischen ▷ Felsen und auf der Erde.

der Pinguin

Pinsel

Der ▷ Maler braucht große Pinsel, wenn er Flächen streichen will, und kleine, um dünne Striche zu ziehen. Der Kunstmaler hat eine ganze Menge feiner Pinsel. – Die ▷ Borsten oder Haare werden mit einem Blechstreifen zusammengehalten. Der Stiel ist aus Holz.

der Pinsel; 1 die Borste, 2 die Fassung, 3 der Stiel

Plakat

An der Litfaßsäule kleben viele Plakate. Meistens sind sie leuchtendbunt. Sie sollen unsere Aufmerksamkeit erregen, denn sie preisen Waren an oder weisen auf eine Veranstaltung hin. – Auch an Häuserwände und Zäune werden Plakate angeklebt.

das Plakat; 1 die Litfaßsäule

Der größte Platz in einer Stadt ist meistens der Marktplatz. Hier wird der Wochenmarkt abgehalten. Auf dem Platz vor dem ▷ Bahnhof herrscht viel Verkehr. Dort gibt es auch ▷ Parkplätze. – Manche Plätze haben Grünanlagen. – Im Kino und Theater wünschen wir uns einen guten Platz.

Platz

der Platz; 1 die Grünanlage

Wenn der Polizist Uniform und Uniformmütze trägt, ist er im Dienst, und wir müssen seinen Anweisungen folgen. Die Polizei sorgt für Ordnung. Der Verkehrspolizist regelt den Verkehr. Die Kriminalpolizei sucht Verbrecher.

Polizist

der Polizist; 1 die Uniform, 2 die Uniformmütze

Im ▷ Zoo reitet Peter auf einem Pony. Das ist ein junges Pferd, denkt er. „Aber nein", erklärt ihm der Wärter, „Ponys werden nicht größer!" Auf den Shetland-Inseln im Norden von Schottland und auch in anderen nordischen Ländern werden solche Pferde gezüchtet. Ponys sind genügsam und widerstandsfähig. Sie sind sehr gutmütig und werden darum gern von Kindern geritten.

Pony

das Pony

Das Porzellan wurde vor mehr als tausend Jahren in China erfunden. In Deutschland entstand vor 250 Jahren die erste Porzellanfabrik. Porzellan besteht hauptsächlich aus Kaolin, einem erdigen Gestein, das man formen kann, wenn es naß ist. Die Porzellanwaren wie ▷ Vasen oder Teller werden gebrannt. So erhalten sie ihre Härte.

Porzellan

das Porzellan; 1 die Kaffeekanne, 2 die Kaffeetasse

Postamt

In der Halle des Postamtes sitzen die Beamten hinter ▷ Schaltern. Dort kaufen wir Briefmarken, senden Geld, Päckchen und Pakete ab. Es arbeiten aber viel mehr Menschen im Postamt. Sie sortieren die ▷ Briefe, prüfen, ob wir unsere Rundfunk- und Fernsehgebühren bezahlt haben und halten unser ▷ Telefon in Ordnung. Vom Postamt aus werden die Telegramme mit Fernschreiber oder Telefon befördert.

das Postamt

Postkarte

Wenn wir nicht viel zu schreiben haben, schicken wir keinen ▷ Brief, sondern eine Postkarte. Sie kostet weniger Porto als ein Brief. Im ▷ Postamt bekommt man Postkarten mit aufgedruckter Briefmarke. – Hans schickt eine Ansichtspostkarte aus Paris. Darauf ist der Eiffelturm abgebildet.

die Postkarte; 1 die Briefmarke

Preis

Peter ist ein ausgezeichneter ▷ Läufer. Auch beim Schulsportfest ist er wieder der Schnellste aus seiner Klasse gewesen. Bei der Siegerehrung überreicht der ▷ Lehrer ihm als Preis einen Silberpokal. Der Pokal ist ein Wanderpreis. Peter muß ihn abgeben, wenn beim nächsten Wettkampf ein anderer Junge schneller läuft als er.

der Preis

Preis

Die ▷ Apfelsinen kosten 65 Pfennig das Pfund. Der Preis ist auf einem kleinen Schild an der Ware angegeben. – Im Frühjahr steigen die Preise für ▷ Obst, weil es dann weniger Obst gibt. Im ▷ Herbst, während der Ernte, sind die Obstpreise niedrig.

der Preis; 1 die Apfelsine, 2 das Schild

Die Tochter eines ▷ Königs, eines Prinzen oder eines Herzogs ist eine Prinzessin. Bei großen Festen darf sie eine ▷ Krone tragen. In vielen ▷ Märchen wird von Prinzessinnen erzählt.

Prinzessin

die Prinzessin; 1 die Krone

Mutter kocht einen Pudding aus Puddingpulver, Zucker und Milch. Der Pudding muß in einer Form abkühlen und wird dann auf einen Teller gestürzt und verziert. Mehlpudding wird in einer festverschlossenen Puddingform im Wasserbad gekocht.

Pudding

der Pudding

Pudel sind sehr gelehrige ▷ Hunde. Nur der hintere Teil des Körpers und die Beine werden geschoren, der vordere Teil trägt einen dicken Pelz. Das Haarbüschel auf dem Kopf sieht aus wie eine Kappe. – Im ▷ Zirkus oder auf dem ▷ Jahrmarkt führen Pudel ihre Kunststücke vor.

Pudel

der Pudel

Herberts neuer Pullover hält warm, denn er ist aus dicker ▷ Wolle gestrickt und hat einen Rollkragen. Das schwarze Muster auf rotem Grund sieht sehr hübsch aus. – Pullover ist ein englisches Wort und heißt: „Zieh über!"

Pullover

der Pullover; 1 der Rollkragen, 2 das Muster

Wenn ein Redner vor einer Versammlung spricht, steht er am Pult. Auf dem Pult liegt der Text seiner Rede. – In der Klasse steht das Lehrerpult. – Auf dem Postamt stehen Schreibpulte. – Der Musiker sitzt vor dem Notenpult, auf dem die ▷ Noten liegen.

Pult

das Pult

Pulver

▷ Mehl ist ein Pulver. Pulver nennt man nämlich alle Stoffe, die ganz fein zerrieben oder gemahlen sind. – Das Schießpulver im Knallfrosch explodiert, wenn man die Lunte anzündet. Meistens sagen wir nur Pulver, wenn wir vom Schießpulver sprechen.

das Pulver; 1 der Knallfrosch, 2 die Lunte

Pumpe

Früher stand auf dem ▷ Bauernhof eine alte Pumpe. Man bediente den Schwengel mit der Hand und das Wasser wurde aus dem ▷ Brunnen nach oben gesaugt. Jetzt steht dort ein Pumpenhaus mit einer elektrischen Pumpe. Die Bäuerin braucht nur den Hahn aufzudrehen, wenn sie Wasser braucht. – Du brauchst eine Luftpumpe, um den Reifen deines ▷ Fahrrades aufzupumpen.

die Pumpe; 1 der Schwengel

Punkt

Du machst einen Punkt, wenn du einen Satz geschrieben hast und schreibst das erste Wort nach dem Punkt mit einem großen Anfangsbuchstaben. – Ursula hat viele blaue Punkte auf ihrem Kleid. Vater hat eine gepunktete Krawatte. Magst du sie leiden?

der Punkt; 1 das Kleid

Puppe

Die kleinen Mädchen fahren ihre Puppen im Puppenwagen spazieren. Die Jungen spielen mit dem Puppentheater. Die Kasperlepuppen sind Handpuppen. Man stülpt sie über die Hand und steckt die Finger in ihren Kopf und ihre Arme, um sie zu bewegen. – Marionetten sind Gliederpuppen, sie hängen an mehreren dünnen Drähten.

die Puppe

Aus den ▷Schmetterlingseiern kriechen ▷Raupen. Sie wachsen und verpuppen sich dann. Dabei spinnen sie sich ein. Die eingesponnene Raupe heißt Puppe. Sie nimmt keine Nahrung auf und bewegt sich nicht fort. Unter der Puppenhülle wird aus der Raupe ein Schmetterling. Eines Tages platzt die Hülle und ein bunter Schmetterling schlüpft aus.

die Puppe

Puppe

Die Kinder mußten eine lange Matte in die Mitte der Turnhalle legen und alle einen Purzelbaum darauf schlagen. Danach mußten sie einen Purzelbaum rückwärts versuchen. Du kannst es auch auf der Wiese machen. Paß auf, daß du dir den Kopf dabei nicht stößt.

der Purzelbaum

Purzelbaum

Ulli hält eine Pusteblume in der Hand. Er bläst beide Backen auf und pustet kräftig. All die kleinen Samenkörnchen des Löwenzahns fliegen davon. – Eine ▷Kerze kannst du auspusten, auch ein brennendes ▷Streichholz, aber eine größere ▷Flamme kannst du nicht durch Pusten löschen.

1 die Pusteblume

pusten

Über den ▷Bauernhof spaziert eine Pute mit ihren ▷Küken. In der Nähe geht der Puter, er läuft aufgeregt auf jeden zu, der sich den Truthühnern nähert. Puten sind die Hennen, und der Puter ist der Hahn des Truthuhns. Schön sieht er nicht aus mit seinem nackten Kopf und der faltigen, roten Haut am Hals. Die Truthühner stammen aus ▷Amerika.

die Pute

Pute

Pyramide

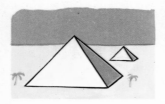

In Nordafrika liegt Ägypten. Dort gibt es Königsgräber, die fast 5000 Jahre alt sind. Es sind riesige Bauwerke aus großen Felsblöcken. Die Grundfläche ist rechteckig, meist quadratisch. Die Bauwerke laufen nach oben spitz zu. Man nennt sie Pyramiden. – Jedes Jahr fahren viele Menschen nach Ägypten, um die Pyramiden zu besichtigen.

die Pyramide

Qualle

Herbert hat an der See viele Quallen gesehen. Sie haben keinen Kopf, keine Beine und nicht einmal Blut. Ihr Körper ist weich und durchscheinend. Am Schirm sitzen lange Bänder. Wenn das ▷ Meer eine Qualle auf den Strand wirft, vertrocknet sie, so daß von ihr fast nichts mehr übrigbleibt. – Einige Quallen spritzen einen brennenden Saft aus, wenn man sie berührt. Man nennt sie Brennquallen.

die Qualle

Qualm

Aus dem Schornstein der ▷ Fabrik kommt dicker, schwarzer Qualm, denn der Heizer hat gerade Kohlen auf das Feuer geworfen. – Wenn der ▷ Ofen in unserem Zimmer qualmt, ist er nicht in Ordnung. Vielleicht ist das Ofenrohr verstopft, so daß der Qualm nicht durch den ▷ Schornstein entweichen kann.

der Qualm; 1 der Schornstein

Quartett

Das Quartett ist ein Kartenspiel. Die vier Spielkarten mit den Blumenbildern gehören zusammen, sie haben alle in der linken Ecke einen kleinen, blauen Punkt. Der Spieler, der alle vier Karten bekommt, hat ein Quartett. – Ein Orchester mit vier Musikanten heißt Quartett.

das Quartett; 1 die Spielkarte

194

Quecksilber ist das einzige Metall, das bei normaler Temperatur flüssig ist. – An den meisten Thermometern ist eine Röhre mit Quecksilber. Wenn es warm wird, dehnt sich das Quecksilber aus, es steigt, und du kannst die Temperatur ablesen. – Auch das Fieberthermometer enthält eine Quecksilbersäule.

das Quecksilber

Quecksilber

Jeder ▷ Bach und jeder ▷ Fluß hat eine Quelle. Das ist der Ort, wo das Wasser aus dem Boden tritt. Von der Quelle läuft es durch das Flußbett bis zur ▷ Mündung. Quellen liegen meistens hoch im Gebirge und das Wasser fließt ins ▷ Tal.

die Quelle

Quelle

Quitten sind Früchte, die Birnen- oder Apfelform haben. Ihr Fleisch ist sehr hart, roh kann man es kaum essen. Es schmeckt auch nicht gut. Aber aus Quitten wird Marmelade und Kompott gekocht, und beides ist lecker.

die Quitte

Quitte

▷ Krähen, Dohlen, ▷ Elstern und Eichelhäher sind Rabenvögel. Der größte Rabenvogel in Deutschland ist der Kolkrabe. Er ist ganz schwarz. Die Kolkraben sind sehr selten geworden. Sie nisten im Gebirge an steilen Felswänden, im Tiefland auf hohen Bäumen.

der Rabe

Rabe

Sieh dir das Rad an! Die Felge ist durch die Speichen mit der Nabe verbunden. Räder werden an einer Achse montiert. – Das Scheibenrad hat keine Speichen. Zahnräder haben einen gezähnten Radkranz.

das Rad; 1 die Achse, 2 die Nabe, 3 die Felge, 4 die Speiche

Rad

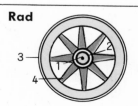

Radiergummi

Bleistiftstriche radiert man mit einem weichen Radiergummi aus. Das härtere Tintengummi beseitigt Tintenstriche, es kratzt dabei eine Schicht vom Papier ab. Vorsicht, daß das Papier kein Loch bekommt!

das Radiergummi

Radieschen

Schon im Frühjahr ernten wir im Garten Radieschen. Sie sind eine Rettichart, schmecken aber nicht ganz so scharf wie Rettiche. Wenn dir die Radieschen trotzdem noch zu scharf sind, brauchst du nur ihre rote oder weiße Oberhaut abzuschälen.

das Radieschen

Radio

Du drehst an einem Knopf und Musik oder Worte kommen aus dem Radio. Gesprochen oder musiziert wird viele Kilometer entfernt. Dort schickt der Sender die Töne als nicht hörbare Wellen in die Luft. Unsere ▷ Antenne fängt sie auf, und der Radioapparat verwandelt sie wieder in Musik und Worte.

das Radio; 1 der Knopf

Rahmen

Rahmen sind Einfassungen. Beim Bilderrahmen faßt eine Leiste die Glasscheibe und das Bild ein. – In den Stickrahmen wird der Stoff zum Sticken eingespannt. Das Gestell des ▷ Fahrrades heißt auch Rahmen.

der Rahmen; 1 das Bild

Rakete

Bei einem ▷ Feuerwerk werden Raketen abgeschossen, die nach ihrer Explosion, in vielen Farben leuchtend, am Himmel versprühen. – Große Raketen, in die Meßgeräte eingebaut sind, schießt man ins Weltall.

die Rakete; 1 der Raketenschwanz

Die Abc-Schützen tragen ihre Schulsachen in einem Ranzen. Der Ranzen hat an der Klappe zwei Schnallen. Man trägt ihn auf dem Rücken. Über die Schultern werden die Tragriemen gelegt.

Ranzen

der Ranzen; 1 die Klappe, 2 die Schnallen

Sieh nur, wie herrlich grün der Rasen leuchtet und wie gepflegt er aussieht! Er wird aber auch täglich gesprengt und oft gemäht. Mit dem Rasenmäher macht das nicht viel Arbeit.

Rasen

der Rasen; 1 der Gärtner, 2 der Rasenmäher

„Rate einmal, was ich hier für dich habe!" sagt Hanna zu ihrer Schwester. Lisa kann es nicht raten. – Rätselraten macht immer Spaß. Die größeren Kinder lösen lieber Silben- und Bildrätsel. – Kannst du auch das Rätsel lösen, das ich dir jetzt aufgebe: „Es hängt an der Wand und gibt jedem die Hand?"

raten

Das Rathaus ist ein größeres Gebäude, in dem die Verwaltung einer Stadt ihren Sitz hat. Viele Rathäuser sind berühmt, weil sie besonders schön gebaut und reich verziert sind. Oft gelten sie als Wahrzeichen ihrer Stadt.

Rathaus

das Rathaus

Ratten gibt es in allen Erdteilen. Durch ▷ Schiffe sind sie überallhin verschleppt worden. Überall müssen sie bekämpft werden. Sie dringen auch in alle Speicher, Keller und Böden ein und fühlen sich im ekligsten Unrat wohl. So übertragen diese Schädlinge Krankheiten auf Tiere und Menschen und fressen uns Unmengen von Nahrungsvorräten weg.

Ratte

die Ratte

197

Raubtier

▷Füchse, ▷Wölfe, Schakale, Hyänen, ▷Löwen, ▷Tiger, ▷Leoparden, ▷Bären und ▷Marder sind Raubtiere. Ihr Gebiß mit den kräftigen Reißzähnen verrät, daß sie Fleischfresser sind. Manche Raubtiere hetzen ihre Beutetiere, andere schleichen sich heran und überfallen sie plötzlich. Viele Bären leben aber überwiegend von Pflanzen. – Auch unsere ▷Hunde und ▷Katzen gehören zu den Raubtieren.

das Raubtier

Rauch

Der ▷Schornstein raucht, also muß in dem Haus in einem ▷Ofen oder ▷Herd ein Feuer brennen. Der Rauch zieht durch den Schornstein ab. – Manche Wurstarten und ▷Schinken werden geräuchert. Der Rauch macht sie haltbar.

der Rauch; 1 der Schornstein

rauh

Die Reibe ist rauh und scharf. Auf ihr kann man ▷Kartoffeln, ▷Äpfel und ▷Wurzeln reiben. – Es gibt glattes und rauhes Leder: Wildleder ist rauh, Schweinsleder ist glatt. – Wenn du rauhe Hände hast, mußt du sie mit einer Fettkrem tüchtig einkremen, dann wird die Haut wieder glatt.

1 die Reibe

Raupe

Aus einem Schmetterlingsei entsteht immer eine Raupe mit einem langgestreckten Leib und kurzen Füßen. Wenn sie ein Stück gewachsen ist, häutet sie sich. Viele Raupen sind sehr schädlich, denn sie fressen Pflanzen und ganze Bäume kahl. Eines Tages verpuppt sich die Raupe, und in der ▷Puppe entwickelt sich der ▷Schmetterling.

die Raupe

Reben sind die Äste des Weinstocks. Manchmal meint man auch den ganzen Stock damit. Er heißt ja auch „Rebstock". Diese Kletterpflanze braucht viel Wärme und Sonne, damit ihre Früchte, die Weinbeeren, gut ausreifen. Die Äste oder Reben ranken sich an Stöcken oder anderen Stützen in die Höhe und tragen im Herbst die schweren ▷ Trauben.

Rebe

die Rebe; 1 die Weintraube

Wenn man einer Firma den Auftrag für eine Arbeit gibt, bekommt man, sobald die Arbeit ausgeführt ist, eine Rechnung. Oben ist die Firma angegeben und das Datum. Auf der linken Seite der Rechnung steht, was getan oder geliefert wurde, auf der rechten Seite, wieviel es kostet.

Rechnung

die Rechnung

Ein Reck ist ein Turngerät. Die Reckstange wird mit Bolzen an zwei Pfosten befestigt. Die Pfosten haben Löcher in verschiedener Höhe, so daß die Reckstange verstellbar ist. Turnst du gern am Reck?

Reck

das Reck; 1 die Reckstange, 2 der Pfosten

Dicke ▷ Wolken hängen am Himmel. Immer mehr ballen sie sich zusammen. Die winzigen Tröpfchen, die in jeder Wolke sind, werden größer, und auf einmal platzt der Regen los. Die Wolkentropfen sind zu schwer geworden und fallen nun als Regentropfen herab. Doch was ist das? Ein herrlicher Regenbogen. Sieh da, die Sonne scheint, und die Regentropfen glitzern in allen Farben.

Regen

der Regen; 1 der Regenbogen

Regenschirm

Es regnet. Mutter streift die Hülle von ihrem Regenschirm, führt den Schieber so weit am Stock empor, daß er einschnappt und schützt uns vor dem Regen. Der Schirm ist mit leuchtendroter Seide bezogen. Er hat eine zierliche Krücke. — Es gibt auch Schirme, die man zusammenschieben kann.

der Regenschirm; 1 die Krücke

Regenwurm

Regenwürmer sind sehr nützlich. Sie lockern den Boden auf und machen ihn fruchtbar. Durch ihre Gänge dringt Luft in die Erde. Abends kriechen die Tiere heraus und ziehen Pflanzenteile hinab, die in den Gängen schnell zu Humus werden. Könnt ihr euch vorstellen, daß jährlich in einem mittelgroßen Feld tausende von Regenwürmern viele hundert Zentner Erde bewegen?

der Regenwurm

Reh

Überall in unseren ▷ Wäldern leben die zierlichen Rehe. Tagsüber halten sie sich zumeist im Dickicht auf. Aber abends sieht man sie auf den ▷ Wiesen äsen. Der Rehbock hat ein kleines Geweih. Die Rehmutter nennt man Ricke. Ein Rehkitz darfst du nicht berühren, wenn du es im Wald allein finden solltest, sonst kümmert sich die Ricke nicht mehr um ihr Junges.

das Reh

---

reich

Es gibt reiche und arme Menschen. In der Villa auf unserem Bild wohnt ein reicher Mann. Zum Haus gehört ein großer Garten mit einem ▷ Springbrunnen. Sogar ein Tennisplatz ist hinter dem Haus. — In diesem Jahr gibt es eine ▷ reiche Ernte, das Getreide ist gut gewachsen.

1 die Villa

Im Spätsommer und Herbst ist Ernte- **reif**
zeit. Das Getreide wird gemäht und
eingefahren. Die Früchte sind reif
und müssen gepflückt werden. –
Die ▷Äpfel sind reif, wenn die
▷Kerne im Kerngehäuse dunkelbraun sind.

1 der Apfelbaum, 2 der Apfel

Spielst du auch gerne mit dem Rei- **Reifen**
fen? Wenn du dem Reifen einen hef-
tigen Schlag mit dem Stock versetzt
hast, läuft er manchmal so schnell,
daß du kaum mitkommst. – Um Holz-
fässer werden Reifen gespannt, damit die Faßbretter fest zusammen-
halten.

die Reifen

Der Reifen ist noch ganz neu, denn **Reifen**
das Profil ist noch gar nicht abgenutzt. – Reifen werden mit Luft gefüllt, damit sie gut federn. – Hast du
einmal zugesehen, wie ein Fahrrad-
reifen abmontiert wurde? Erst mußte
die Luft aus dem Schlauch gelassen
werden, dann konnte der ▷Mantel
abgenommen werden.

der Reifen

Gleichklingende Endsilben in einem **Reim**
Vers nennt man einen Reim. – Auf
„klein" reimt „fein" und „rein".
Findet ihr noch andere Wörter, die
sich auf unseren Reim reimen?

der Reim

klein
fein
rein

Der Reis ist eine Getreideart. Die Ja- **Reis**
paner, ▷Chinesen und Inder be-
reiten viele Speisen daraus. In
▷Asien ist Reis das wichtigste Nahrungsmittel. Die jungen Reispflänz-
chen brauchen viel Wasser, deshalb
werden sie oft auf Feldern ausge-
pflanzt, die immer unter Wasser
stehen.

der Reis

Reise

In den Ferien verlassen viele Menschen ihren Wohnort und machen eine Reise. Das Reisebüro erteilt Ratschläge für Reisen mit der Eisenbahn, dem Flugzeug und dem Schiff. – Im vorigen Jahr haben wir eine herrliche Seereise gemacht. In diesem Jahr verreisen wir mit dem Auto. Vater hat sich die Autokarte genau angesehen und den Reiseweg festgelegt.

die Reise; 1 das Auto

reiten

Hast du schon einmal ein ▷ Pferd geritten? Der Reiter muß sein Pferd mit dem Schenkel kräftig antreiben, denn sonst wird es faul und bleibt stehen. Gleichzeitig muß er es an den Zügel nehmen, damit es ihm nicht wegläuft. – Im Zoo können die Kinder auf einem ▷ Esel reiten. Das ist ein Spaß!

1 der Esel

Rettich

Vom Rettich essen wir die Wurzel. Sie wird geputzt, geschnitten oder geraspelt und gesalzen. Rettich schmeckt gut, aber sehr scharf. Der Saft wird als Heilmittel verwendet; mit Zucker eingenommen, lindert er den Husten. – Das ▷ Radieschen gehört zu den Rettichpflanzen.

der Rettich

Rhabarber

Vom Rhabarber essen wir nur die Blattstiele. Die Blätter darf man nicht als Gemüse verwenden, sie sind ungenießbar. Früher wurde der Rhabarber nur als Zierpflanze in Gärten angepflanzt. – Manche ausländischen Rhabarberarten liefern wirksame Abführmittel und Heilmittel gegen Magenleiden.

der Rhabarber

Im Märchen begegnen wir oft einem Riesen. Er ist viel größer als wir Menschen und hat sehr viel Kraft. – Kannst du dich erinnern, daß das tapfere Schneiderlein zwei Riesen durch eine List besiegt hat?

Riese

der Riese

Rinde nennen wir die äußere Schicht der Baumstämme und der Äste. An der ▷ Eiche ist sie braun und rissig, an der Birke weißgrau und an der ▷ Kastanie braungrün. Die Rinde wächst mit den Bäumen und wird an alten Stämmen sehr dick. Die abgestorbenen Rindenteile ganz außen heißen Borke.

Rinde

die Rinde

Bei der Trauung wechselt das Brautpaar die Ringe. Der Ehering ist ein schlichter, goldener Reif. – Der Schmuckring wird durch einen schön gefaßten Edelstein besonders wertvoll.

Ring

der Ring; 1 der Edelstein

Viele Leute verwechseln die harmlose Ringelnatter mit der Kreuzotter. Dabei ist die Ringelnatter gut an den zwei halbmondförmigen Flecken am Hinterkopf zu erkennen. Sie ist keine Giftschlange. An ▷ Bächen und in feuchten Wäldern triffst du sie. Geschickt erbeutet sie ▷ Frösche und Fische.

Ringelnatter

die Ringelnatter

Weil die Blüte dieser Pflanze einen langen Sporn hat, wie ein Ritter an seinem Stiefel, nennt man sie Rittersporn. Sie wird meistens von ▷ Hummeln bestäubt, die einen so langen Rüssel haben, daß sie an den Sporn reichen. In dem Sporn wird der Nektar gespeichert.

Rittersporn

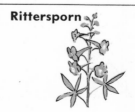

der Rittersporn

Rock

Der Rock wird in der Taille mit einem Gürtel oder Gurtband gehalten. Wir schließen den Rock mit einem Reißverschluß. Zum Rock trägt man eine ▷ Bluse oder einen ▷ Pullover. Der Trägerrock hat zwei Träger. – In Schottland tragen die Männer zu ihrer Tracht einen Faltenrock, den man Kilt nennt.

der Rock; 1 die Taille

Roggen

Roggen ist eine Getreideart. Weil er nicht so empfindlich wie der ▷ Weizen ist, kann er auch in nördlichen Ländern und im Gebirge angebaut werden. Roggen kann im Herbst gesät werden. Dieser Roggen heißt Winterroggen. Er reift eher als der Sommerroggen, der im Frühjahr ausgesät wird. – Aus den gemahlenen Roggenkörnern wird ▷ Brot gebacken.

der Roggen

Roller

Der Roller ist ein Kinderspielzeug. Zwei Räder sind durch ein Trittbrett miteinander verbunden. Der ▷ Lenker sitzt hoch über dem Vorderrad. Moderne Roller haben eine Fußdruckbremse. Wohl alle Roller haben Gummireifen, eine Klingel und einen Richtungsweiser. Zeigst du immer die Richtung an, wenn du abbiegst?

der Roller; 1 das Trittbrett, 2 der Lenker

Rollschuh

Vier kleine Rollen bewegen sich unter jedem Rollschuh. Da ist es kein Wunder, wenn die Schuhe mitunter schneller sind als der Rollschuhläufer. Am besten übt man auf einem Rollschuhplatz. Der Boden ist schön glatt und man braucht niemandem auszuweichen wie auf der Straße.

der Rollschuh; 1 die Rolle

Rolltreppe

Bei einer Rolltreppe bewegen sich die Stufen wie ein Fließband dauernd aufwärts oder abwärts. Die Leute brauchen keine Treppen zu steigen, sondern sie stellen sich auf eine Stufe und fahren hinauf oder hinunter. Rolltreppen sind häufig in ▷ Bahnhöfen und Warenhäusern zu finden.

die Rolltreppe; 1 die Stufe

Rose

Die Rose ist eine der schönsten Blumen. Sie duftet auch besonders gut. Die Gärtner haben immer neue Sorten gezüchtet, es gibt jetzt mehr als 4000. Mancher Rosenstrauch wird sehr hoch. Spalierrosen kann man so ziehen, daß sie einen Torbogen bilden. In Bulgarien wird aus den Blütenblättern das Rosenöl gewonnen, das für Parfüm verwendet wird.

die Rose; 1 das Blütenblatt, 2 der Stachel

Rosine

Die Rosine ist eine getrocknete Weinbeere. Die großen, hellen, kernlosen Rosinen heißen Sultaninen. Die Korinthen sind klein und schwarz, sie kommen aus Griechenland. – Wenn Mutter einen Kuchen mit Rosinen bäckt, freuen sich die Kinder.

die Rosine; 1 der Kuchen

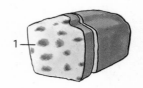

Rost

Eisenteile, die lange in feuchter Luft liegen, bilden an der Oberfläche Rost. Vater ärgert sich über sein verrostetes Taschenmesser. Es sieht gar nicht mehr schön aus. – Pflanzen können von einer Krankheit befallen werden, die wegen der Farbe Rost oder Rostkrankheit genannt wird. Sie wird durch Pilze hervorgerufen.

der Rost

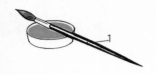

rot Rot ist eine Farbe, die wir in der Natur in verschiedenen Farbtönen sehen. Vergleiche nur einmal das rosa Löwenmaul mit dem leuchtendroten ▷ Mohn und die weinrote ▷ Pfingstrose mit dem Rotkohl, dessen Blätter schon fast violett sind. Der Kunstmaler versucht, alle diese Farben nachzuahmen.

1 der Pinsel

Rotkehlchen Ute ist ganz aufgeregt: „Da, Mutter, ein Rotkehlchen im Gebüsch! Wie seine rote Kehle leuchtet! Siehst du auch den feinen Schnabel?" – Das Rotkehlchen fängt ▷ Raupen und ▷ Käfer. Hast du schon einmal beobachtet, wie es damit seine Jungen füttert? Das Nest liegt unter Sträuchern auf dem Erdboden.

das Rotkehlchen; 1 die Kehle

Rübe Auf unseren Feldern wachsen Futterrüben, die auch Runkelrüben heißen, und Zuckerrüben. Beide Rübenarten sind sehr wichtig. Die Futterrüben werden im Winter an ▷ Kühe und ▷ Schweine verfüttert. Aus der Zuckerrübe wird in großen Fabriken Zucker und Sirup gewonnen. – Die Kohlrübe, sie heißt auch Steckrübe, ist eine Kohlpflanze.

die Rübe

Rucksack Wenn man einen schweren Rucksack lange auf dem Rücken trägt, drückt er. Bergsteiger nehmen deshalb einen Rucksack mit Traggestell. Der kann nicht drücken. Eine Klappe verschließt den Rucksack. Wandernde Handwerksburschen nannten ihren Rucksack Felleisen.

der Rucksack; 1 die Klappe

Im Ruderboot rudert man mit Riemen. Die Riemen liegen in den Dollen. Die Ruderer sitzen an den Riemen und treiben das Boot vorwärts. Der Steuermann bedient das Ruder; er bestimmt die Richtung. Im Einer muß der Ruderer gleichzeitig rudern und steuern. Er steuert mit dem Riemen.

rudern

1 das Ruderboot, 2 der Riemen

Nachts ist es in der Stadt ruhig. Die ▷ Autos machen keinen Lärm, die Straßenbahnen fahren nicht, und die Menschen hetzen nicht den Bürgersteig entlang. Nichts bewegt sich in den Straßen, es ist ganz still.

ruhig

1 die Stadt

Die Reste eines verfallenen oder zerstörten Gebäudes nennt man Ruine. Schloß-, Kloster- und Burgruinen werden von vielen Leuten besucht, denn dort kann man gut sehen, wie die Menschen in früheren Zeiten ihre Häuser bauten und wie sie gelebt haben.

Ruine

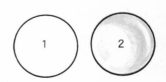

die Ruine

Ein Kreis ist rund, ebenso eine Kugel. – Beim Pferderennen spricht man von einer Runde, wenn die Pferde einmal um den Platz laufen. Dabei ist der Platz meistens nicht rund, sondern oval. Auch die Aschenbahn auf dem Sportplatz ist oval und nicht rund, aber auch hier sagt man Runde.

rund

1 der Kreis, 2 die Kugel

Der Gärtner pflanzt Himbeerruten. Himbeerpflanzen werden Ruten genannt, weil man sie in einem langen, dünnen Stock zieht. – Angler fangen Fische mit der Angelrute.

Rute

die Rute

Rutschbahn

Die Kinder setzen sich auf die Rutschbahn und gleiten ins Wasser oder in den Sand. Sie jubeln dabei vor Vergnügen. – Im Bergwerk wird die Schüttelrutsche gebraucht, um Lasten zu befördern.

die Rutschbahn

Saal

Ein Saal ist ein großer Raum, in dem sich viele Menschen zu Vorträgen, Sitzungen oder Festen versammeln. Auf ▷ Bahnhöfen gibt es Wartesäle. Im Hörsaal der Universität hören die Studenten Vorlesungen. Der Festsaal der Schule wird auch Aula genannt.

der Saal

Sack

Der Sack ist ein Behälter aus grobem Papier, Leinen oder Jute. Jute ist die Faser einer indischen Pflanze. In Säcken werden Zucker, Mehl und Grieß, aber auch Gips und Zement transportiert. – Eine Sackgasse ist eine Straße, die an einem Ende verbaut ist.

der Sack

Saft

Der Saft ist eine Flüssigkeit. Einige Pflanzen haben einen Saft, der Krankheiten heilt. – Wenn Früchte in der Saftpresse ausgedrückt werden, erhält man Obstsaft.

der Saft; 1 die Saftpresse

Sage

Die Sage ist eine Geschichte, die man zuerst nur weitererzählte. Später wurde sie aufgeschrieben. Sagen brauchen nicht immer wahr zu sein. Die Nibelungensage handelt von den Nibelungen. Der Held, der den Drachen tötete, heißt Siegfried. Vielleicht kennt ihr auch schon einige griechische Heldensagen.

die Sage; 1 Siegfried, 2 der Drache

208

Die Säge ist ein Schneidewerkzeug mit einem gezähnten Sägeblatt. Spannsäge, Fuchsschwanz und Bügelsäge werden mit der Hand betätigt. Kreis- und Bandsägen sind Motorsägen. Sägen braucht man zum Schneiden von ▷ Holz, ▷ Metall, ▷ Stein oder ▷ Knochen.

Säge

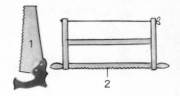

die Säge; 1 der Fuchsschwanz, 2 das Sägeblatt

Wenn man die Milch einen Tag stehen läßt, hat sich die Sahne oben abgesetzt, und man kann sie abrahmen. Der Rahm oder die Sahne wird weiterverarbeitet. Mit einem Schneebesen schlägt man Sahne zu Schlagsahne. In der Molkerei wird aus Sahne Butter hergestellt.

Sahne

die Sahne; 1 der Schneebesen

In Deutschland leben Feuersalamander. Sie verbergen sich am Tag unter ▷ Wurzeln und ▷ Steinen oder in Erdlöchern. Man muß Glück haben, einen zu sehen. Aber an Regentagen im Sommer kommen sie hervor. Wenn du deine Ferien in den Bergen verbringst, dann gib nahe dem Bach am Waldrand einmal acht. Dort sind die Feuersalamander zu Hause. Manchmal sieht man sogar mehrere.

Salamander

der Salamander

Wenn die Mutter einen Salat zubereitet, schneidet sie die Zutaten in kleine Stücke, richtet eine Soße an und mischt alles durcheinander. – Es gibt ausgesprochene Salatpflanzen. Aus den Blättern von Kopfsalat und Schnittsalat, der Endivie und Rapunzel bereitet man einen grünen Salat.

Salat

der Salat; 1 der Salatkopf, 2 die Rapunzel

Salto

Der Salto ist ein Sprung, bei dem man sich überschlägt, ohne sich mit den Händen aufzustützen. – Heinz springt mit einem Salto vom Sprungturm ins Wasser.

der Salto

Salz

Im Haushalt wird Kochsalz verwendet. Es wird in der Saline aus dem Steinsalz gewonnen. Zu einer Saline gehört ein Gradierwerk aus Reisigwänden, über das die Sole herabtropft. Dabei verdunstet das Wasser, das Salz bleibt zurück. – Viehsalz ist mit Eisenoxyd vermischtes Kochsalz. Es sieht daher rot aus.

das Salz

Sand

Wenn Gestein zu winzig kleinen Körnchen verwittert, nennt man es Sand. Auf dem ▷ Strand der Meeresküste liegt feiner, weißer Sand. – Sand aus der Sandgrube wird zum Hausbau gebraucht. – Die Kinder spielen im Sandkasten.

der Sand; 1 der Sandkasten

Sandale

Die Sandale ist ein Sommerschuh, der nur aus einer Sohle mit Riemen besteht. Mit den Riemen kann man die Sandale am Fuß halten. – Sandalen sind sehr gesund für die Füße.

die Sandale; 1 die Sohle, 2 der Riemen

Sandmann

Der Sandmann ist eine Märchengestalt. Man sagt, er streut den Kindern abends Sand in die Augen, damit sie einschlafen können.

der Sandmann

Sardine

Die Sardine ist ein kleiner Heringsfisch, der im Mittelmeer und im Atlantischen Ozean vorkommt. Sardinen werden in Öl konserviert. Wir kaufen Ölsardinen in der Dose.

die Sardine; 1 die Dose

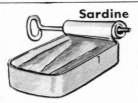

Bei den Mahlzeiten stillen wir unseren Hunger. Wir essen so lange, bis wir satt sind und der Hunger befriedigt ist. – Man spricht auch von satten Farben und meint kräftige Farbtöne.

satt

1 der Teller, 2 der Löffel

Der Sitz beim ▷ Fahrrad und Motorrad heißt Sattel. ▷ Pferde werden zum Reiten gesattelt. Der Sattel wird auf den Pferderücken aufgelegt und mit dem Sattelgurt befestigt. Die Steigbügel hängen am Sattel. – Eine Einsenkung zwischen zwei Bergspitzen wird auch Sattel genannt.

Sattel

der Sattel; 1 der Steigbügel

Wenn Mutter die Wohnung sauber machen will, braucht sie viele Geräte. Den ▷ Teppich säubert sie mit dem Staubsauger. Die Möbel werden mit dem Staubtuch und dem Staubpinsel gereinigt. Der Fußboden wird mit dem Bohnerbesen gebohnert. Herrlich, wenn die Wohnung wieder sauber ist.

sauber

1 der Staubsauger, 2 das Tuch

Unreifes ▷ Obst ist sauer. Das Obst bekommt den süßen Geschmack erst, nachdem die Sonne lange darauf geschienen hat. – Zitronen sind so sauer, daß man sie ohne Zucker gar nicht genießen kann. – Sauerampfer ist eine Pflanze, die viel Säure enthält.

sauer

der Sauerampfer

Eine Schachtel ist ein kleiner Behälter. Die Käseschachtel hat einen Deckel; die Streichholzschachtel verschließt man mit einer kleinen Hülle. Eine Spanschachtel besteht aus dünnem ▷ Holz. Für Reisen haben die Damen eine Hutschachtel.

Schachtel

die Schachtel

Schaf

Das Schaf wird geschoren. Sein Haarkleid liefert uns die ▷Wolle. Milchschafe liefern außerdem ▷Milch, und auch das Fleisch der Schafe wird verwertet. In Heidegebieten treibt der Schäfer riesige Schafherden von Weide zu Weide. Der ▷Schäferhund begleitet ihn und paßt auf, daß kein Schaf oder Lämmchen zurückbleibt.

das Schaf; 1 der Schäfer

Schäferhund

Früher mußten die Schafherden vor ▷Wölfen geschützt werden. Dazu brauchte man sehr starke Hunde. Aus diesen Schäferhunden ist eine besondere Hunderasse gezüchtet worden. Man nennt sie „Schäferhund", obwohl sie nur selten Schafe hüten. Sie werden oft als Polizeihunde verwendet.

der Schäferhund

Schaffner

Der Schaffner verkauft und kontrolliert die Fahrausweise in der Eisenbahn, im Omnibus oder in der Straßenbahn. In den neuen Straßenbahnwagen gibt es einen Schaffnersitz. Dort sitzt der Schaffner hinter dem Zahltisch, und jeder Fahrgast muß an ihm vorbeigehen und das Fahrgeld bezahlen. Bei der Eisenbahn gibt der Schaffner auch Auskünfte über Zuganschlüsse.

der Schaffner; 1 die Mütze

Schal

Einen Schal binden wir um den Hals. Im Winter tragen wir einen Wollschal, im Sommer einen buntgemusterten, leichten Schal. – Die Damen legen sich einen besonders breiten und langen Schal um die Schultern. Man nennt ihn Stola.

der Schal

Viele Früchte haben Schalen. Bei der Walnuß schließt die Schale die Frucht ein, beim Apfel umhüllt sie das Fruchtfleisch. – Ein flaches Gefäß heißt auch Schale. Der Jäger nennt die Hufe der Rehe, Hirsche und Elche, Wildschweine und Gemsen Schalen.

Schale

die Schale; 1 die Walnuß, 2 der Apfel

Eine Schallplatte ist eine runde Kunststoffscheibe, in die eine lange Rillenspirale eingeritzt ist. Je nach der Tiefe der Rille ist der Ton hoch oder tief. Schallplatten werden auf einem Plattenspieler abgespielt. Man legt die Schallplatte auf den Plattenteller und setzt einen Arm mit einem Saphir auf die sich drehende Platte. Die Berührung des Saphirs mit den Rillen erzeugt Töne.

Schallplatte

die Schallplatte

In jeder Bahnhofshalle ist mindestens ein Schalter, an dem die ▷ Fahrkarten gelöst werden. Man spricht mit dem Beamten durch das Schalterfenster. – Auch auf dem ▷ Postamt und in jeder ▷ Bank gibt es Schalter, an denen Beamte die Kunden bedienen.

Schalter

der Schalter; 1 das Schalterfenster

Das elektrische Licht schalten wir mit einem Schalter ein. Beim Kippschalter bewegt man einen Hebel von oben nach unten. Beim Drehschalter drehen wir einen Knopf nach rechts. Durch das Knipsen oder Drehen schließen wir ein elektrisches Gerät an den Strom an, oder wir unterbrechen den Strom. Manche Schalter haben einen kleinen, leuchtenden Punkt, damit man sie auch im Dunkeln finden kann.

Schalter

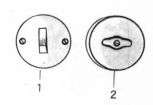

der Schalter; 1 der Kippschalter, 2 der Drehschalter

213

Schatten

Jeder Gegenstand, der beleuchtet wird, verursacht hinter sich einen dunklen Raum, den Schatten. Nur wenn das Licht senkrecht auf den Körper fällt, entsteht kein Schatten. Beim Schattenspiel werden Schattenbilder auf eine helle, durchsichtige Fläche geworfen.

der Schatten; 1 das Schattenspiel

Schaufel

Wie unterscheidet man eine Schaufel von einem ▷ Spaten? Das Blatt des Spatens ist fast glatt und unten scharf. Das Schaufelblatt ist an beiden Seiten gebogen. So ist es bei Mutters Kehrschaufel, bei der Schaufel, mit der Vater Sand oder Schnee schaufelt, und auch bei der Kohlenschaufel.

die Schaufel; 1 der Stiel, 2 das Blatt

Schaukel

Inge schaukelt. Sie sitzt auf dem Schaukelbrett und hält sich am ▷ Seil fest. Sie kann aber auch das Schaukelbrett herausnehmen und Schaukelringe anbringen. An den Ringen übt sie Klimmzug.

die Schaukel; 1 das Schaukelbrett, 2 das Seil

Schaukelpferd

Peter steigt in den Sattel. Sein Pferd ist ein Schaukelpferd und steht auf zwei Schaukelbrettern. Peter nimmt die Zügel in die Hand, stemmt die Füße in die Steigbügel und schaukelt.

das Schaukelpferd; 1 das Schaukelbrett, 2 der Zügel, 3 der Steigbügel

Schaum

Der Schaum des ▷ Bieres heißt Blume. Vater gießt sein Bier so ein, daß eine schöne Blume entsteht. – Bei stürmischem Wetter zeigen die ▷ Wellen weißen Schaum auf den Kämmen, das sind Schaumköpfe. – ▷ Seife schäumt. Auf der Waschlauge ist eine dicke Schaumschicht.

der Schaum; 1 das Bier, 2 die Blume

Die Fensterscheibe ist zerbrochen, der Glaser bringt eine neue und setzt sie ein. – Die Schützen zielen auf die Schießscheibe. – Mutter legt auf die Scheibe Brot eine Wurstscheibe.

Scheibe

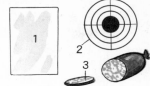

die Scheibe; 1 die Fensterscheibe, 2 die Schießscheibe, 3 die Wurstscheibe

---

Beim Melken sitzt die Bäuerin auf einem Schemel. Der Melkschemel hat nur drei Beine. – Mutter nennt ihre Fußbank Schemel. Die Fußbank hat aber vier Beine.

Schemel

der Schemel; 1 der Melkschemel, 2 die Fußbank

Monika trocknet eine Kaffeekanne ab. Da knackt es, und Monika hält eine Scherbe in der Hand. Die Kanne muß schon einen Sprung gehabt haben. Ein Stück ist herausgebrochen, der Sprung zieht sich über die ganze Kanne.

Scherbe

die Scherbe; 1 die Kaffeekanne, 2 der Sprung

Es gibt viele verschiedene Scheren: Schneiderscheren, Stickscheren, Nagelscheren, Blechscheren, Geflügelscheren. Alle Scheren haben einen Griff, eine Schneide und ein Scharnier. Wenn du sehr geschickt bist, versuche, einen Scherenschnitt anzufertigen. Du mußt die Umrisse einer Figur genau ausschneiden.

Schere

die Schere; 1 der Griff, 2 die Schneide, 3 das Scharnier, 4 der Scherenschnitt

---

Die Scheune ist die große Vorratskammer des Bauern. Er lagert dort ▷Getreide, ▷Stroh und ▷Heu. Auch allerlei Geräte stellt er dort unter. Zur Erntezeit fahren die Wagen durch das Scheunentor auf die Tenne und laden dort das Korn ab.

Scheune

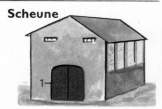

die Scheune; 1 das Scheunentor

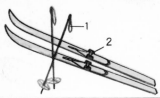

Schi Zu Schiern gehören Schistöcke. Oder wagst du dich ohne Schistöcke auf den Hang? Prüfst du immer, ob die Bindung richtig sitzt? Das Wachsen der Lauffläche wirst du wohl nicht vergessen, sonst sind die Schier ja stumpf und rutschen nicht.

der Schi; 1 der Schistock, 2 die Bindung

---

schieben Das ▷ Auto hat eine ▷ Panne. Es steht mitten auf der Fahrbahn. Zwei Männer stemmen sich gegen das Auto und schieben es an die Seite. Der eine bedient gleichzeitig das Steuer. – Die Mutter schiebt den Kuchen in den Backofen. Der Mann schiebt einen Karren.

1 das Auto, 2 die Fahrbahn

Schiff Jedes größere Wasserfahrzeug bezeichnen wir als Schiff. Wir unterscheiden Segel-, Dampf- und Dieselschiffe. Die Segelschiffe werden durch den Wind vorwärtsgetrieben, der sich mit aller Kraft in die ▷ Segel stemmt. Dampfmaschinen bewegen die Dampfschiffe vorwärts, Dieselmotoren die Dieselschiffe. – Ein Frachtschiff kannst du an den Ladebäumen erkennen.

das Schiff; 1 der Ladebaum, 2 der Schornstein

Schildkröte Hast du schon einmal eine kleine Landschildkröte in der Hand gehalten? Sie trägt auf dem Rücken einen knochenartigen Panzer, unter den sie Kopf und Beine zurückziehen kann. Unter dem Leib hat sie auch noch einen Bauchpanzer. So kann ihr kein Feind etwas anhaben, wenn sie sich rechtzeitig in ihrem Panzer verkriecht. Mit den schweren Panzern kann sie sich freilich auch nur langsam fortbewegen.

die Schildkröte

Schilf

Wie ein Gürtel umgibt das Schilf den See. Der Wind bläst darüber hin, daß sich die Halme biegen und der ganze Schilfwald wie gekämmt aussieht. Denn die langen, breiten Blätter drehen sich alle wie Wetterfahnen in dieselbe Richtung. Viele Wasservögel haben im Schilf ihren Brutplatz. Mit den Halmen, dem Rohr, wurden früher oft die ▷Dächer gedeckt.

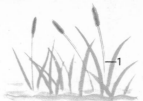

das Schilf; 1 das Rohr

Schimmel

Die Pferde haben nach ihren Farben verschiedene Namen. Ein weißes Pferd heißt Schimmel, ein braunes Pferd mit braunem Schwanz und brauner Mähne heißt Fuchs, ein schwarzes Pferd heißt Rappe. – Ein Schimmel wird selten weiß geboren, erst im Laufe der Zeit wird sein Fell weiß.

der Schimmel

Schimmel

Mutter nimmt ein Stück ▷Brot aus dem Brotkasten. Auf der einen Seite ist es von einer grünweißen Schicht überzogen: Das Brot ist schimmlig. Nun muß sie es wegwerfen, verschimmeltes Brot kann man nicht mehr essen. Die Schimmelschicht besteht aus kleinen Pilzen. Sie wachsen auf feuchten Lebensmitteln.

der Schimmel; 1 das Brot

Schimpanse

Schimpansen sind die gelehrigsten Menschenaffen. In ihrer Heimat, den ▷Urwäldern ▷Afrikas, turnen sie geschickt in den Bäumen. In den Ästen haben sie auch ihre Schlafnester. In der Gefangenschaft kann man sie lehren, mit Messer und Gabel zu essen, ▷Rollschuh zu laufen, radzufahren, sogar Zigaretten zu rauchen und viele andere Kunststückchen zu vollführen.

der Schimpanse

Schinken

Ein Schinken ist die Keule vom Schwein. Wenn du im Fleischerladen rohen Schinken verlangst, so bekommst du geräucherten Schinken, der zuerst gesalzen und dann geräuchert worden ist.

der Schinken; 1 der Knochen

schlafen

Wenn wir schlafen, ruhen wir uns von der Arbeit, die wir leisten, aus. Kinder müssen mehr schlafen als Erwachsene, weil ihr Wachstum den Körper sehr anstrengt. – Wir Menschen und auch die meisten Tiere schlafen nachts. Es gibt aber auch Tiere, die sich nachts ihr Futter suchen und tagsüber schlafen.

Schlange

Das Auffälligste an den Schlangen ist, daß sie keine Beine haben. Mit ihrem langen Leib schlängeln sich diese Kriechtiere über den Boden. Giftschlangen haben Giftzähne im Maul, durch die Gift in die Bißwunde des Beutetieres gelangt. Alle Schlangen verschlingen ihre Nahrung, ohne sie vorher zu zerkleinern.

die Schlange; 1 die Zunge

Schlange

Beim Sommer- oder Winterschlußverkauf stellen sich viele Menschen frühmorgens vor dem Laden auf. Sie stehen hintereinander in einer Schlange und warten, bis das ▷Geschäft geöffnet wird.

die Schlange

Schlaraffenland

Das Schlaraffenland ist ein Märchenland, in dem nur Faulenzer leben. Dort brauchen die Menschen nicht zu arbeiten, sie essen, trinken und schlafen nur. An den ▷Bäumen hängen ▷Würste, ▷Schinken und Brezeln. Gebratene Hühner fliegen durch die Luft.

das Schlaraffenland; 1 die Wurst, 2 die Brezel, 3 der Hühnerbraten

Schlauch

Ein Schlauch ist aus ▷Gummi oder Kunststoff. Wir haben einen Gartenschlauch zum Sprengen des ▷Rasens. Die Feuerwehr braucht einen langen Schlauch, um das Wasser von der Schöpfstelle zur Brandstelle zu leiten. Nach dem Löschen wird der Schlauch getrocknet und aufgerollt.

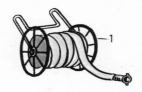

der Schlauch; 1 der Schlauchwagen

Schleier

Der Schleier ist ein feines, durchsichtiges Gewebe. Mutters Hut ist mit einem kleinen Schleier verziert. Die ▷Braut trägt an ihrem Hochzeitstag einen weißen Schleier. Witwen verhüllen ihr Gesicht oft mit einem schwarzen Trauerschleier. Im Orient gehen viele Frauen immer verschleiert. Von ihrem Gesicht sind nur die Augen zu sehen.

der Schleier; 1 die Braut

Schleife

Birgit hat ▷Zöpfe. Sie flicht den Zopf und bindet unten eine Schleife ein. Es ist ein rotes Seidenband. Bevor sie die Schleife bindet, knotet sie das Band. Schleifen werden als Schmuck auf Kleider gesetzt, auch den ▷Gürtel kann man mit einer Schleife schließen. Und das Geburtstagsgeschenk für Mutter wird mit einer hübschen Schleife verziert.

die Schleife; 1 der Zopf

Schleife

Die Windung eines ▷Flusses wird auch Schleife genannt. Wenn ein Fluß zu viele Schleifen macht, ist es besser, den Flußlauf zu begradigen. Dazu muß man ein neues Flußbett schaffen. Der Reiseweg für die Schiffe wird dadurch kürzer. – Flüsse im Gebirge bilden häufig Schleifen, weil sie um die Berge herumfließen.

die Schleife

Schleuse

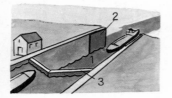

Ihr seht, daß das Wasser rechts viel niedriger steht als links. Wenn das Schiff nach links fahren will, muß es zuerst in die Schleusenkammer fahren. Sobald das Schleusentor sich hinter ihm geschlossen hat, wird Wasser in die Kammer gepumpt. Wenn der Wasserspiegel auf der gleichen Höhe mit dem Wasser auf der linken Seite steht, öffnet sich das zweite Schleusentor, und das Schiff kann weiterfahren.

die Schleuse; 1 die Kammer, 2 das erste Schleusentor, 3 das zweite Schleusentor

Schlips

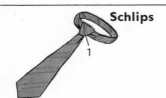

Herren tragen zum Oberhemd einen Schlips. Er heißt auch Krawatte. Der Schlips wird unter den Kragen gelegt und vorne zu einem Knoten gebunden.

der Schlips; 1 der Knoten

Schlitten

Jeder Schlitten gleitet auf Kufen. Sie sind mit ▷ Eisen beschlagen und vorne nach oben umgebogen. Beim Hörnerschlitten laufen sie wie zwei Hörner nach oben aus. – Der ▷ Bob ist ein Schlitten mit Steuerung. Rodelschlitten und Bobs sind Sportgeräte, mit dem Hörnerschlitten wird im Gebirge Holz transportiert. – Eine Fahrt mit dem Pferdeschlitten ist herrlich.

der Schlitten; 1 die Kufe

Schlittschuh

Viele Kinder warten im Winter sehnlichst darauf, daß der See oder ▷ Fluß zufriert, damit sie Schlittschuh laufen können. Die Schlittschuhe sind aus Stahl. Sie werden an die ▷ Stiefel angeschraubt, es gibt aber auch solche, die an den Stiefeln befestigt sind.

der Schlittschuh; 1 die Laufschiene

Nachts verschließen wir die Haustür. Die Tür hat ein eingebautes Schloß. Anders ist es bei der Stalltür, sie wird mit einem Vorhängeschloß gesichert. Auch unsere ▷Koffer und Taschen haben Schlösser, damit wir sie, wenn wir unterwegs sind, verschließen können.

Schloß

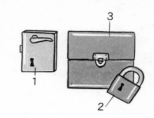

das Schloß; 1 das Türschloß, 2 das Vorhängeschloß, 3 die Tasche

Viele Schlösser, die früher Wohnsitz eines Fürsten waren, sind heute ▷Museen oder Amtsgebäude. Sie sind oft von einem großen Park umgeben. ▷Springbrunnen und Blumenrabatten zieren ihn. Das Schloßgebäude hat eine prächtige Fassade. Oft führt eine breite Freitreppe zum Eingang. Im Schloß gibt es prächtige Räume und große Säle.

Schloß

das Schloß; 1 die Fassade, 2 die Freitreppe

Wo das Gebirge von einem reißenden Gewässer durchschnitten wird, entsteht im Laufe einer sehr langen Zeit ein tiefer Einschnitt. Einen solchen Einschnitt nennen wir Schlucht oder, wenn er besonders eng und tief ist, auch Klamm. In manchen Schluchten kann man einen Spaziergang machen, wenn der Fluß wenig Wasser führt.

Schlucht

die Schlucht; 1 die Felswand

▷Schlösser werden mit Schlüsseln geöffnet und verschlossen. Wenn der Schlüssel nicht genau in das Schloß paßt, springt das Schloß nicht auf. Darum muß der Schlosser den Bart des Schlüssels sehr sorgfältig feilen. – Für Sicherheitsschlösser, man nennt sie auch Zylinderschlösser, braucht man Flachschlüssel.

Schlüssel

der Schlüsel; 1 der Bart, 2 der Flachschlüssel

Schlüsselblume

Schon im zeitigen ▷Frühjahr blühen im ▷Wald, auf den ▷Wiesen und im ▷Garten die hübschen, gelben Schlüsselblumen. Sie heißen auch Himmelsschlüsselchen oder Primeln. Wenn du im Wald oder auf Wiesen Schlüsselblumen findest, so pflücke sie nicht ab. Wie leicht könntest du dabei die Wurzel beschädigen, und die steht unter Naturschutz.

die Schlüsselblume

Schmalz

Mutter hat Schmalz ausgelassen. Aus dem weißen Schweinefett, das in kleine Würfel geschnitten war, wurde im heißen Kochtopf durchsichtiges, flüssiges ▷Fett. Erst beim Erkalten wird das Schmalz wieder weiß. Wir streichen Schmalz auf das Brot. Mutter braucht es zum Backen und Kochen.

das Schmalz

Schmerz

Karl liegt auf der Krankenbahre, er hat sich das Bein gebrochen. Sein Gesicht ist verzerrt, denn Karl muß große Schmerzen ertragen. Der Arzt kommt und gibt Karl eine schmerzstillende Tablette. Die Schmerzen werden bald nachlassen. Nun muß Karl in die Klinik, und dort bekommt sein Bein einen Gipsverband.

der Schmerz; 1 die Krankenbahre, 2 der Arzt

Schmetterling

Schmetterlinge sind Insekten. Sie flattern von ▷Blüte zu Blüte, um Nektar zu saugen. Ihre ▷Flügel sind mit kleinen ▷Schuppen bedeckt, und ihren langen Rüssel können sie zusammenrollen. Es gibt Tag- und Nachtschmetterlinge. Alle entwickeln sich so: Aus dem Ei kriecht die ▷Raupe. Diese wird zu einer ▷Puppe. Daraus kriecht der Falter, der fertige Schmetterling.

der Schmetterling

Beim Schmied brennt immer ein Schmiedefeuer, in dem er das ▷ Eisen zum Glühen bringen kann. Auf dem ▷ Amboß wird das glühende Eisen mit dem Schmiedehammer beschlagen. – Der Hufschmied schlägt dem ▷ Pferd neue Eisen unter die Hufe. – Ein Goldschmied bearbeitet kostbare ▷ Metalle, wie ▷ Gold und ▷ Silber. Natürlich sind seine Werkzeuge viel feiner als die in der Hufschmiede.

Schmied

der Schmied; 1 der Amboß, 2 der Schmiedehammer

Die Schuhe sind schmutzig, Otto muß sie putzen. Mit der Schmutzbürste bürstet er den Schmutz ab, dann fettet er das ▷ Leder ein und poliert es mit dem Tuch blank.

schmutzig

1 der Schuh, 2 die Schmutzbürste

Der Mund der Vögel heißt Schnabel. Er ist aus hartem Horn, weil die Vögel ihre Nahrung damit nicht nur packen, sondern auch zerkleinern. Viele Vögel, wie den Säbelschnäbler oder den Kirschkernbeißer, kann man schon an der Form ihres Schnabels erkennen.

Schnabel

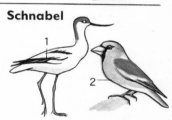

der Schnabel; 1 der Säbelschnäbler, 2 der Kirschkernbeißer

Leute, die mit offenem Mund schlafen, schnarchen, denn sie atmen durch den Mund, und dabei entsteht das Schnarchgeräusch. – Hast du auch schon einen Hund schnarchen hören?

schnarchen

Bei einigen Tieren nennt man den Mund Schnauze. ▷ Katzen, ▷ Hunde und ▷ Schweine haben Schnauzen. Welche Tiere haben ▷ Mäuler und welche ▷ Schnäbel?

Schnauze

die Schnauze

Schnecke

Aus dem harten Schneckenhaus sehen nur der Kopf und die Füße der Schnecke hervor. Das Gehäuse schützt das Weichtier. Die meisten Schnecken leben im Wasser, wenige auch auf dem Land. Die Landschnecken sondern aus den Fußdrüsen Schleim ab, der den Boden so glättet, daß sie sich rutschend vorwärtsbewegen können. Schleim schützt auch die Landschnecken, die kein Gehäuse haben, vor dem Austrocknen.

die Schnecke; 1 das Gehäuse

Schnee

Im Winter herrscht bei Temperaturen unter null Grad Frost. Der Niederschlag fällt dann nicht als Regen, sondern als Schnee. Wenn der Schnee im Frühjahr geschmolzen ist, gucken die Schneeglöckchen aus dem Boden hervor. – Ihr freut euch sicher immer, wenn die Schneeflocken vom Himmel fallen, denn dann kann man bald rodeln, und das ist immer ein großer Spaß.

der Schnee; 1 das Schneeglöckchen

Schneider

Der Schneider arbeitet ▷Kleider, Anzüge und ▷Mäntel nach Maß. Er schneidet den Mantel mit einer Zuschneideschere zu, heftet die Teile zusammen und probiert ihn auf einer Puppe an. Mit der Nähmaschine näht er die Nähte. Nun kann der Kunde zur Anprobe kommen.

der Schneider; 1 die Zuschneideschere, 2 die Puppe

schnitzen

Karl hat sich einen derben Stecken als Wanderstab ausgesucht. Nun will er ihn verzieren. Er schnitzt mit dem Messer Muster in den Stock. – Ein Kunstschnitzer schnitzt Figuren und Ornamente. Er benutzt viele verschiedene Schnitzmesser.

1 der Wanderstab, 2 das Schnitzmesser

Schokolade wird aus ▷Kakao, Zucker und anderen Zutaten hergestellt. Mokkaschokolade schmeckt nach ▷Kaffee, und bei der Nußschokolade fügt man ▷Nüsse hinzu.

die Schokolade

Schokolade

Jede Feuerstelle muß einen Abzug für den Rauch haben. Unsere ▷Öfen sind mit einem Rohr an den Schornstein angeschlossen. Der Schornsteinfeger fegt die Schornsteine vom ▷Dach aus. In manchen Gegenden Deutschlands sagt man nicht Schornstein, sondern Schlot, Esse oder Kamin.

der Schornstein; 1 der Schornsteinfeger

Schornstein

Der Schrank ist ein Möbelstück. Die Türen kann man abschließen. Im Kleiderschrank ist ein Hutfach und darunter eine Kleiderstange. Im Wäscheschrank sind mehrere Fächer. Es gibt auch Schränke mit Kleider- und Wäschefach.

der Schrank; 1 das Kleid, 2 die Kleiderstange, 3 der Hut, 4 das Wäschefach

Schrank

Wenn eine ▷Straße eine Bahnlinie kreuzt, ist meistens auf beiden Seiten der Gleise eine Schranke angebracht. Sie wird geschlossen und sperrt die Straße für den Verkehr, wenn ein Zug vorbeifährt. An der Straße weisen Warnzeichen auf beschrankte und unbeschrankte Bahnübergänge hin.

die Schranke; 1 die Straße, 2 die Schienen

Schranke

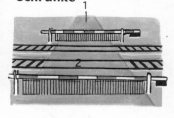

In Vaters Werkzeugkasten liegen viele Schrauben. Alle haben ein Gewinde. Der Kopf einer Holzschraube hat einen Schlitz. Mit einem Schraubenzieher, den man in diesen Schlitz setzt, kann die Holzschraube gelöst oder befestigt werden.

die Schraube; 1 der Schraubenzieher

Schraube

schreiben

Die Abc-Schützen lernen mit einem Griffel oder einem Bleistift schreiben. Später benutzen sie einen Federhalter oder einen Füllfederhalter. Im Büro werden Briefe mit einer Schreibmaschine geschrieben. Man drückt auf eine Taste, ein Typenhebel schnellt hervor und drückt den Buchstaben aufs Papier.

1 die Schreibmaschine, 2 die Taste, 3 der Typenhebel

Schubkarren

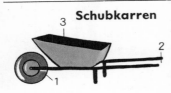

Vater fährt das ▷ Unkraut im Schubkarren zum Komposthaufen. Sein Schubkarren ist bunt. Rad und Handgriffe sind rot, der Kasten ist blau angestrichen. – Der Maurer fährt auf der Baustelle ▷ Sand mit dem Schubkarren.

der Schubkarren; 1 das Rad, 2 der Handgriff, 3 der Kasten

Schublade

Eine Kommode hat mehrere Schubladen. Eine Schublade ist ein Kasten, den man an einem Knopf oder Griff aus der Kommode herauziehen oder hineinschieben kann. Welche Möbelstücke in eurer Wohnung haben Schubladen?

die Schublade; 1 der Knopf, 2 die Kommode

Schuh

Barfuß laufen wir nur am Strand. Sonst tragen wir Schuhe. Im Sommer ziehen die Kinder ▷ Sandalen an. Damen tragen gern Pumps oder andere Schuhe mit hohen Absätzen. Vater trägt zur Arbeit ▷ Stiefel.

der Schuh; 1 die Sandale, 2 der Pumps, 3 der Stiefel

Schuhmacher

Als es noch keine Schuhfabriken gab, fertigte der Schuhmacher Schuhe an. Heute repariert er ▷ Schuhe und ▷ Stiefel. Nur selten fertigt er Schuhe nach Maß an.

der Schuhmacher; 1 der Dreifuß, 2 der Hammer, 3 das Schustermesser

Die Kinder gehen in die Schule, um etwas zu lernen. Die ▷ Lehrer unterrichten viele Schüler in einem Klassenzimmer. In Deutschland muß jedes Kind acht oder neun Jahre die Schule besuchen.

die Schule

Schule

Der Kohlenmann trägt den ▷ Sack mit ▷ Kohlen in den ▷ Keller. Mit beiden Händen langt er über die Schulter und packt den Sack. Gebeugt schleppt er die Last auf dem Rücken.

die Schulter; 1 der Kohlenmann, 2 der Sack

Schulter

▷ Fische und Kriechtiere haben über der Haut keine Haare, sondern Schuppen. Vergleiche einmal an Fischen, wie verschieden die Schuppen angeordnet sind: in geraden Reihen längs, quer oder schräg vom Rücken zum Bauch oder gar wie Dachziegel. — Der Schmetterling sieht so bunt aus, weil seine ▷ Flügel von farbigen Schuppen bedeckt sind.

die Schuppe; 1 der Fisch

Schuppe

Bei der Hausarbeit trägt Mutter eine Schürze. Manchmal bindet sie eine Trägerschürze um, manchmal zieht sie eine Kittelschürze an. — Zu vielen Trachten gehören Schürzen. Das Dirndlkleid wird mit einer Dirndlschürze getragen. Zur Berufstracht einer Kellnerin gehört eine weiße Servierschürze.

die Schürze; 1 der Träger

Schürze

Im Geschirrschrank stehen verschiedene Schüsseln: die Kartoffelschüssel, die Suppenschüssel, die Gemüseschüssel und die Salatschüssel. Die Suppenschüssel hat einen Dekkel. Er hat an der Seite einen Einschnitt für den Suppenlöffel.

die Schüssel

Schüssel

schütteln

Wenn sich in Deutschland zwei Freunde auf der Straße treffen, schütteln sie sich bei der Begrüßung die Hände. In England ist das nicht üblich. – Auf Medizinflaschen liest man oft die Aufschrift: „Vor Gebrauch schütteln!"

1 der Mann, 2 die Hand

Schwalbe

Mitten in der Stadt unter einem ▷Balkon hat eine Mehlschwalbe ihr Nest. Es ist aus Lehm gebaut und hat ein kleines Flugloch. Ende Juli können die Jungschwalben fliegen. Auf dem Dorf nistet eine Rauchschwalbe sogar im Kuhstall. Wie schnell alle Schwalben durch die Luft jagen und Insekten fangen! Im Herbst ziehen die Vögel nach ▷Afrika.

die Schwalbe

Schwamm

Wir haben in der Schule für die Tafel einen echten Schwamm. Wer sieht es ihm an, daß er einst auf dem Meeresboden gewachsen ist? Er hat dort festgesessen wie eine Pflanze. Und doch war es keine Pflanze! Er bestand aus vielen Tieren, die in einem Schwammstock miteinander verwachsen waren. Taucher holen die Schwämme vom Meeresboden herauf.

der Schwamm

Schwan

Im Stadtpark könnt ihr auf dem Teich Schwäne sehen. Die meisten tragen ein weißes Federkleid, manche auch ein schwarzes. Ruhig gleiten sie übers Wasser und bieten ein schönes Bild. In Norddeutschland brüten noch wilde Schwäne. Sie haben ihr großes Nest im ▷Schilf. Wenn sie auffliegen, nehmen sie einen Anlauf wie ein ▷Flugzeug beim Start.

der Schwan

Weißt du, daß die Schwänze mancher Tiere einen besonderen Namen haben? Der Hundeschwanz heißt Rute, der Hirschschwanz Wedel, der Fuchsschwanz Lunte, der Wildschweinschwanz Pürzel, der Hasenschwanz Blume. Der Pferdeschwanz wird auch Schweif genannt. Und zu dem lustigen Schweineschwanz sagen wir Ringelschwanz.

Schwanz

der Schwanz; 1 der Hund, 2 die Rute, 3 das Schwein, 4 der Ringelschwanz

Schwarz ist die dunkelste Farbe. Schwarze Blumen gibt es nicht, aber schwarze Tiere. Das schwarze ▷ Pferd heißt Rappe. Schwarze ▷ Katzen sieht man häufig. Schwarze ▷ Pudel kennt ihr auch. ▷ Raben sind schwarz, auch ▷ Amseln. Vom schwarzen ▷ Panther hast du schon gehört. Weißt du noch mehr schwarze Tiere?

schwarz

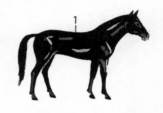

1 der Rappe

Ein ▷ Fallschirm schwebt in der Luft. Blätter schweben zur Erde nieder, auch Schneeflocken schweben. – In Wuppertal gibt es eine Schwebebahn. An einer Oberleitung, die auf Pfeilern ruht, bewegt sich die Bahn; die Wagen schweben in der Luft.

schweben

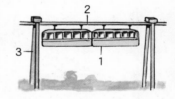

1 die Schwebebahn, 2 die Oberleitung, 3 der Pfeiler

Was für ein Gequieke im Schweinestall! Viele kleine Ferkel drängen sich um die Sau. In dem Schweinekoben gegenüber liegt der Eber, der Vater der Schweinefamilie. Die Hausschweine werden gemästet und liefern uns Fleisch, ▷ Speck und ▷ Fett. – Im Wald leben die ▷ Wildschweine. Sie richten auf den Feldern großen Schaden an.

Schwein

das Schwein

229

schwer

Du kannst sehen, daß das, was auf der linken Waagschale liegt, schwerer ist als das auf der rechten. Die linke Schale hängt ja viel tiefer als die rechte. – Beim Pflügen müssen die ▷ Pferde schwer arbeiten. Achte einmal darauf, wie sehr sie sich anstrengen.

1 die Waagschale

Schwertlilie

Die Schwertlilien haben ihren Namen von den langen Blättern, die wie Schwerter geformt sind. Die Oberseite des Blattes sieht fast ebenso aus wie seine Unterseite. Die Pflanzen wachsen wild an feuchten Stellen, oft an ▷ Ufern. Sie blühen gelb. Die schönsten Schwertlilien, darunter auch violette und weiße, findet man aber in den Gärten.

die Schwertlilie; 1 das Blatt

---

schwimmen

Inge ist im Schwimmbad. Sie übt Brustschwimmen. Neben ihr schwimmt ein Junge auf dem Rükken. Das kann Inge noch nicht, sie wagt es auch noch nicht, vom Sprungbrett zu springen. Sie beneidet die Größeren, die das alles schon können. Darum übt sie jeden Tag. Im Winter geht sie in das Hallenschwimmbad.

1 das Schwimmbad, 2 das Sprungbrett

Schwimmweste

Mit einer Schwimmweste können auch Nichtschwimmer schwimmen. Die Weste ist aus Kork oder mit Luft gefüllt. Der leichte Kork oder die Luft hält den Menschen über Wasser. Jedes Schiff muß für seine Passagiere genügend Schwimmwesten an Bord haben, damit sich im Falle eines Unglücks alle retten können.

die Schwimmweste

See

Ein See ist ein Gewässer, das nicht fließt. Er ist nicht unmittelbar mit dem Meer verbunden. Manchmal durchfließt ein Fluß einen See. Der Rhein fließt durch den Bodensee, den größten deutschen See. – Die Seen im Gebirge sind oft sehr tief, ihr Wasser ist meistens sehr kalt.

der See

Seehund

Seehunde sind Robben, keine Hunde. Sie leben im Meer. Gewandt tauchen sie den Fischen nach und bleiben lange unter Wasser. Aber zum Luftholen müssen sie immer wieder auftauchen. Sie haben keine Beine, sondern Ruderflossen und sind auf dem Land sehr unbeholfen. Dort sonnen sie sich, und die Weibchen bringen dort ihre Jungen zur Welt.

der Seehund; 1 die Ruderflosse

Seemann

Karins Vater ist von Beruf Seemann. Als Schiffsjunge hat er angefangen, dann wurde er Matrose und jetzt fährt er als Steuermann zur See. Karin sieht ihren Vater selten, denn das Schiff, auf dem er fährt, verkehrt zwischen Deutschland und Australien. Jede Fahrt dauert viele Wochen.

der Seemann

Seestern

Seesterne sind eigenartige Meerestiere. In der Mitte sitzt der Mund, und an jedem Arm hat der Seestern viele kleine Saugfüßchen. Überfällt er eine ▷ Muschel, dann stülpt er seinen ganzen Körper darüber. Mit den Saugfüßchen heftet er sich an der Muschel fest und zieht so lange an den Muschelschalen, bis sie sich öffnen. Dann frißt er das Weichtier.

der Seestern; 1 der Arm

Segel

Karl geht mit seinen Freunden zum Jachthafen, dort liegt sein Segelboot. Es ist eine Jolle und hat nur einen ▷ Mast. Bevor die Jungen segeln können, müssen die Segel gesetzt werden: das Großsegel und die Fock. Der Wind ist gut und schnell kommen sie in Fahrt.

das Segel; 1 das Segelboot, 2 das Großsegel, 3 die Fock

Seife

Zum Waschen gebraucht man Seife. Sie kann fest oder flüssig sein. Unseren Körper waschen wir mit Feinseife. Mutter verwendet Seifenpulver, Schmierseife und Kernseife bei der Wäsche. Wenn Ilse Seifenblasen machen will, löst sie Seifenflocken in Wasser auf. Etwas Seifenschaum saugt sie in einen Strohhalm und bläst langsam eine Seifenblase.

die Seife; 1 die Kernseife, 2 der Seifenschaum

Seifenkistenrennen

„Autorennen" für Kinder heißen Seifenkistenrennen. Die Kinder fahren in ihren Autos, die sie aus Seifenkisten selbst gebastelt haben, um die Wette.

das Seifenkistenrennen; 1 die Seifenkiste

Seil

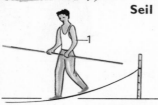

Ein Seil ist ein dicker Strang aus Hanf oder ▷ Draht. – Der Bergsteiger sichert sich mit einem Hanfseil. Die Seilbahn fährt am Drahtseil. – Seiltänzer zeigen ihre Kunststücke auf einem gespannten Seil.

das Seil; 1 der Seiltänzer

Sellerie

Der Sellerie ist eine Gemüsepflanze. Die Mutter verwendet die Wurzelknolle zum Selleriesalat und als Suppengewürz. Auch die grünen Blätter sind ein Gewürz, und aus den gebleichten Blättern kann man Salat bereiten.

der Sellerie; 1 die Wurzelknolle

Auf den Almen, den Gebirgswiesen, auf denen im Sommer ▷Kühe weiden, gibt es Sennhütten. In ihnen wohnen die Sennerinnen und Sennen, die das Vieh betreuen. Sie melken die Kühe und bereiten aus der Milch ▷Butter und ▷Käse.

Sennhütte

die Sennhütte; 1 die Alm, 2 das Gebirge

Mit der Sense wird ▷Gras gemäht. Das Blatt der Sense muß immer scharf sein. Es wird mit einem Wetzstein geschärft. Vor dem Schärfen wird das Sensenblatt mit einem Hammer gedengelt.

Sense

die Sense; 1 der Wetzstein, 2 das Blatt, 3 der Sensenschutz

Auf dem gedeckten Eßtisch liegt links vom Gedeck die Serviette. Beim Essen legen wir sie auf den Schoß. Nach dem Essen wird sie zusammengelegt und in den Serviettenring gezogen.

Serviette

die Serviette; 1 der Serviettenring

Im Sessel sitzt man bequemer als auf einem Stuhl. Sessel haben Armlehnen und gepolsterte Rückenlehnen. Bei manchen Sesseln sind auch die Armlehnen gepolstert.

Sessel

der Sessel; 1 die Rückenlehne, 2 die Armlehne

Die Sicherheitsnadel kann nicht stechen, wenn sie geschlossen ist, denn die Nadelspitze verschwindet in einer Blechkappe.

Sicherheitsnadel

die Sicherheitsnadel; 1 die Blechkappe

Der Gärtner benutzt ein großes Sieb, wenn er feinkörnige Erde braucht. Steine und harte Erdklumpen bleiben im Sieb zurück. – In der ▷Küche hängt ein Sieb mit großen Löchern, das ist ein Durchschlag. ▷Mehl siebt man durch ein Haarsieb.

Sieb

das Sieb; 1 der Durchschlag

Siedlung

In einer Siedlung werden die Häuser nach einem einheitlichen Plan gebaut. Oft sehen ▷Giebel und Straßenfront der Häuser gleich aus. Bei Bauernsiedlungen gehört noch Siedlungsland dazu, das die Siedler als ▷Felder und ▷Wiesen benutzen können.

die Siedlung; 1 das Haus, 2 der Giebel

Silber

Silber ist ein Edelmetall. Es ist aber nicht so wertvoll wie ▷Gold. ▷Münzen werden aus Silber geprägt. Welche Silbermünzen gibt es in deutschem Geld? – Der Goldschmied arbeitet Armbänder, Ringe, Halsketten und Ohrringe aus Silber. Unsere Bestecke sind aus Silber oder versilbert.

das Silber; 1 die Silbermünze, 2 der Ring

singen

Peter kann gut singen. Er darf im Schülerchor mitsingen. Die Sänger haben sich aufgestellt. Jeder hält ein Notenbuch in der Hand. Der Chorleiter gibt ein Zeichen, und der Chor beginnt sein Lied.

1 der Chor, 2 der Chorleiter, 3 das Notenbuch

Socke

Socken sind kurze Strümpfe. Vater trägt immer Socken. Ute darf nur im Sommer Söckchen anziehen. – Mutter hat für Vater ein Paar Socken aus ▷Wolle gestrickt.

die Socke; 1 der Schaft, 2 die Ferse, 3 die Spitze

Sofa

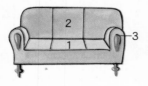

Unser Sofa ist alt. Der Polsterer hat es ausgebessert. Die Sprungfedern sind erneuert worden. Die Arm- und Rückenlehnen hat er mit neuem Möbelstoff bezogen. Jetzt sieht das Sofa wie neu aus.

das Sofa; 1 das Polster, 2 die Rückenlehne, 3 die Armlehne

Der Schuhmacher besohlt einen ▷ Schuh. Der Schuh liegt auf dem Dreifuß. Zuerst wird die alte Sohle abgerissen. Die Brandsohle darunter ist noch heil. Gleich kann der Schuster die neue Sohle befestigen.

Sohle

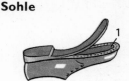

die Sohle; 1 die Brandsohle

Herr Müller geht zur Arbeit. Sein kleiner Sohn begleitet ihn ein Stück, er bringt den Vater bis zur Straßenbahnhaltestelle. Herrn Müllers älterer Sohn geht schon in die Schule, er hat einen anderen Weg als sein Vater.

Sohn

der Sohn; 1 der Vater

Der Sommer ist die wärmste Jahreszeit. Auf den ▷ Feldern reift das ▷ Korn, und in den Gärten gedeihen ▷ Obst und Gemüse. Überall blühen viele Blumen. Auf dem Kalenderblatt vom 21. Juni steht: Sommeranfang. Dies ist der längste Tag des Jahres. Manchmal wird er mit einem Sonnwendfeuer gefeiert. Nun werden die Tage langsam wieder kürzer. Am 23. September ist der Sommer vorbei, und der ▷ Herbst beginnt.

Sommer

der Sommer; 1 das Korn

Die Sonne ist ein Himmelskörper. Die Sonnenstrahlen bringen der Erde Licht und Wärme. Bei Sonnenaufgang erscheint die Sonne am östlichen Horizont, weil die Erde sich täglich einmal nach Osten um sich selbst dreht. Bei Sonnenuntergang verschwindet sie am westlichen Horizont. Mittags sind die Sonnenstrahlen am wärmsten. – Die grellen Sonnenstrahlen blenden uns, darum schützen wir unsere Augen mit einer Sonnenbrille.

Sonne

die Sonne; 1 die Sonnenbrille

Sonnenblume

Ihr kennt alle die großen, leuchtend-gelben Sonnenblumen. Gebt einmal acht: Die ▷Blüten sind immer der Sonne zugewandt. Jede Blume besteht aus vielen hundert einzelnen Blüten. Um den Blütenkorb stehen die Hüllblätter. Die Sonnenblumen-kerne werden als Vogelfutter verwendet. Aus den Kernen wird aber auch Sonnenblumenöl gepreßt. In manchen Ländern gibt es ganze Sonnenblumenfelder.

die Sonnenblume; 1 der Blütenkorb

Sonnenschirm

Der Sonnenschirm hat leuchtende, bunte Farben. Ingrid spannt ihn auf, wenn die Sonne zu heiß scheint. Wenn wir bei Sonnenschein im Garten Kaffee trinken, setzen wir uns gern unter den Gartenschirm, damit uns die Sonne nicht blenden kann.

der Sonnenschirm; 1 der Gartenschirm

Sonnenuhr

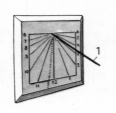

Eine Sonnenuhr hat keine Zeiger. Nur der ▷Schatten eines Stabes bewegt sich auf dem Zifferblatt und gibt die Uhrzeit an. Dieser Stab steht mitten auf dem Zifferblatt. Die Sonnenuhr kann natürlich nur abgelesen werden, wenn die Sonne scheint, denn sonst entsteht ja kein Schatten.

die Sonnenuhr; 1 der Stab

spalten

Vater muß Holzkloben spalten. Er legt einen Kloben auf den Hackklotz und schlägt mit dem ▷Beil das Holz auseinander. Er spaltet den Kloben mehrere Male, damit die Holzstücke recht klein werden. – Der Fleischer spaltet mit dem Hackmesser die Knochen, die Mutter für Knochen-brühe gekauft hat.

1 der Kloben, 2 der Hackklotz, 3 das Beil

Ulf steckt einen Groschen in die Sparbüchse. Sie hat die Form eines Pilzes. Durch den Schlitz fällt das Geld in die Dose. Schade, daß Ulf für das ▷Schloß keinen ▷Schlüssel hat! Der Schlüssel liegt auf der Sparkasse und die Sparbüchse kann nur dort geöffnet werden.

die Sparbüchse; 1 der Schlitz

Sparbüchse

Auf sandigem Boden wird oft Spargel angebaut. Ihr erkennt die Felder an den hohen Erdwällen. Vom Spargel selbst seht ihr vor der Ernte nichts, denn die jungen Pflanzen befinden sich unter den Erdwällen. So müssen die Sprosse sehr lang werden, ehe sie oben herauskommen. Es sind die gelben Spargelstangen. Kurz ehe sie herauskommen, werden sie geerntet, „gestochen".

der Spargel

Spargel

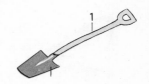

Vater muß den Garten umgraben. Dazu hat er einen neuen Spaten gekauft. Der Stiel ist aus Eichenholz und das Blatt aus ▷Eisen. – Die Schnittkante am Blatt ist scharf, damit Vater den Spaten leicht in die Erde stechen kann.

der Spaten; 1 der Stiel, 2 das Blatt

Spaten

Wenn wir spazierengehen, gehen wir langsam. Wir freuen uns an der Natur und beobachten die Pflanzen und Tiere. Großvater nimmt seinen Spazierstock mit, um sich beim Gehen darauf zu stützen. Von Zeit zu Zeit bleibt Großvater stehen. Hier macht er uns auf einen Vogel aufmerksam, dort weist er auf eine seltene Pflanze oder zeigt uns einen unscheinbaren Käfer.

1 der Spazierstock

spazierengehen

237

Specht

Im Wald klopft und trommelt der Specht. Er sitzt an einem Baumstamm und hackt ein Loch unter die ▷ Rinde, wo die Larven, seine Nahrung, sitzen. Was für einen harten Schnabel er haben muß! Auch seine Bruthöhle hackt er sich in den Stamm. Habt ihr ihn schon einmal beim Klettern beobachtet, den kleinen Waldzimmermann?

der Specht

Speck

Die Bäuerin holt eine Speckseite aus der Räucherkammer. Dort hat der Speck einige Wochen im Rauch gehangen. Dadurch ist er haltbar geworden. Die Schwarte ist jetzt hart und braun. Wenn der Speck aus Fleisch und Fett besteht, heißt er „durchwachsener Speck".

der Speck; 1 die Schwarte

Sperling

Der Sperling ist der Gassenjunge unter den Vögeln. Überall, in Städten und Dörfern ist er zu finden, sogar an Fenstern baut er sein Nest. Wie liederlich sieht er aus! Und frech ist er! Im Futterhaus und im Zoo stiehlt er anderen Vögeln das Futter: ▷ Körner, Würmer, Abfälle. Er ist ein Allesfresser. Auf eurem Schulhof zankt sich das Spatzenvolk um die Brotkrumen.

der Sperling

Spiegel

Erika steht vor dem Spiegel. Hebt sie die rechte Hand, dann hebt ihr Spiegelbild die linke Hand. Rechts und links sind vertauscht, das Spiegelbild ist seitenverkehrt. – Ein Spiegel ist eine Glasscheibe, die auf der Rückseite versilbert ist. Spiegel mit gewölbten Flächen heißen Hohlspiegel. Nach innen gewölbte Spiegel vergrößern, nach außen gewölbte verkleinern.

der Spiegel; 1 das Spiegelbild

Spiel

Jedes Spiel wird nach Regeln gespielt. Es gibt Ballspiele, Kartenspiele, Würfelspiele, Brettspiele, Ratespiele und viele andere. – Zu einem Spiel Stricknadeln gehören fünf Nadeln. Auch die Karten, die zu einem Kartenspiel gehören, bezeichnen wir als ein Spiel Karten. Zu eurem Quartett gehören 32 Karten.

das Spiel; 1 die Quartettkarte

Spinat

Der Spinat ist ein naher Verwandter der Futterrübe. Wir essen nur seine Blätter. Sie ergeben ein schmackhaftes, gesundes Gemüse. Wir unterscheiden Winter- und Sommerspinat. Der Winterspinat wird im Spätherbst gesät und im Frühjahr geerntet. Der Sommerspinat wird im Frühjahr gesät und im Sommer geerntet.

der Spinat

Spinne

Hast du schon einmal eine Spinne beobachtet, wenn sie ihr Netz webt? Am Hinterleib hat sie Spinnwarzen, aus denen der Spinnfaden austritt. In dem Fangnetz werden Insekten von den Klebefäden festgehalten und dann von der Spinne ausgesaugt. Als Insektenjäger sind die Spinnen sehr nützlich. Mit ihren Fäden fesseln sie auch manchmal ihre Beute, an anderen lassen sie sich aus der Höhe herab.

die Spinne

spinnen

Die Natur gibt den Menschen Fasern, aus denen sie Fäden spinnen können. Solche Faserstoffe sind ▷ Baumwolle und Leinen. – Aus den Haaren der Schafe wird ▷ Wolle gesponnen. Die Seidenraupen spinnen sehr feine Fäden, wenn sie sich verpuppen. Diese Fäden werden zu Seidenstoffen verarbeitet.

1 die Seidenraupe

Spitze

Vom ▷ Bleistift ist die Spitze abgebrochen. Jutta muß den Bleistiftspitzer suchen und den Stift wieder anspitzen. – Das Hochzeitskleid der ▷ Braut ist aus weißer Spitze. Das ist ein durchbrochenes Gewebe. Wenn Spitze mit der Hand gearbeitet ist, ist sie sehr kostbar.

die Spitze; 1 der Bleistift

Splitter

Peter hat eine ▷ Vase auf die Fliesen fallen lassen. Sie ist in tausend Stücke zersprungen. Peter fegt die Glassplitter vorsichtig zusammen und wirft sie in den Abfalleimer. – Sei vorsichtig mit altem, rissigem Holz. Man kann sich leicht einen Splitter einreißen.

der Splitter

Springbrunnen

Im ▷ Park gibt es einen Springbrunnen. In der Mitte steigt das Wasser steil empor. Mehrere Strahlen rundum kommen schräg aus dem Brunnen und fallen in weitem Bogen wieder ins Becken zurück. Abends wird der Springbrunnen bunt angestrahlt.

der Springbrunnen

springen

Ute spielt mit ihrer Freundin Ursel auf dem Hof. Sie spielen Seilspringen. Ute kann vorwärts und rückwärts durch das Seil springen. – Im Sportunterricht üben wir Weitsprung und Hochsprung. Inge springt 3,20 m weit, aber nur 0,70 m hoch.

1 das Springseil

spritzen

Es brennt! Die Feuerwehr kommt. Die Schläuche werden an die Wasserleitung angeschlossen, und das Wasser schießt in dickem Strahl aus dem Strahlrohr. Die Feuerwehrleute spritzen das Wasser ins Feuer.

1 der Feuerwehrmann, 2 der Schlauch, 3 das Strahlrohr

Gerd badet in der Badeanstalt. Er steht auf dem Sprungbrett. Diesmal will er einen Sprung vom Dreimeterbrett wagen. Er wippt einige Male auf und ab und springt mit einem Kopfsprung ins Wasser. Gleich klettert er wieder aufs Sprungbrett.

das Sprungbrett; 1 das Wasserbecken

Sprungbrett

Wenn die Mutter die Wäsche gewaschen hat, muß sie sie spülen. Die Wäsche wird in klares Wasser getaucht und die ▷ Seife herausgespült. Mutter spült mehrere Male.

1 die Wäsche; 2 die Waschwanne

spülen

Im Winter kann man die Spur des Wildes gut im ▷ Schnee verfolgen. Man kann sogar erkennen, ob da ein ▷ Reh, ein ▷ Hirsch oder ein ▷ Hase gelaufen ist. Das ist für den Jäger sehr wichtig, wenn er das Wild aufspürt.

die Spur

Spur

Einige Tiere und Pflanzen haben zu ihrem Schutz Stacheln. Beim ▷ Igel und beim Stachelschwein sind sie nichts anderes als Haare, die starr und spitz sind. Die Stacheln bei manchen Fischen sind besonders feste, spitze ▷ Schuppen. An ▷ Rosen und Stachelbeeren sind die Stacheln Teile der Pflanzenrinde.

der Stachel; 1 das Stachelschwein

Stachel

Im Stadion soll heute ein Sportfest stattfinden. Die ▷ Fahnen flattern schon an den Masten. Könnt ihr die rote Aschenbahn erkennen? Dort sollen die Läufe ausgetragen werden. Der ▷ Rasen ist für das Fußballspiel kurz geschnitten worden.

das Stadion; 1 die Aschenbahn, 2 der Rasen

Stadion

Stadt

Städte sind ihrer Größe nach verschieden. Viele haben nur wenige tausend Einwohner. In Großstädten leben mehr als 100 000 Einwohner. In Berlin, in Hamburg und in München wohnen sogar mehr als eine Million Menschen, man nennt sie deswegen Millionenstädte. – Je größer die Städte sind, desto stärker ist der Verkehr.

die Stadt

Staffelei

Der Kunstmaler hat in seiner Werkstatt, dem Atelier, eine Staffelei stehen. Auf die Staffelei wird die Leinwand gestellt, die auf einen Rahmen gespannt ist. Der Maler malt im Stehen, in der linken Hand hält er die ▷Palette, in der rechten den ▷Pinsel.

die Staffelei; 1 die Leinwand

Stall

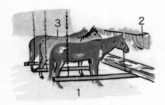

Jeder Bauernhof hat einen Pferdestall, einen Kuhstall, einen Schweinestall und einen Hühnerstall. Der Stallknecht muß die Ställe sauberhalten. Er mistet aus, erneuert die Streu und wirft den Tieren das Futter vor.

der Stall; 1 die Streu, 2 die Futterkrippe, 3 das Pferd

Stamm

An einem zersägten Stamm kannst du erkennen, wie alt der Baum ungefähr war. Du mußt nur die Jahresringe zählen, die das Mark des Stammes umgeben. – Zwischen der ▷Rinde und dem Holz erkennst du den Bast, und ganz außen sitzt die Borke. Schneide nie mit dem Messer in Baumstämme! Du verletzt die feinen Röhrchen, in denen der Saft hochsteigt, und der Baum wird krank.

der Stamm; 1 der Jahresring

In unserem Schulgarten steht eine hohe Fahnenstange. An der Stange läuft eine doppelte Schnur entlang, die an der Spitze der Fahnenstange über ein Rädchen läuft. An der Schnur wird die ▷Fahne hoch- und heruntergezogen. – Manche Pflanzen in unserem Garten brauchen eine Stange als Stütze. Denke nur an die Stangenbohnen!

Stange

die Stange; 1 die Fahne

Wenn wir die Stare wieder zwitschern hören, ist der ▷Frühling da. Den ganzen Sommer über unterhalten sie uns mit ihrem Gesang und Geschwätz. Sie ahmen gern die Stimmen anderer Vögel und viele Geräusche nach. Im ▷Herbst versammeln sie sich zu großen Scharen und schwirren über die Fluren. Viele fliegen nach Süden, andere aber bleiben bei uns.

Star

der Star; 1 der Starkasten

Kennst du das Märchen vom tapferen Schneiderlein? Eines Tages traf das tapfere Schneiderlein zwei Riesen, die waren stark und kräftig. Aber durch eine List gelang es dem Schneiderlein, die Riesen zu besiegen.

stark

1 der Riese, 2 das tapfere Schneiderlein

Jürgen hockt auf der Aschenbahn vor der Startlinie. Auf das Kommando: „Auf die Plätze, fertig, los!" wird er starten. Die Sportler haben vor der Startlinie Startlöcher, aus denen sie sich beim Startkommando mit Schwung abdrücken. - Wenn Vater mit dem ▷Auto fahren will, muß er den Startknopf drücken, damit der ▷Motor anspringt.

starten

1 der Läufer

16*

Staub

Lisa hat sich ein Staubtuch geholt. Sie wischt im Wohnzimmer Staub. Ab und zu schüttelt sie das Staubtuch aus. Mutter reinigt inzwischen das Schlafzimmer mit dem Staubsauger. Der Staub wird durch einen Luftstrom aufgesogen, er sammelt sich in einem Staubbeutel im Staubsauger.

der Staub; 1 der Staubsauger

Steckenpferd

Dieter hat ein Steckenpferd geschenkt bekommen. Eigentlich ist es gar kein Pferd, sondern ein Pferdekopf an einem langen Stecken. Trotzdem kann man damit „reiten" spielen. Man nimmt den Stock zwischen die Beine und galoppiert durchs Zimmer.

das Steckenpferd; 1 der Stecken

Stecker

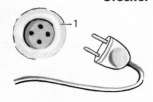

Warum spielt denn das ▷ Radio nicht? Ach, der Stecker ist nicht in die Steckdose gesteckt, und die Bananenstecker für die Antenne und die Erde sind auch herausgezogen! Wenn das Radio nicht an das elektrische Netz angeschlossen ist, kann es auch nicht spielen!

der Stecker; 1 die Steckdose

Steg

Am letzten Sonntag machten wir einen Spaziergang durch ▷ Felder und ▷ Wiesen. Der Wanderweg führte über eine kleine Holzbrücke, einen Steg. Darunter floß ein kleiner Bach.

der Steg

stehlen

Fritz sieht sich ängstlich um. Merkt es auch keiner, wenn er der Schwester ein paar Bonbons aus der ▷ Schublade stiehlt? – Menschen, die stehlen, nennt man ▷ Diebe. Fritz ist ein kleiner Dieb. Er sollte sich schämen.

1 die Schublade

steil

Karl ist auf der Rodelbahn. Die Rodelbahn ist sehr steil. Die Abfahrt auf dem ▷Schlitten macht Spaß, schnell saust Karl hinunter. Aber zurück muß er mühsam den steilen Hügel hinaufklettern.

1 die Rodelbahn

Stein

In der Kiesgrube liegen Kieselsteine, am Ostseestrand Feuersteine, auf den Feldern in Norddeutschland große Blöcke aus der Eiszeit, die man Findlinge nennt. In den Steinbrüchen werden ganze Steinwände für Bausteine, Pflastersteine und Schotter gesprengt. Hier sieht man auch, daß sich unter der Erde überall hartes Gestein befindet: Gneis, Granit, Basalt, Kalkstein und anderes.

der Stein

Steinbock

Hoch oben in felsigen Gebirgen leben die Steinböcke. Es sind Wildziegen. Behend klettern sie an steilen Felswänden auf und ab. Mit ihren harten Hufen, die sie weit spreizen können, finden sie überall Halt. Die Böcke tragen gewaltige ▷ Hörner, die Ziegen haben nur kleine Hörner.

der Steinbock; 1 das Horn

Steinpilz

Der Steinpilz ist einer unserer schmackhaftesten Speisepilze. Er wächst nur im Wald. Unter dem braunen Hut hat er weiße oder gelbliche Röhren, sein Stiel ist weiß oder hell bräunlich. Wenn du Steinpilze sammelst, dann verwechsle sie nicht mit dem bitteren Gallenröhrling, der ähnlich aussieht und der jedes Pilzgericht verdirbt. Den sehr giftigen Satanspilz, dessen Röhren unten rot sind, kennst du wohl.

der Steinpilz; 1 der Stiel, 2 der Hut

Stelze

Ingo geht auf Stelzen. Es sieht aus, als ob seine Beine länger geworden seien. Ingo stelzt unbeholfen, aber er kann über alle Leute hinwegsehen.

die Stelze

Stempel

Karl hat eine Kinderpost. Er kann sogar die Briefmarken entwerten. Dazu benutzt er einen Stempel und ein Stempelkissen. – Vater drückt auf seine Briefe den Stempel seiner Firma.

der Stempel; 1 das Stempelkissen

Stern

Wenn keine Wolken am Himmel stehen, kann man nachts viele Sterne beobachten. Manche Sterne ergeben durch ihre Stellung zueinander Sternbilder. Am bekanntesten ist der Große Wagen.

der Stern

steuern

Im Segelboot sitzt der Steuermann hinten. Er steuert das Boot mit der Ruderpinne. – Ganz vorn im Omnibus sitzt der Fahrer hinter dem Lenkrad. Der Fahrersitz ist immer links im Auto, damit der Fahrer die Straße besser übersehen kann.

sticken

Ulla hat ein Muster aufgezeichnet. Nadel und Stickgarn liegen schon zum Sticken bereit. Ulla fädelt einen roten Faden ein und beginnt, außen die Kreuzstichreihe zu sticken. In der Mitte ist ein Blumenmuster.

1 die Decke

Stiefel

Bergsteiger müssen Stiefel tragen, weil sie oft steile Hänge hinaufsteigen und keinen falschen Tritt tun dürfen. Im Stiefel hat der Fuß mehr Halt und kann nicht so leicht umknicken.

der Stiefel

Stiefmütterchen gibt es in vielen verschiedenen Farben. Unser Gartenstiefmütterchen ist aus dem kleinen Feldstiefmütterchen gezüchtet worden. Ein naher Verwandter des Stiefmütterchens ist das ▷ Veilchen.

das Stiefmütterchen

Stiefmütterchen

An der äußersten Spitze eines Apfelbaumzweiges sitzt ein zierliches Nest. Wie sorgfältig und sauber hat der kleine Baumeister es gebaut! Es war das Stieglitzweibchen. Man nennt die Stieglitze auch Distelfinken, weil sie im Herbst gern Distelsamen fressen. In ihrem bunten Gefieder sehen die Stieglitze sehr hübsch aus.

der Stieglitz

Stieglitz

Die Sängerin hat eine schöne Stimme. Wenn eine Frau eine hohe Stimmlage hat, so hat sie einen Sopran, hat sie eine tiefe Stimme, so singt sie Alt. Ein Tenor ist eine hohe Männerstimme, eine tiefe Männerstimme heißt Baß.

die Stimme

Stimme

Wenn der Vater böse ist, runzelt er die Stirn. Die Haut liegt in Falten, und sein Gesicht sieht verändert aus. – Ingrid legt die Hand an die Stirn, wenn sie nachdenkt. – Helga kämmt das Haar aus der Stirn, Inge legt eine Locke auf die Stirn.

die Stirn

Stirn

Habt ihr schon einmal einen Wolkenkratzer gesehen? Das ist ein Haus mit vielen Stockwerken übereinander. Das höchste Haus der Welt hat 102 Stockwerke. Es steht in New York. Ein Haus, das mehr als sieben Stockwerke hat, nennen wir ▷ Hochhaus.

das Stockwerk; 1 der Wolkenkratzer

Stockwerk

1 —

Storch

Auf Bauernhäusern sieht man noch manchmal ein Storchennest. Mit den langen, roten Beinen stelzen die Störche durch Wiesen und ▷ Sümpfe und fangen ▷ Frösche, ▷ Fische, und ▷ Mäuse, ergreifen mitunter aber auch junge Hasen. Ende August zieht Adebar, wie der Storch im Märchen heißt, in großen Schwärmen nach ▷ Afrika.

der Storch

Strand

Jedes Jahr freuen wir uns auf den Sommer. Dann können wir am Strand spielen. Im Strandkorb sonnen wir uns und ruhen uns aus, wenn wir vom Baden und Spielen müde sind.

der Strand; 1 der Strandkorb

Straße

Jutta will über die Straße gehen. Bevor sie die Fahrbahn überquert, guckt sie nach links und nach rechts. Wenn kein Fahrzeug zu sehen ist, geht sie über die Straße. – Manchmal ist der Verkehr so stark, daß man bis zum nächsten Zebrastreifen gehen muß, um die Straße überqueren zu können.

die Straße; 1 die Straßenbahn

Strauch

In unserem Garten wachsen viele Sträucher. Im Vorgarten sind Ziersträucher gepflanzt, deren Blüten uns erfreuen. Im Obstgarten findest du Stachelbeersträucher, Johannisbeersträucher, Himbeersträucher und Brombeersträucher.

der Strauch

Strauß

Der Gärtner hat Blumen geschnitten. Er bindet Sträuße, die er auf dem Markt verkaufen will. Er wählt für einen Strauß viele Blumen der gleichen Art und Farbe oder solcher Farben, die gut zueinander passen.

der Strauß

In den Steppen ▷ Afrikas leben die Strauße. Es sind Laufvögel, sie können nicht fliegen. Was für kräftige Beine haben diese größten Vögel der Erde! Damit laufen sie so schnell, wie ein ▷ Pferd galoppiert. Die Füße sind auch ihre Waffen. Wehe dem, den sie damit treten! – Die Straußenfedern sind wertvoll.

der Strauß

Strauß

Tyras ist ein Schäferhund. Edith streichelt ihm das weiche Fell. Tyras mag das gerne und wedelt. – Fremde Hunde darfst du nicht streicheln, wenn ihr Herr nicht dabei ist.

1 der Schäferhund

streicheln

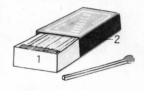

Vater will sich eine Zigarette anzünden. Er nimmt ein Streichholz aus der ▷ Schachtel, streicht an der Reibfläche entlang, und schon brennt das Streichholz. – Weißt du auch, daß man mit Streichhölzern gut basteln kann?

das Streichholz; 1 die Streichholzschachtel, 2 die Reibfläche

Streichholz

Gestern hat es geregnet. In der Nacht hat es gefroren. Auf den Bürgersteigen ist es spiegelglatt. Alle Pfützen haben eine Eisschicht. Vater muß Sand streuen, damit kein Fußgänger ausrutscht. – Das Stroh, das der Bauer den Tieren als Lager hinstreut, heißt Streu.

1 das Glatteis

streuen

Gestrickte ▷ Pullover und ▷ Schals halten schön warm. Großmutter strickt einen Schal. Zuerst hat sie Maschen aufgenommen, nun hat sie schon viele Reihen gestrickt. Mutter arbeitet an der Strickmaschine. Das geht viel schneller als mit der Hand.

1 das Knäuel, 2 die Stricknadel

stricken

Stroh

Der Mähdrescher mäht das Getreide und drischt es aus. Das Korn läuft in Säcke, das Stroh wird zu Ballen gepreßt. Stroh wird im Stall als Streu gebraucht.

das Stroh

Strom

Für alle unsere elektrischen Geräte brauchen wir Strom. Der Strom wird vom Elektrizitätswerk in langen Drähten und Kabeln in die Häuser geleitet. In Hochspannungsleitungen wird elektrischer Strom über weite Entfernungen herangeführt.

der Strom; 1 die Hochspannungsleitung, 2 der Hochspannungsmast

Strumpf

Inge ist sehr stolz. Sie hat ihre ersten Perlonstrümpfe bekommen. Aber schon bleibt sie mit dem feinen Strumpf an einem Stöckchen hängen. Renate trägt blaue, baumwollene Kniestrümpfe. Die sind nicht so empfindlich.

der Strumpf

Student

Vor dem Studium müssen alle Studenten eine Prüfung, das Abitur, am Gymnasium ablegen. An der Universität hören die Studenten Vorlesungen, sie halten Vorträge und fertigen schriftliche Arbeiten an. Für viele Fächer müssen die Studenten auch praktisch arbeiten. – Jeder Pastor, Arzt, Rechtsanwalt und Studienrat hat studiert.

der Student; 1 die Universität

Stufe

Ulrich springt die ▷Treppe zum Bahnsteig hinauf. In zwei Minuten fährt der Zug ab. Er kann nicht jede Stufe einzeln steigen, er muß gleich drei auf einmal nehmen. In drei Sprüngen ist er oben. Wieviel Stufen hat die Treppe?

die Stufe; 1 die Treppe

Der Vater hat den Küchenstuhl gestrichen, denn die Farbe war völlig abgescheuert. Die Rückenlehne, die Beine und die Stege hat Vater gelb gestrichen, die Sitzfläche ist mit rotem Linoleum überzogen.

Stuhl

der Stuhl; 1 die Rückenlehne, 2 das Bein, 3 der Steg

Eine Stunde hat 60 Minuten. Eine Unterrichtsstunde in der Schule ist wegen der Pausen kürzer. Die Kinder bekommen in der Schule einen Stundenplan. Dann wissen sie, welche Fächer sie jeden Tag in den einzelnen Stunden haben.

Stunde

die Stunde; 1 der Stundenplan

Starken Wind nennen wir Sturm. Bei Sturm tobt das Meer. Auf den Wellenbergen bilden sich dicke Schaumköpfe. Die ▷ Schiffe schaukeln auf den Wellen. Boote müssen im schützenden Hafen bleiben. An hohen Masten sind Sturmbälle aufgezogen, um die Schiffe zu warnen.

Sturm

der Sturm; 1 das Meer

Harald hat aus Bauklötzen einen hohen Turm gebaut. Da kommt Peter und stößt an den Turm. Schon stürzen die Klötze zu Boden. — Mutter hat den heißen Pudding in kleine Formen getan. Wenn er kalt ist, stürzt sie ihn. Jede Portion ist dann hübsch geformt.

stürzen

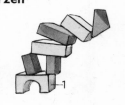

1 der Bauklotz

Schlamm- und Pflanzenteile, die von Wasser durchtränkt sind, bilden den Grund eines Sumpfes. Er trocknet niemals aus. In Sumpf sinkt man ein, in manchen Sümpfen kann man sogar versinken, so tief sind sie. Auf sumpfigem Boden wächst die Sumpfdotterblume.

Sumpf

der Sumpf; 1 die Sumpfdotterblume

Suppe

Der Tisch ist gedeckt. Auf dem Tischtuch stehen Suppenteller, und daneben liegen Suppenlöffel. Nur die Suppe fehlt noch. Mutter ist noch in der Küche. Sie füllt gerade die Suppe in die Suppenterrine. – Die Suppe essen wir von einem tiefen Teller.

die Suppe; 1 der Suppenteller, 2 der Suppenlöffel

süß

Inge ißt Rhabarbergrütze. Sie verzieht den Mund, die Grütze ist zu sauer. Inge streut noch einen Löffel Zucker darüber. Nun schmeckt die Grütze süß. – Alle Kinder essen gern Süßigkeiten. Nichts ist ihnen zu süß.

1 die Rhabarbergrütze

Tabak

Der Tabak ist eine Pflanze, die aus ▷ Amerika stammt. Seit langer Zeit wird Tabak aber auch bei uns in ▷ Europa angebaut. Aus den Blättern der Tabakpflanze werden ▷ Zigaretten, ▷ Zigarren und Pfeifentabak hergestellt. In den Tabakblättern ist ein Gift enthalten. Es heißt Nikotin.

der Tabak; 1 das Tabakblatt

Tablett

Gleich soll es Abendbrot geben. Inge will das Geschirr ins Zimmer tragen. „Stell es auf das Tablett, dann brauchst du nicht so oft zu gehen", sagt die Mutter. Das Tablett hat zwei Griffe, damit man die Last sicher tragen kann.

das Tablett

Tablette

Gudrun ist krank. Der ▷ Arzt hat ihr Tabletten verschrieben. Nach jeder Mahlzeit kommt die Mutter mit dem Glasröhrchen und gibt Gudrun zwei Tabletten. Gudrun schluckt sie mit etwas Wasser.

die Tablette; 1 das Glasröhrchen

Vater schenkt Manfred eine Tafel Schokolade. Vorsichtig packt Manfred die Tafel aus. Er sammelt nämlich Silberpapier. Eine Tafel ist in viele kleine Stücke oder Rippen eingeteilt.

Tafel

die Tafel; 1 die Verpackung

In der Schule ist in jedem Klassenzimmer eine Tafel. Auf dem unteren Rand liegt immer ▷ Kreide bereit und im Schwammkasten ein feuchter ▷ Schwamm. Habt ihr in der Schule eine Wandtafel oder eine freistehende Tafel, die man drehen und von beiden Seiten beschreiben kann?

Tafel

die Tafel; 1 die Kreide

Ein Tag hat 24 Stunden. Er beginnt um Mitternacht und endet um Mitternacht. Jeder Tag der Woche hat einen Namen. – Tag ist aber auch der Gegensatz zu Nacht. In dieser Bedeutung dauert ein Tag von Sonnenaufgang bis Sonnenuntergang.

Tag

der Tag; 1 die Sonne

Im Gebirge wechseln Berge und Täler. Durch die Täler ziehen sich ▷ Bäche oder ▷ Flüsse, die Regenwasser und Schmelzwasser von den Bergen sammeln. Die Täler haben oft fruchtbare ▷ Wiesen. Dort weidet das ▷ Vieh. In den größeren Tälern unserer Gebirge liegen meistens Dörfer.

Tal

das Tal

Ein ▷ Auto hält an der Tankstelle. Der Autofahrer muß tanken, denn ohne Benzin läuft der Motor nicht. Der Tankwart nimmt den Zapfschlauch und füllt den Benzintank auf.

tanken

1 die Tankstelle, 2 der Tankwart, 3 der Zapfschlauch

253

Tanne

Die Tanne ist ein Nadelbaum. Sie ist ein immergrüner Baum, sie wirft ihre Nadeln im Herbst also nicht ab. Die Nadeln stehen in zwei Zeilen. An der Unterseite haben sie zwei weiße Linien. Die Zapfen, die Früchte der Tanne, stehen aufrecht auf den Zweigen. Nun wirst du die Tanne doch nicht mehr mit einer ▷ Fichte verwechseln?

die Tanne; 1 der Stamm, 2 der Zweig

Tante

Alfred fährt zu Tante Margot zu Besuch. Tante Margot ist die jüngere Schwester seiner Mutter. – Als Alfred klein war, hat er zu allen Frauen „Tante" gesagt. Jetzt weiß er längst, daß eine Tante mit ihm verwandt sein muß.

die Tante

tanzen

Heidi und Rolf tanzen durchs Zimmer. Sie machen es den großen Geschwistern nach, die schon zur Tanzstunde gehen. – Im ▷ Theater wird ein Tanzabend veranstaltet. Das Ballett führt Spitzentänze vor.

Tapete

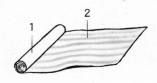

Das Kinderzimmer muß neu tapeziert werden. Die alte Tapete ist schmutzig. Vater und Mutter haben in einem Tapetengeschäft eine neue Tapete ausgesucht. Sie hat ein hübsches Muster und kann abgewaschen werden.

die Tapete; 1 die Tapetenrolle, 2 das Muster

Tasche

Peter hat in seiner Hosentasche einen ▷ Bleistift, ein Stück Bindfaden und eine Tüte mit Bonbons. Ein Taschentuch hat er nicht. – Mutter hat eine Handtasche aus ▷ Leder. Wenn sie fortgeht, steckt sie ihr Portemonnaie und ein Taschentuch hinein.

die Tasche; 1 das Taschentuch

Morgens, beim Frühstück, stehen die bunten Tassen auf dem Tisch. Der ▷Kaffee am Nachmittag wird aus weißen oder hübsch gemusterten Tassen getrunken.

die Tasse; 1 der Henkel

Tasse

Es hat während der ganzen Nacht nicht geregnet. Trotzdem sind die Wiesen am frühen Morgen naß. Sie sind naß vom Tau. Er bildet sich, wenn sich der Boden und die Pflanzen am Boden in der kalten Nachtluft abkühlen. Im Winter gibt es bei Kälte und ▷Nebel anstelle des Taues Rauhreif.

der Tau

Tau

Im Taubenschlag werden Pfauentauben und viele andere Rassen von Haustauben gezüchtet. Auch die ▷Brieftauben gehören dazu. – In unserer Heimat leben aber auch wilde Tauben: die Ringeltauben, Hohltauben und Türkentauben.

die Taube

Taube

Zum Tauchen gehört viel Kraft und Übung, denn man kann nur so lange unter Wasser bleiben, wie man nicht zu ▷atmen braucht. – Wenn unter Wasser an Schiffen oder Kabeln Arbeiten ausgeführt werden müssen, wird ein Taucher gerufen. Er trägt einen Taucheranzug. Durch einen Schlauch wird ihm von oben frische Luft zugeführt.

1 das Wasser

tauchen

Jens und Egon sammeln Briefmarken. Einmal in der Woche treffen sie sich und sehen die Marken an, die sie inzwischen gesammelt haben. Wenn Jens eine Briefmarke doppelt hat, gibt er sie Egon. Egon gibt ihm eine andere Briefmarke dafür. Sie tauschen.

tauschen

255

Tee

Der Teestrauch wächst vor allem in China und Indien. Aus seinen bearbeiteten und getrockneten Blättern wird der schwarze Tee gebrüht. Wir trinken aber auch Teegetränke, die aus Pflanzen unserer Heimat bereitet werden: Pfefferminztee, Kamillentee, Lindenblütentee und viele andere Teegetränke.

der Tee

Teich

In vielen ▷ Dörfern gibt es einen Dorfteich. Dort schwimmen die ▷ Enten und tauchen nach Würmern. Der Teich hält auch Wasser zum Löschen bereit, wenn ein Feuer ausbrechen sollte, denn auf dem Lande gibt es selten Wasserleitungen.

der Teich

Teig

Mutter bereitet einen Kuchenteig. Alle Zutaten hat sie vermengt, und nun knetet sie den Teig. Er muß ganz geschmeidig sein, damit sie ihn ausrollen kann. – Der Teig für einen Rührkuchen wird in der großen Kuchenschüssel gerührt.

der Teig

Telefon

Durch das Telefon kann man mit jemandem sprechen, der weit entfernt ist. Lange Telefonleitungen und elektrischer Strom machen das möglich. Du nimmst den Hörer ab, wählst die Nummer deiner Freundin und telefonierst mit ihr.

das Telefon; 1 die Wählerscheibe, 2 der Hörer

Telegramm

Der Postbote klingelt und gibt einen Umschlag ab. „Ein Telegramm", sagt er. – Telegramme werden mit einem Fernschreiber von einem Postamt zum anderen weitergegeben. Ein Eilbote trägt sie aus. In wenigen Stunden erreicht uns ein Telegramm aus einer weit entfernten Stadt.

das Telegramm

Mutter spült Geschirr. Zuerst wäscht sie die Glasteller ab, dann die Untertassen und Frühstücksteller. – Die fettigen Suppenteller und Eßteller werden zum Schluß gespült.

der Teller

Teller

Im Wohnzimmer liegt ein großer Teppich. Es ist ein „echter" Teppich, das heißt, daß all die vielen Knoten mit der Hand geknüpft sind. Im Kinderzimmer liegt ein kleinerer Teppich. Er ist mit Maschinen angefertigt worden und nicht so wertvoll. An zwei Seiten hat er Fransen.

der Teppich; 1 die Fransen

Teppich

Bärbel hat ein Kasperletheater mit vielen Kasperlepuppen. Natürlich ist auch ein Teufel dabei, denn er darf ja in keinem Kasperlespiel fehlen. Der Teufel hat eine riesige Nase und auf dem Kopf zwei Hörner. Er sieht gräßlich aus.

der Teufel

Teufel

In der Weihnachtszeit werden im Theater ▷Märchen aufgeführt. Da können auch die Kinder ins Theater gehen. Gespannt lauschen sie den Vorgängen auf der Bühne. Die Schauspieler tragen Kostüme.

das Theater; 1 die Bühne, 2 der Vorhang, 3 der Schauspieler

Theater

Das Badethermometer mißt die Temperatur des Badewassers, das Fieberthermometer die Körpertemperatur, das Zimmerthermometer die Zimmertemperatur und das Außenthermometer die Temperatur im Freien. Jedes Thermometer hat eine Gradeinteilung, auf der abgelesen wird, wieviel Grad die Quecksilbersäule anzeigt.

das Thermometer; 1 die Quecksilbersäule

Thermometer

Thermosflasche Vater kommt zum Mittagessen nicht nach Hause. Mittags ißt er Brot und trinkt heißen Kaffee aus der Thermosflasche. In der Thermosflasche bleiben heiße Getränke lange heiß, kalte bleiben kalt.

die Thermosflasche

Tiger Der Tiger ist eine Raubkatze, die in den ▷Dschungeln Südasiens lebt. Tagsüber bemerkt man den Tiger kaum, er geht nachts auf Raub aus. Aber er jagt nicht wie die Löwen zu mehreren, sondern lauert als Einzelgänger in seinem Versteck. Plötzlich überfällt er von dort aus in riesigem Satz seine Beute. Deshalb ist er so gefährlich.

der Tiger; 1 die Tatze

Tinte Kurt hat vorhin seinen ▷Füllfederhalter gefüllt und vergessen, das Tintenfaß wieder zu schließen. Als er eben an den Tisch stieß, hat er das Tintenfaß umgeworfen und die Tinte ist ausgelaufen. Was soll Kurt nur tun?

die Tinte; 1 das Tintenfaß

Tisch In unserer Wohnung stehen viele Tische. Vater arbeitet am Schreibtisch, am Eßtisch wird gegessen, am Küchentisch putzt Mutter das Gemüse. Auf dem Balkon steht ein dreibeiniger Tisch. Der kann nicht wackeln. Kannst du dir das erklären?

der Tisch; 1 das Tischbein, 2 das Tischtuch

Tischtennis In der Turnhalle steht ein richtiger Tischtennistisch. Er hat die vorgeschriebene Größe, die Platte ist grün gestrichen, und die Linien sind weiß gezogen. Helmut und Fritz üben dort jeden Tag.

das Tischtennis; 1 die Platte, 2 das Netz, 3 der Schläger, 4 der Ball

Ute muß zum Zahnarzt. Sie geht nicht gern alleine. Deshalb geht die Mutter mit. Alle Leute können gleich sehen, daß die beiden Mutter und Tochter sind, denn sie sehen sich sehr ähnlich.

Tochter

die Tochter

Die Tomate stammt wie die Kartoffel und der Tabak aus ▷ Amerika. Alle drei sind Nachtschattengewächse. In Amerika werden Tomaten schon seit mehr als tausend Jahren gegessen, bei uns sind sie erst in den letzten hundert Jahren bekannt geworden.

Tomate

die Tomate

An unserem Fenster stehen viele Blumentöpfe. Unter jedem Topf steht ein Untersatz. – Mutter hat kleine und große Kochtöpfe im Küchenschrank. – Die ▷ Milch wird in der ▷ Kanne geholt und dann in den Milchtopf gegossen.

Topf

der Topf

In manchen Häusern ist neben der Haustür ein Tor. Der Torbogen ist gewölbt. Das Tor ist so hoch, daß beladene Wagen hindurchfahren können. – Viele Städte waren früher von Stadtmauern umgeben. Zur Ein- und Ausfahrt hatten sie mehrere Tore, die sehr oft schön verziert waren.

Tor

das Tor

Fritz ist der Torwart seiner Fußballmannschaft und steht beim Spiel im Tor. Er versucht die Bälle abzuwehren. Wenn ein Ball über die Torlinie kommt, hat die Gegenpartei ein Tor erzielt.

Tor

das Tor; 1 der Torwart, 2 die Torlinie

Torte

Vom ▷ Konditor haben wir eine Torte geholt. Der Tortenboden ist zweimal durchgeschnitten und mit Krem gefüllt. Oben ist die Torte mit Schokoladenkrem bestrichen und mit Schlagsahne verziert.

die Torte; 1 die Schlagsahne

Traktor

Die meisten Bauern haben einen Traktor, mit dem sie pflügen, eggen, mähen und das Getreide einfahren. Der Traktor leistet die Arbeit, die früher die ▷ Pferde tun mußten. Er hat einen sehr starken ▷ Motor und arbeitet viel schneller als ein Pferd.

der Traktor; 1 der Führersitz, 2 die Motorhaube

Träne

Gretel weint, sie hat sich ihren Rock zerrissen. Die Tränen rollen ihr über die Wangen. Sie hat nicht einmal ein Taschentuch, mit dem sie die Tränen trocknen könnte. Da verspricht die Großmutter, das Loch zu stopfen, und sehr schnell versiegen die Tränen.

die Träne; 1 die Wange

Trapper

Ein Trapper ist ein Pelztierjäger. Er lebt in den weiten Wäldern Nordamerikas. Die Pelztiere jagt er nicht mit der Flinte. Er stellt Fallen auf, in denen sich die Tiere fangen. Der Trapper löst die gefangenen Tiere aus der Falle, zieht die Felle ab und verkauft sie.

der Trapper; 1 die Falle

Traum

Uta hatte einen schönen Traum. Sie träumte, daß sie ein hübsches Kleid trüge und auf der ▷ Hochzeit ihrer älteren Schwester Blumen streute. Gerade wollte sie wieder eine Blume aus dem Korb nehmen, da wachte sie auf.

der Traum

Helga und Karin wollen sich am Nachmittag in der Stadt treffen. Sie haben einen Treffpunkt verabredet. Helga muß warten. Endlich kommt Karin angelaufen. „Ich habe noch meine Tante auf der Straße getroffen. Sie hat mir aufgetragen, Mutter etwas auszurichten", entschuldigt sich Karin.

treffen

Große Gärtnereien haben Treibhäuser, in denen Pflanzen gezogen werden. In den Treibhäusern herrscht ganz gleichmäßige Wärme. Alle Pflanzen gedeihen gut in der feuchtwarmen Luft. Wir freuen uns, wenn wir früh im Jahr den ersten ▷Salat aus dem Treibhaus bekommen.

Treibhaus

das Treibhaus; 1 der Schornstein

Eine Treppe besteht aus ▷Stufen. Längere Treppen werden durch einen oder mehrere ▷Absätze unterbrochen. In jedem ▷Stockwerk ist ein Absatz und oft ein weiterer zwischen zwei Stockwerken. – Eine Wendeltreppe hat lauter Stufen, die an einer Seite breit und an der anderen schmal sind.

Treppe

die Treppe; 1 die Stufe, 2 das Geländer

Helmut hat ▷Durst. Die Mutter gibt ihm ein Glas ▷Saft. Nero, Peters Hund, ist auch durstig. Er bekommt Wasser. Peter trinkt seinen Saft. Und wie heißt es bei Nero? Trinkt er oder säuft er?

trinken

1 das Glas, 2 der Saft

Mutter hängt Wäsche zum Trocknen auf. Der ▷Wind und die ▷Sonne werden beim Trocknen helfen. Je wärmer und windiger es ist, desto schneller wird die Wäsche trocken. Monika hilft beim Aufhängen und reicht die Wäscheklammern an.

trocknen

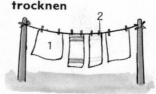

die Wäsche, 2 die Wäscheklammer

261

Trog

Ein großes, längliches Holzgefäß nennt man Trog. Der ▷Bäcker hat einen Backtrog. – Die ▷Schweine fressen im Stall aus dem Trog. – Am Brunnen sind manchmal Tröge angebracht, aus denen das Vieh säuft.

der Trog; 1 der Teig

Trommel

Die Trommel besteht aus einem Rahmen, der oben und unten mit Fellen bespannt ist. Mit Schrauben wird das Fell gestrafft und dadurch die Trommel gestimmt. Gespielt wird die Trommel mit zwei hölzernen Trommelstöcken.

die Trommel; 1 das Fell, 2 der Trommelstock

Trompete

Die Trompete ist ein Blasinstrument. Sie ist aus ▷Messing angefertigt. Eine Trompete hat nur drei Ventile, aber man kann viel mehr als drei Töne auf ihr spielen. Es ist die Kunst des Trompeters, beim Blasen den richtigen Ton zu treffen. Die Trompete hat einen hellen, schmetternden Klang.

die Trompete; 1 das Ventil

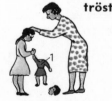

trösten

Lottes Puppe ist vom Stuhl gefallen. Der Kopf hat sich gelöst. Lottchen weint. Die Mutter tröstet sie: „Wir gehen mit deinem Puppenkind zum Puppendoktor. Dort bekommt die Puppe einen neuen Kopf." Schnell ist Lotte getröstet.

1 die Puppe

Tulpe

Unsere Gartentulpen sind erst vor 400 Jahren aus wilden Tulpen ▷Asiens gezüchtet worden. In Holland werden besonders viele Tulpen gezogen. Die Zwiebeln werden verkauft. Wir setzen sie in unsere Gärten und freuen uns im Frühling an den schönen Blumen.

die Tulpe

Tunnel

Margret sitzt im Zug. Obwohl es Tag ist, geht plötzlich das Licht im Abteil an. Die Lokomotive stößt einen schrillen Pfiff aus, und draußen wird es dunkel. Der Zug fährt durch einen Tunnel. Der Tunnel führt durch einen Berg hindurch.

der Tunnel

Tür

Die Tür steht offen. „Mach die Tür zu", ruft die Mutter. Irmgard drückt die Klinke herunter und läßt das Schloß einschnappen. – Es gibt auch Türen, die man in die Wand schieben kann, sie heißen Schiebetüren. Wenn man fortgeht, schließt man die Wohnungstür ab.

die Tür; 1 die Türklinke

Turm

Wenn du mit der Bahn oder dem ▷Auto in die Stadt fährst, kannst du von der Stadt zuerst die Türme sehen. Sie überragen alle Häuser rundum. Jede Stadt hat einen oder mehrere Kirchtürme, manche Städte haben auch einen Wasserturm. – Ist auf eurem Rathaus ein Turm?

der Turm; 1 der Kirchturm, 2 der Wasserturm

turnen

Im Winter turnen wir in der Turnhalle. Da stehen viele Turngeräte: Barren, ▷Reck, Kasten, ▷Pferd und Bock. Im Sommer turnen wir auf dem Sportplatz. Dort laufen und springen wir. – Manchmal turnen wir abends, bevor wir ins Bett gehen.

das Pferd

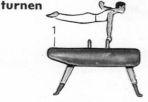

Tuschkasten

Jörg will ein Bild malen. Vor ihm stehen der Tuschkasten mit dem ▷Pinsel und ein Napf mit Wasser. Im Tuschkasten sind viele verschiedene Farben. Jörg taucht den Pinsel ins Wasser, streicht über die Wasserfarbe und malt ein Bild.

der Tuschkasten; 1 der Pinsel

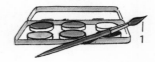

Tüte

Tüten werden aus ▷Papier ge klebt. Der Kaufmann gebraucht sie um Zucker oder ▷Mehl einzufüllen – In großen Tüten aus starkem Pa pier wird ▷Gips und Zement ver packt. – Die schönste Tüte ist die gefüllte Schultüte.

die Tüte

überholen

In Deutschland müssen sich alle Fahrzeuge an der rechten Seite der Fahrbahn halten. Wenn ein ▷Auto ein anderes überholen will, kann es also nur links an ihm vorbei fahren. – Der Fahrer des über holenden Wagens muß gut auf passen, wenn er auf der linken Straßenseite fährt, denn diese Seite gehört eigentlich den Autos, die entgegenkommen.

1 das Auto, 2 das überholende Auto

Ufer

Jeder ▷Fluß hat ein Flußbett. Der Landstreifen, der sich an beiden Seiten des Flußbettes entlangzieht heißt Ufer. Wenn der Fluß im Früh jahr viel Wasser führt, tritt er über seine Ufer. – Nicht nur Flüsse, son dern auch ▷Seen haben ein Ufer Aber das ▷Meer hat kein Ufer, es hat eine ▷Küste.

das Ufer; 1 der Fluß

Uhr

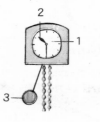

Wie viele verschiedene Uhren gibt es in unserem Haus! Auf dem Nacht tisch steht der ▷Wecker, der in der Frühe rasselt. Wenn die große Standuhr in der Diele halb acht schlägt, müssen wir uns auf den Schulweg machen. Auch unterwegs sagen uns Uhren die genaue Zeit Der Zeiger der Kirchenuhr steht au zehn Minuten vor acht. Wir müssen uns beeilen.

die Uhr; 1 das Zifferblatt, 2 der Zeiger, 3 das Pendel

Hu-hu, schauerlich klingt der Ruf dieses großen Nachtvogels, der zu den ▷Eulen gehört, durch den nächtlichen Wald. Mit seinen großen Augen kann der Uhu im Dunkeln besonders gut sehen. Lautlos verläßt er sein Nest in der Felsnische und fliegt auf Jagd aus. – Heute kommt er in Deutschland nur noch ganz selten vor. Er lebt in Felsengebirgen und steht unter Naturschutz.

Uhu

der Uhu

Die Familie aus dem zweiten Stockwerk zieht um. Sie hat in einem Neubau eine Wohnung bekommen. Der Möbelwagen steht auf der Straße. Die Packer tragen die Möbel aus dem Haus und verladen sie in den Möbelwagen. Vor der neuen Wohnung werden sie wieder ausgeladen.

umziehen

1 der Möbelwagen, 2 der Packer

Karin hilft dem Vater im Garten beim Jäten. Sie hockt vor einem Blumenbeet und zieht vorsichtig das Unkraut heraus. Die kleinen Blumenpflanzen darf sie dabei nicht beschädigen. Wo Karin das Unkraut ausgezupft hat, sieht man die Reihen junger Pflanzen. Nun können sie besser wachsen.

Unkraut

das Unkraut; 1 das Beet, 2 die Pflanze

Die Kinder haben Sommerferien. Vater bekommt zur selben Zeit vier Wochen Urlaub. Ab Montag braucht er nicht mehr in den Dienst zu gehen. Dann packen wir die ▷Koffer und verreisen. Wir wollen den Urlaub in den Bergen verbringen. – Jeder, der arbeitet, bekommt auch einmal im Jahr Urlaub.

Urlaub

der Urlaub; 1 der Koffer

Urwald

Die großen, immergrünen Urwäl der mit den riesigen Bäumen, den ge waltigen Schlingpflanzen und der vielen wilden Tieren gibt es noch ir Hinterindien, ▷Afrika und Süd amerika. Das Pflanzengewirr ist sc dicht, daß kein Sonnenstrahl auf der Boden dringt. Es gibt keinen Weg durch den Urwald.

der Urwald; 1 der Affe, 2 die Schlingpflanze

Vase

Alle Blumen, die wir im Garten oder auf der Wiese gepflückt haben, müs sen wir möglichst schnell in eine Va se mit Wasser stellen. So können sie durch den Stengel noch Nährstoffe aufnehmen, obwohl sie keine ▷Wur zeln mehr haben. – Es gibt Vaser aus Porzellan, Ton, Glas und Metall.

die Vase; 1 die Blume

Vater

Der Vater ist die meiste Zeit des Tages nicht zu Hause. Morgens geht er zur Arbeit fort. Mutter versorgt den Haushalt. Die Kinder gehen zur ▷Schule. Wenn der Vater abends von der Arbeit kommt, begrüßen die Kinder ihren Vater und erzählen, was sie den Tag über getan und er lebt haben.

der Vater

Veilchen

Auf der Wiese oder an der Hecke wächst ganz unauffällig das kleine Veilchen. Kaum ist der Frühling da, erfreut es uns schon. Weil es so gut duftet, heißt es mit seinem vollen Namen das „wohlriechende Veil chen". Oft sieht man es auch in Gär ten. – Die Hundsveilchen und andere Arten duften nicht. Das Alpenveil chen am Fenster ist gar kein Veil chen, sondern eine Primelart.

das Veilchen; 1 die Blüte

Hans hat Fahrradpanne. Im Vorderreifen ist kaum noch Luft. Hat der ▷ Schlauch ein Loch? Nein, Hans bemerkt ein Geräusch am Ventil. Das heißt, daß hier die Luft ausströmt. Nachdem Hans ein neues Ventilgummi eingesetzt hat, ist der Schaden behoben. – Das Ventil ist der Verschluß des Schlauches.

das Ventil

Ventil

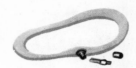

Blitzschnell bewegt sich das Laufrad des Ventilators. Es wird von einem kleinen, elektrischen ▷ Motor angetrieben. Der Ventilator bewegt die Luft. Wenn er in eine Außenwand eingebaut ist, bringt er von draußen kühle Luft in den Raum.

der Ventilator; 1 das Laufrad

Ventilator

Am Gartenweg wächst in kleinen, dichten Büschen das hellblaue Vergißmeinnicht. Gefällt dir der Name? Blau ist die Farbe der Treue, und das Vergißmeinnicht war schon in alten Zeiten ein Sinnbild der Treue. Die Blume wächst auch wild auf nassen Wiesen und an ▷ Bächen.

das Vergißmeinnicht

Vergißmeinnicht

Ein Herr verbeugt sich bei der Begrüßung. Deshalb müssen alle Jungen beizeiten lernen, sich zu verbeugen. Einige nicken nur mit dem Kopf, aber das ist keine richtige Verbeugung.

1 der Herr

verbeugen

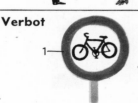

Kennt ihr dieses Verkehrszeichen? Es ist ein Verbot für Radfahrer. Überall, wo ihr dieses Schild seht, dürft ihr nicht mit dem Fahrrad fahren. Im Straßenverkehr müßt ihr aufpassen. Wenn ihr die Verbote nicht beachtet, gibt's Strafe!

das Verbot; 1 das Verkehrszeichen

Verbot

verbrennen

Vater hat im Garten trockenes ▷Laub zusammengeharkt. Er holt die ausgesägten ▷Zweige, schichtet sie und zündet sie an. Nach und nach schüttet er das Laub aufs Feuer, um es zu verbrennen. Einige Zweige, die noch nicht ganz trocken waren, verbrennen nicht, sie verkohlen. Wie scheußlich das qualmt!

1 das Streichholz, 2 die Flamme

Verein

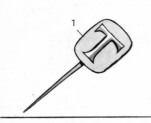

Jeden Dienstag geht Manfred zum Turnen. Er gehört dem Turnverein an. Alle Mitglieder des Vereins tragen eine Vereinsnadel. Sie zeigt ein grünes „T". Zu Anfang jedes Monats muß Manfred den Mitgliedsbeitrag bezahlen. Jeden Monat ist einmal Mitgliederversammlung.

der Verein; 1 die Nadel

Verkehrsampel

An Straßenkreuzungen mit starkem Verkehr müssen sich alle Autofahrer und Fußgänger nach der Verkehrsampel richten. Sie kann drei verschiedene Farben anzeigen. Nur bei grünem Licht darf man über die Kreuzung fahren oder gehen. – Einige Verkehrsampeln hängen wie richtige Ampeln mitten über der Kreuzung, andere sind an einem Pfosten befestigt.

die Verkehrsampel; 1 der Pfosten

verlieren

Peter hat den Wohnungsschlüssel mitbekommen. An einem Band hat er ihn um den Hals getragen, trotzdem hat er ihn verloren. Das Band ist gerissen. Stundenlang hat er den Schlüssel gesucht, aber nicht gefunden. Die Mutter schickt Peter zum Fundbüro. Peter hat Glück gehabt. Der Schlüssel ist dort abgegeben worden.

1 der Schlüssel

Heute kommen Onkel Fritz und Tante Trude zu Besuch. Sie bringen ihren Sohn Hans mit, er ist mein Vetter. Wir erwarten sie auf dem Bahnsteig. Hans steigt zuerst aus dem Zug und läuft mir entgegen.

der Vetter

Vetter

Der Bauer treibt Ackerbau und Viehzucht. Zu seinem Vieh gehören die Rinder, die ▷Schafe, die ▷Ziegen, die ▷Schweine, die ▷Pferde, die Hühner, die ▷Puten, die ▷Gänse, die ▷Enten und die ▷Tauben. – Für das Vieh hat der Bauer Viehställe.

das Vieh; 1 das Pferd, 2 das Rind, 3 das Huhn, 4 das Schwein

Vieh

Alle Tiere, die ▷Federn haben, sind Vögel. Aber nicht alle Vögel können fliegen. Die ▷Strauße und die ▷Pinguine können nicht fliegen. Alle Vögel haben zwei Beine und zwei Flügel. Der größte Vogel ist der Strauß, er ist 3 m hoch. Der kleinste ist der Kolibri, der nicht größer als eine ▷Hummel ist.

der Vogel; 1 der Flügel

Vogel

Unser Wellensittich hat ein schönes Vogelbauer. Auf dem Boden stehen Näpfe mit Wasser und Futter. Der Boden ist mit feinem Sand bedeckt. Jeden Tag öffnen wir das Bauer für eine kurze Zeit, damit der Vogel im Zimmer umherfliegen kann.

das Vogelbauer; 1 der Wellensittich

Vogelbauer

Der Vogelbeerbaum heißt auch Eberesche. Seine leuchtendroten Beeren, die im August reifen, werden gern von den Vögeln gefressen. Irgendwo verstreuen die Vögel die Beerenkerne, die sie nicht verdauen können. So werden die Samen des Vogelbeerbaumes verbreitet.

die Vogelbeere

Vogelbeere

269

Vogelscheuche

Die ▷ Vögel haben den Kirschbaum geplündert. Klaus bittet die Mutter um eine alte Jacke, einen Hut und einen Besenstiel. Er baut eine Vogelscheuche. Als sie im Baum angebracht ist, sieht sie fast wie ein Mensch aus. Ob die Vögel sich vor ihr fürchten werden?

die Vogelscheuche

Vorfahrt

Diese ▷ Straße ist eine Hauptstraße. Der Fahrer erkennt an dem viereckigen Verkehrszeichen am Straßenrand, daß er hier Vorfahrt hat. Alle ▷ Autos, die aus Nebenstraßen von rechts oder links in die Hauptstraße einbiegen wollen, müssen genau aufpassen. Sie dürfen nur fahren, wenn auf der Hauptstraße kein Fahrzeug kommt.

die Vorfahrt; 1 das Verkehrszeichen

Vulkan

Vulkane sind feuerspeiende Berge. Oben ist der Krater. Dort dringt der Rauch nach außen. Viele Jahre lang kann der Vulkan ganz ruhig sein. Auf einmal aber speit er eine heiße, flüssige Masse, die Lava, die aus dem Innern der Erde hervordringt. Gleichzeitig werden Steine und glühende Asche weit durch die Luft geschleudert. Vulkanausbrüche führen oft zu großen Katastrophen.

der Vulkan; 1 der Krater

Waage

Der Metzger legt ein Stück Fleisch auf die Waage. Der Zeiger an der Waage neigt sich nach rechts und bleibt bei einer Zahl stehen. Er zeigt das Gewicht an. – Du kannst den gleichen Vorgang beobachten, wenn du einen ▷ Brief auf die Briefwaage legst oder dich auf eine Personenwaage stellst. Wieviel kg wiegst du denn?

die Waage; 1 der Zeiger

Die ▷Bienen sind tüchtige Baumeister, sie bauen sich Waben aus Wachs. Das Wachs scheiden sie aus Wachsdrüsen aus. In die Vorratswaben füllen sie Honig. – Aus dem Bienenwachs werden ▷Kerzen hergestellt. Sie duften gut. Das Bohnerwachs enthält kein Bienenwachs, sondern nur künstliches Wachs.

Wachs

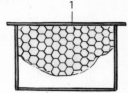

das Wachs; 1 die Wabe

Die meisten Wagen haben vier Räder. Der Bauer braucht den Ackerwagen, um das Getreide einzufahren. Er spannt Pferde davor oder einen ▷Traktor. – Die ▷Kutsche ist ein Wagen für Personen. Wenn wir sagen: „Wir fahren mit dem Wagen fort", so meinen wir aber den Kraftwagen, das ▷Auto.

Wagen

der Wagen; 1 das Rad, 2 die Deichsel

Manche Leute nennen die Wale „Walfische". Das ist falsch, denn Wale sind Säugetiere, obwohl sie nur im Wasser leben. Sie haben keine Beine, sondern Flossen. Die größten Wale werden 30 m lang. Der ▷Elefant, das größte Landsäugetier, ist ein Zwerg dagegen. Die riesigen Wale fressen aber nur kleine Meerestiere.

Wal

der Wal

Du kennst Laubwälder und Nadelwälder. Im Mischwald findest du Laubbäume und Nadelbäume. Die Anpflanzungen ganz kleiner Bäume heißen Kulturen. In den Schonungen wachsen die jungen Bäume heran. Wo alle Bäume gefällt werden, entsteht ein Kahlschlag. Man darf aber nicht ganze Wälder abholzen, sonst verödet das Land.

Wald

der Wald; 1 der Nadelbaum

Walnuß

Am Bauernhaus steht ein großer Walnußbaum. Es hängen schon reife Früchte daran. Diese Nüsse sehen aber ganz anders aus als die Walnüsse, die du kaufen kannst. Sie sind noch von einer grünen Hülle umgeben wie die Kastanien. Darunter sitzt dann die harte Schale. Das Holz des Walnußbaumes ist ein gutes Material für ▷Möbel.

die Walnuß

Walze

Hier wird die ▷Straße repariert. Die Straße hat eine neue Schotterdecke bekommen. Nun muß die Walze den Schotter festdrücken. Die Straßenwalze hat vorne keine Räder, sondern eine ganz schwere Walze, aber auch die Hinterräder sind besonders breit und schwer und pressen ebenfalls den Schotter zusammen.

die Walze; 1 das Rad

Wand

Die Wand ist aus Ziegelsteinen aufgemauert und dann verputzt worden. Man kann die Fugen zwischen den Steinen jetzt nicht mehr sehen. Vater will einen ▷Nagel in die Wand schlagen. Zwei Nägel hat er schon krummgeschlagen, weil er keine Fuge getroffen hatte. Hoffentlich hat er beim dritten Nagel mehr Glück!

die Wand; 1 der Nagel, 2 der Hammer

wandern

Die ▷Klasse will heute in den Wald wandern. Dietrich ist gut ausgerüstet. Mutter hat Butterbrote, Apfelsinen, einen Regenmantel und Verbandszeug in den Rucksack eingepackt, den Dietrich aufgeschnallt hat. Auch eine Wanderkarte und feste ▷Stiefel sind für den Wanderer wichtig. Dietrich hat das alles bedacht.

1 der Rucksack, 2 die Wanderkarte, 3 der Stiefel

Im Warenhaus kann man von der Nähnadel bis zum Küchenschrank fast alles kaufen. Für jede Warenart gibt es eine Abteilung. Die Möbelabteilung ist im oberen Stock. Die Kunden können mit dem Fahrstuhl hinauffahren.

Warenhaus

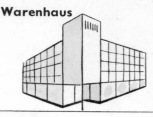

das Warenhaus

Karl mag sich nicht gerne waschen. Am liebsten betupft er das Gesicht nur mit dem nassen Schwamm. Wenn aber die Mutter dazukommt, müssen auch Hals, Ohren und Arme und der Körper gründlich mit Seife gewaschen werden. – Jede zweite Woche hat Mutter große Wäsche. Sie wäscht die Bettwäsche und die Handtücher mit der Waschmaschine.

waschen

1 die Waschschüssel

Hier bildet unser ▷ Fluß einen Wasserfall. Das Wasser stürzt in die Tiefe, es schäumt und sprudelt. – In den Meeren ist das Wasser salzig. Wenn du dort schon einmal gebadet hast, weißt du es selbst. Im Gegensatz dazu nennen wir das Wasser der Flüsse und Seen „Süßwasser", obwohl es gar nicht süß ist. – Das Wasser in unserer Wasserleitung ist im Wasserwerk gereinigt worden.

Wasser

das Wasser; 1 der Wasserfall

Kennst du Ebbe und Flut? Bei Flut steigt an der Meeresküste das Wasser an und dringt vor, bei Ebbe sinkt es jedesmal und weicht wieder zurück. An der flachen Nordseeküste weicht das ▷ Meer bei Ebbe so weit zurück, daß weite Flächen des Meeresbodens trocken liegen. Diese Flächen heißen Watt. Wenn die Flut kommt, werden sie wieder vom Wasser bedeckt.

Watt

das Watt; 1 das Meer

Watte

In unserer Hausapotheke darf ein Päckchen Watte nicht fehlen. Mit Watte wird das Blut abgetupft, wenn sich jemand verletzt hat. – Watte wird aus gereinigten Baumwollfasern hergestellt.

die Watte

weben

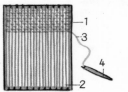

Hilde besitzt einen kleinen Webrahmen. Mutter hat die roten Kettfäden gespannt. Der blaue Schußfaden ist um das Weberschiffchen gewickelt. Mit dem Weberschiffchen nimmt Hilde jeden zweiten Kettfaden auf.

1 der Webrahmen, 2 der Kettfaden, 3 der Schußfaden, 4 das Weberschiffchen

Wecker

Abends stellen wir den Weckerzeiger auf fünf Uhr und ziehen das Läutewerk und die ▷Uhr auf. Wir können uns darauf verlassen, daß der Wecker am nächsten Morgen zur gewünschten Zeit rasselt. Wenn wir auf den Knopf oben auf der Uhr drücken, ist der Wecker sofort still.

der Wecker; 1 der Weckerzeiger

Weg

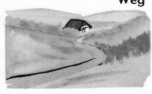

Sonntags machen wir weite Spaziergänge. Unser Weg führt uns zuerst durch ▷Felder. Die Feldwege sind manchmal so schmal, daß wir hintereinander gehen müssen. Dann kommen wir an eine Kreuzung. Dort steht ein Wegweiser.

der Weg

Weiche

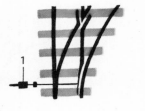

Der Zug wird gleich über eine Weiche fahren. In der Weiche teilt sich das Schienenpaar in zwei Gleise, die in verschiedene Richtungen gehen. Je nachdem wie die Weiche gestellt ist, fährt der Zug geradeaus weiter oder biegt ab. – Der Lokomotivführer erkennt am Weichensignal, ob die Weiche richtig liegt.

die Weiche; 1 das Weichensignal

Am Flußufer stehen Korbweiden. Sehen sie nicht seltsam aus? Ihre Zweige sind so biegsam, daß aus ihnen Körbe geflochten werden können. Damit die Zweige recht lang werden, hat man die Bäume immer wieder „geköpft". Jedesmal blieben nur die Stämme stehen. So entstanden die „Kopfweiden". Im Frühjahr sind die Weidenkätzchen das erste Bienenfutter. Man darf sie nicht abreißen.

Weide

die Weide; 1 der Stamm

Im Sommer werden die Kühe auf die Weide getrieben. Dort fressen sie das Gras. Auf jeder Weide ist auch eine Tränke für die Kühe. Die meisten Weiden werden nach einigen Jahren umgepflügt und in Ackerland verwandelt. Nur auf den Dauerweiden wächst immer Gras.

Weide

die Weide; 1 die Kuh

Wir haben den Winter trotz der Kälte recht gern, denn im Winter feiern wir Weihnachten. Im Wohnzimmer steht dann der Christbaum und darunter eine holzgeschnitzte Krippe. Wenn die Kinder brav gewesen sind, freuen sie sich auf die Weihnachtsgeschenke.

Weihnachten

die Weihnachten; 1 der Christbaum, 2 der Weihnachtsmann

Der Weinbauer pflückt die Trauben vom Rebstock und trägt sie in seiner Bütte heim. Einen Teil der Weintrauben verkauft er als ▷Obst, den größeren Teil keltert er zu Wein, den wir dann in Flaschen kaufen können. Wein ist vergorener Traubensaft.

Wein

der Wein; 1 der Rebstock, 2 der Winzer, 3 die Bütte

18*

weinen

Dörte weint. Sie hat sich in den Daumen geschnitten. Dicke ▷Tränen kullern über ihr Gesicht, und sie schluchzt laut. Die Mutter tröstet sie und wischt ihr die Tränen ab. Sie holt auch ein ▷Pflaster für den Daumen, damit er schnell heilt.

die Träne

weiß

Alle Menschen warten sehnlichst auf den Frühling. Aber immer noch liegt alles unter einer dicken, weißen Schneedecke. Wann wird die Sonne endlich alles wegtauen? Hans geht jeden Tag in den Garten, aber noch immer sind keine Schneeglöckchen zu sehen.

1 der Schnee

Weizen

Der Weizen ist ein Getreide, das besseren Boden braucht und auch mehr Wärme haben muß als der ▷Roggen. Du erkennst die Weizenähre leicht an den dicken Körnern. Sie hat auch nur ganz kurze Grannen. Das Weizenmehl nimmt der ▷Bäcker zu Weißbrot, Brötchen und Kuchen.

der Weizen; 1 die Ähre

Welle

Gestern war es ganz windstill, und das Meer war spiegelglatt. Wie anders sieht es heute bei dem Sturm aus! Unaufhörlich rollen die Wellen an den Strand. Auf der Sandbank überschlagen sie sich und bilden dicke, weiße Schaumköpfe.

die Welle

werfen

Hast du schon einmal versucht, einen flachen Stein so aufs Wasser zu werfen, daß er mehrere Male aufschlägt? – Im Sportunterricht wirft man mit kleinen, harten Bällen. Speerwerfen und Hammerwerfen sind Sportdisziplinen.

1 der Stein

Peter geht gerne zu Tischler Hase in die Werkstatt. Wie die Späne fliegen, wenn der Meister an der Hobelbank arbeitet! Manchmal darf Peter ihm helfen. – Die meisten Handwerker haben eine Werkstatt.

die Werkstatt; 1 der Tischler, 2 die Hobelbank

Werkstatt

Udo räumt Vaters Werkzeugkasten auf. Wieviel Werkzeug der Vater hat: ▷ Bohrer, ▷ Hammer, Feile Kneifzange und ▷ Hobel! Die Nägel und Schrauben soll Udo der Größe nach sortieren.

das Werkzeug; 1 die Kneifzange, 2 der Hammer, 3 die Feile, 4 der Bohrer

Werkzeug

Es gibt sehr viele Arten von Wespen. Bei uns ist die Hornisse die größte und gefährlichste. Das Nest bauen sich manche Wespenarten unterirdisch, manche in hohlen Bäumen, andere hängen es an Zweige. Alle bauen sich ihr Nest aus zerkauten Holzteilchen. Die Schlupfwespen legen ihre Eier in lebende ▷ Raupen.

die Wespe

Wespe

Heute trifft sich unsere Schule im Stadion zum Sportfest. Alle Klassen treten zum Wettkampf an. Jeder strengt sich an. Die Sieger im Laufen, Werfen und Springen werden ermittelt. Auch ein Handballspiel und ein Staffettenlauf sollen ausgetragen werden.

der Wettkampf; 1 der Läufer

Wettkampf

Elke hat zum Geburtstag ein Puppenbaby bekommen. Es liegt in einer Wiege. Wenn Elke ihr Püppchen schlafen legt, wiegt sie es hin und her, damit es schnell einschläft. – Früher hatte man für Babys kein Körbchen oder Kinderbett, sondern eine Wiege.

die Wiege; 1 die Puppe

Wiege

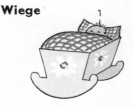

Wiese

Saftig grün leuchten die Wiesen. Wenn du genau hinsiehst, entdeckst du viele Blumen zwischen dem Gras. – Auf der Wiese wächst ▷ Gras und ▷ Klee für das ▷ Vieh. Der Bauer mäht es. Er verfüttert es grün oder als ▷ Heu getrocknet.

die Wiese

Wiesel

Klaus hatte neulich ein Erlebnis. Über die Wiese setzte in großen Bogensprüngen ein Wiesel. So bewegen sich alle Wiesel: die Hermeline und die Mauswiesel. Es sind verwegene kleine ▷ Raubtiere. In jedes Mausloch können sie kriechen und die Mäuse erbeuten. Sie fressen aber auch ▷ Vögel, ▷ Frösche und ▷ Schlangen.

das Wiesel

Wild

Zum Wild gehören alle Tiere, die von den Menschen gejagt werden. Die ▷ Hirsche sind das Rotwild, die ▷ Wildschweine das Schwarzwild. ▷ Marder, ▷ Füchse, ▷ Wölfe zählen zum Raubwild, Rebhühner, Wildenten, Wildgänse zum Federwild. In ▷ Afrika wird auch noch auf Großwild gejagt: auf ▷ Elefanten, ▷ Löwen, Flußpferde. Das Fleisch vom Wild, das wir essen, heißt Wildbret.

das Wild

Wildschwein

Mitten im Wald, wo der Boden feucht ist und viel Gebüsch wächst, ist der Boden aufgewühlt. Das haben Wildschweine getan. Ihre lange Schnauze ist dazu wie geschaffen. Sie fressen ▷ Schnecken, Larven, Eicheln, ▷ Pilze und vieles andere, leider auch die Kartoffeln auf den Feldern. Die Jungen heißen Frischlinge, das Vatertier Keiler, das Muttertier Bache.

das Wildschwein; 1 die Schnauze

So ein Wind! Beinahe hätte er Vater den Hut vom Kopf geblasen! – Weißt du eigentlich, wie der Wind entsteht? Die Luft strömt immer vom Kalten ins Warme. Wenn es also kälter oder wärmer wird, entstehen Winde, manchmal sogar ▷Stürme. Die schlimmsten Stürme, Orkane, Wirbelwinde und Windhosen, richten großen Schaden an.

Wind

der Wind; 1 der Hut

Ein neuer ▷Roller! Sogar ein Winker ist daran wie an Vaters ▷Auto! Der Winker ist rot, damit alle ihn gut erkennen. Er ist nur nicht elektrisch beleuchtet wie der an Vaters Auto.

Winker

der Winker

Der Winter ist die kälteste Jahreszeit. Er beginnt nach dem Kalender am 21. Dezember und dauert bis zum Frühlingsanfang am 21. März. Viele Leute freuen sich auf den Winter, vor allem die Schiläufer, die zum Wintersport ins Gebirge fahren.

Winter

der Winter; 1 die Schihütte

Auf dem Kinderspielplatz gibt es auch eine Wippe. Jutta und Petra gehen gerne dahin. Stundenlang könnten sie wippen. Da kommt Heiner. Er setzt sich hinter Jutta auf die Wippe. Nun können die Mädchen nicht mehr wippen.

Wippe

die Wippe

Hier wohnen wir. Natürlich hat unsere Wohnung noch mehr ▷Zimmer: Außer dem Wohnzimmer gibt es ein Schlafzimmer und ein Kinderzimmer. Auch ein Bad und eine Küche sind dabei. – In unserem Haus wohnen acht Familien.

wohnen

1 das Wohnzimmer

Wolf

Im ▷Märchen vom Wolf und den sieben jungen Geißlein hat der Wolf, als die alte Geiß fort war, sechs Geißlein gefressen, bei Rotkäppchen sogar die Großmutter. Ja, der Wolf ist ein arger Räuber. Auch in unserer Heimat gab es früher ▷Wölfe. Noch heute leben sie in einigen Ländern ▷Europas, in ▷Asien und ▷Amerika. Vom Wolf stammt unser Haushund ab.

der Wolf

Wolke

Manchmal ballen sich weiße Haufenwolken am Himmel, manchmal treiben Schönwetterwölkchen dahin, manchmal sieht man nur feine Federwölkchen, aber oft ist der Himmel auch ganz bewölkt. Alle Wolken bestehen aus winzigen Wassertröpfchen. Wenn sie zu schwer werden, fallen sie als ▷Regen zur Erde. Hast du auf einem Berg schon einmal in den Wolken gestanden?

die Wolke

Wolle

Schafwolle kann man zu Garn verspinnen, ebenso die Haare von ▷Ziegen, Angorakaninchen und ▷Kamelen. – Wollsachen brauchen wir vor allem im Winter, denn sie wärmen uns. – Edith hat sich Wolle für eine Strickjacke gekauft. Die Wolle bekommt man in Lagen.

die Wolle; 1 die Lage

Wurm

Es gibt außer den ▷Regenwürmern viele tausend andere Würmer. Die meisten leben im ▷Meer, andere, wie die Blutegel, in ▷Teichen, manche gar, wie die gefährlichen Trichinen, in den Muskeln von Menschen und Tieren. Die platten Bandwürmer leben im Darm.

der Wurm

Im Fleischerladen hängen viele verschiedene Würste: Blutwürste, Mett-
würste und Leberwürste, Bratwürste
und Würstchen. – Die Wurstpelle
ist meistens ein Darm, manchmal
ist es Kunstdarm.

Wurst

die Wurst; 1 das Würstchen

Mit den Wurzeln nehmen die Pflanzen die Nährstoffe aus dem Erdboden auf. Die Pflanzen brauchen
die Wurzeln aber auch, um fest im
Boden stehen zu können. Große
Bäume müssen deshalb kräftige,
weitverzweigte Wurzeln haben. Sogar Luftwurzeln gibt es.

Wurzel

die Wurzel

Hier erstreckt sich endlos die Sand-
wüste. Sie geht in eine Steinwüste
mit lauter Felsbrocken über. Da,
ein Wüstenfuchs! Und dort eine
▷ Spinne! Sonst aber gibt es ganz
wenig Tiere. Die Sonne brennt heiß.
Nirgends gibt es Wasser. Nachts
wird es sehr kalt. Endlich kommt
eine ▷ Oase in Sicht.

Wüste

die Wüste; 1 die Palme

Es gibt neun einstellige Zahlen
(1 bis 9) und 90 zweistellige Zahlen
(10 bis 99). Wieviele Zahlen haben
drei Stellen? – Wir schreiben meistens arabische Zahlen. Nur selten
nehmen wir römische Zahlen zu
Hilfe. CXIV, so schreibt man 114 in
römischen Zahlen.

Zahl

23

die Zahl

Helga hatte Zahnschmerzen. Nun
ist sie zum Zahnarzt gegangen. Der
plombiert den schadhaften Zahn.
Wenn du regelmäßig zum Zahnarzt gehst, wirst du nie Zahnschmerzen bekommen.

Zahn

der Zahn; 1 der Zahnarzt, 2 der Behandlungs-
stuhl

Zange

Jede Zange hat zwei Backen. Bei der Kneifzange ist die Schneide so scharf, daß man ▷Draht oder kleine ▷Nägel damit abknipsen kann. – Der Schmied braucht große starke Zangen, wenn er glühendes ▷Eisen bearbeitet.

die Zange; 1 die Backe, 2 der Griff

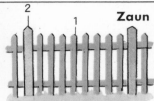

Zaun

Unser Zaun hatte ein Loch. Immer wieder kam Bello, der Hund unseres Nachbarn, auf unseren Hof. Nun hat Vater einige neue Latten eingesetzt. – Der Zaun ist die ▷Grenze unseres Grundstückes.

der Zaun; 1 die Latte, 2 der Pfosten

Zaunkönig

Der Zaunkönig ist einer unserer kleinsten Singvögel. Er baut ein kugelrundes Moosnest. Man erkennt den munteren Sänger leicht an dem steil aufgerichteten Schwänzchen. Er bleibt auch im Winter bei uns und singt selbst im Schnee sein lustiges Lied.

der Zaunkönig

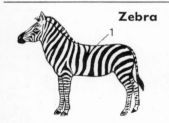

Zebra

Man sieht es den Zebras an, daß sie zur Familie der ▷Pferde gehören. In den afrikanischen Steppen preschen sie in großen Herden dahin, daß der Staub in Wolken aufgewirbelt wird. Meistens trifft man die Zebras zusammen mit Antilopen, ▷Giraffen oder ▷Straußen an.

das Zebra; 1 der Streifen

Zeisig

Ganz oben in den Nadelbäumen hat der Zeisig sein Nest. Das Männchen erkennst du an der schwarzen Kopfplatte. Ihre Nahrung suchen diese Singvögel gern in kleinen ▷Birken und in Erlengestrüppen.

der Zeisig

Jeden Morgen beim Frühstück liest Vater die Zeitung. Vater liest die Artikel über Politik, Mutter sieht die Anzeigen durch. Willi möchte die Seite mit den Sportnachrichten haben. – Der Zeitungsausträger muß sehr früh aufstehen und die Zeitungen verteilen.

Zeitung

die Zeitung; 1 der Zeitungsausträger

Thomas und Heiner zelten. Letzte Nacht hat es tüchtig geregnet und gestürmt. Da hat sich ein Zeltpflock gelöst, und bald darauf flatterte eine Zeltbahn im Sturm. Die beiden Jungen waren vollkommen durchnäßt, als das Zelt endlich wieder stand.

Zelt

das Zelt; 1 die Zeltbahn, 2 der Zeltpflock

Heute ist kein Unterricht. Es gibt Ferien und – Zeugnisse! Peter freut sich über die Eins im Rechnen, Heiner weint wegen der schlechten Zensuren. – Zeugnisse gibt es zweimal im Jahr.

Zeugnis

das Zeugnis

Viele Leute im Dorf halten sich ein paar Ziegen. Diese Haustiere liefern ▷Milch und Fleisch. Man muß die Ziegen auf der Weide anpflokken, sie fressen sonst von den jungen Bäumen alle grünen Triebe ab. – Die Wildziegen sind Gebirgstiere. Du kennst die ▷Steinböcke. Auch unsere Hausziegen können gut klettern.

Ziege

die Ziege

Karl meint, Ziegel braucht man, um Wände zu mauern. Dieter behauptet, Dachpfannen seien Ziegel. Sie gehen zur Baustelle und fragen dort einen Maurer. Beide Jungen haben recht. Es gibt Ziegelsteine und Dachziegel.

Ziegel

der Ziegel

Zifferblatt

Die Ziffern und der Zeiger der ▷Uhr müssen sich gut vom Zifferblatt abheben. – Die Armbanduhr hat auch einen Sekundenzeiger. Er braucht nur eine Minute, um einmal um das Zifferblatt zu wandern.

das Zifferblatt; 1 der Stundenzeiger, 2 der Minutenzeiger, 3 der Sekundenzeiger

Zigarre

Am Sonntag raucht der Großvater eine dicke Zigarre. Großvater läßt die Asche an der Zigarre sehr lang werden, er sagt, so schmecke die Zigarre besser. Zigarren sind aus Tabakblättern gewickelt. Kleine Zigarren heißen Zigarillos.

die Zigarre

Zigarette

Die Zigarette hat kein Deckblatt aus Tabak wie die ▷Zigarre, sondern eine Hülle aus sehr dünnem Papier. Viele Zigaretten haben im Mundstück einen kleinen Filter, durch den der Rauch gesogen wird.

die Zigarette; 1 das Papier, 2 der Filter

Zigeuner

Am Feldweg draußen vor der Stadt steht ein Wohnwagen. Da öffnet sich eine Tür, und zwei Frauen treten heraus. Sie haben braune Haut, dunkle Augen und schwarze Haare. Es sind Zigeuner. Sie ziehen heimatlos durch die Welt. Ihr Wohnwagen ist ihr Zuhause.

der Zigeuner

Zimt

Der Zimt wird vom Zimtbaum gewonnen, der in Ceylon und in China wächst. Zuerst wird die Borke abgeschabt und dann die ▷Rinde abgeschält. Die Rinde wird lose gerollt und getrocknet. So wird sie als Zimtstange gehandelt. Es gibt Zimt aber auch gemahlen.

der Zimt; 1 die Zimtstange, 2 der gemahlene Zimt

Zirkus

Überall in der Stadt hängen große, bunte Plakate: „Der ▷ Zirkus" kommt. Was es dort alles zu sehen gibt: ▷ Tiger, ▷ Elefanten, ▷ Pferde, ▷ Affen! Ein Seiltänzer wird seine Kunst zeigen, und natürlich tritt auch ein ▷ Clown auf. Das große Zirkuszelt ist schon aufgebaut.

der Zirkus; 1 das Zelt

Zitrone

Im sonnigen Süden, wo ▷ Apfelsinen und ▷ Mandarinen gedeihen, wachsen auch die Zitronen. Der Zitronensaft enthält viel Vitamin C. Die Mutter nimmt den Saft für allerlei Speisen, und wenn wir erkältet sind, bereiten wir uns daraus heißes Zitronenwasser. – Aus den Schalen einer besonderen Zitronenart wird Zitronat bereitet.

die Zitrone

Zoo

Wir gehen heute in den Zoo. Im Affenkäfig geht es immer lustig zu. Laßt uns hier einen Augenblick stehenbleiben! – Nur wenige Tiere sind in einem ▷ Käfig eingesperrt. Das Gehege der Raubtiere und Elefanten ist durch einen breiten Wassergraben von den Zoobesuchern getrennt.

der Zoo; 1 der Käfig, 2 der Affe, 3 der Besucher

Zug

Der Zug ist in den ▷ Bahnhof eingelaufen. Auf dem Bahnsteig stehen heute nur wenige Leute, die in den Zug einsteigen wollen. Eilzüge und D-Züge halten nicht in unserem Bahnhof, sie halten nur in größeren Orten. – Hast du beim Schützenfest den Zug gesehen? An der Spitze gingen die Trommler und Pfeifer. Dann kam der Fahnenträger mit der bunten Fahne.

der Zug; 1 der Bahnsteig, 2 das Abteilfenster

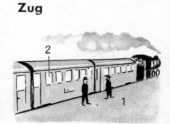

Zugvogel

Viele Vögel, die in unserer Heimat brüten, bleiben nicht das ganze Jahr über hier. Sie versammeln sich im Herbst und ziehen in wärmere Länder. Dort verbringen sie den Winter. Wenn es bei uns Frühling wird, kehren sie zurück. Zu den Zugvögeln gehören der ▷ Storch, der ▷ Kuckuck, die ▷ Schwalbe und viele Singvögel.

der Zugvogel

Zunge

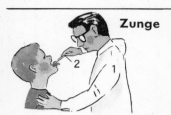

Erika ist krank, der ▷ Arzt kommt. ,,Mach mal den ▷ Mund auf!" sagt er. Mit einem Spatel hält er die Zunge fest und sieht Erika in den Hals. Dann verschreibt er eine ▷ Arznei. – Bei vielen Krankheiten haben wir eine belegte Zunge.

die Zunge; 1 der Arzt, 2 der Spatel

Zweig

Jeder Baum hat viele Äste, und jeder Ast hat viele Zweige. Die Zweige sind dünner als die Äste. Auch die Sträucher haben Zweige. Die Zweige tragen Blätter und Blüten und später die Früchte der Pflanze.

der Zweig

Zwiebel

Immer hat die Mutter Zwiebeln in der Speisekammer. Sie werden für viele Speisen zum Würzen gebraucht. Hast du schon einmal eine Zwiebel geschält? Daß die Zwiebel einem die Tränen in die Augen treibt, hast du sicher gemerkt!

die Zwiebel

Zylinder

Monika hat sich Vaters Zylinder geholt. ,,Mutter, was ist das für ein komischer schwarzer Hut?" fragt sie. Die Mutter erklärt ihr, daß Vater den Zylinder bei besonderen Feierlichkeiten trägt.

der Zylinder